Lukas Peuckmann "One World – One Dream"?

Internationale und Interkulturelle Kommunikation, Band 7
Herausgegeben von
Prof. Dr. Kai Hafez, Universität Erfurt

Lukas Peuckmann

"One World – One Dream"?

Das Bild Chinas in der Olympia-Berichterstattung

Frank & Timme
Verlag für wissenschaftliche Literatur

Umschlagabbildung: Olympiastadion in Peking, Foto: Lukas Peuckmann 2008.

ISBN 978-3-86596-311-6
ISSN 1862-6106

Herstellung durch das atelier eilenberger, Taucha bei Leipzig.
Printed in Germany.
Gedruckt auf säurefreiem, alterungsbeständigem Papier.

www.frank-timme.de

Inhaltsverzeichnis

1 Einleitung

Die Erwartung war riesig. Das Jahr 2008 sollte ein chinesisches werden. Mit den Olympischen Spielen wollte China, das einstige maoistische Sorgenkind, die Welt teilhaben lassen an seinem umfassenden politischen und wirtschaftlichen Aufstieg der letzten 30 Jahre. „One world – one dream" sollte ein gemeinsamer Traum der Welt von Olympia und China werden und die Spiele von Peking zum weltweit sichtbaren Symbol des „peaceful rise" (*heping jueqi*) Chinas machen. Doch der Traum drohte früh zu platzen, der Fackellauf, geplant als weltumspannender Triumphlauf, wurde in den westlichen Metropolen Paris, London und San Fransisco massiv gestört und in Tibet kam es im März 2008 zu Protesten und Ausschreitungen gegen die chinesischen Machthaber. Das stolze China reagierte gekränkt auf die weltweite Kritik und verschärfte die Sicherheits- und Einreisebestimmungen für die Olympischen Spiele 2008. Es waren keine günstigen Voraussetzungen, unter denen die Olympischen Spiele am 08. August 2008 in Peking begannen.

Warum enthielten die Olympischen Spiele von Peking eine solch hohe Brisanz? Was verursachte die großen Differenzen zwischen China und den westlichen Industrienationen, die anlässlich des Großereignisses Olympia besonders zu Tage kamen?

Ein Grund ist sicherlich die real existierende politisch-rechtliche Ausrichtung Chinas, die eine demokratische Partizipation, umfassende Menschenrechte oder eine allgemeine Meinungsfreiheit bislang kaum vorsieht und daher häufig in der Kritik westlicher Staaten steht. Der andere Grund ist jedoch in dem medial vermittelten und transportierten Nationenbild Chinas zu sehen. Da ein direkter Kontakt mit China vergleichsweise selten stattfindet, wird sein vermitteltes Nationenbild in erster Linie durch Sekundärerfahrungen wie den Massenmedien geprägt. Der Berichterstattung steht jedoch nur ein begrenzter Raum zur Verfügung, weshalb Informationen selektiert werden müssen und so nur Ausschnitte bzw. Bilder und nicht die ganze Realität eines Landes abgebildet werden können (vgl. Wilke 1989: 16f.). Im Regelfall ist dies kein Problem, da die konstruierten Nationenbilder als Entscheidungshilfen nützlich sind, komplexe Sachverhalte einzuordnen helfen und Orientierung bieten können. Doch gerade im Falle China besteht immer wieder die Gefahr, dass aufgrund defizitärer, lückenhafter oder gar stereotyper Berichterstattung ein verzerrtes Bild dieses vielschichtigen Landes entsteht, das zu Missverständnissen oder realen Konflikten führen kann.

Im wissenschaftlichen Diskurs der Nationenbildforschung ist China bislang kaum verankert. Viele Studien befassen sich mit den Medienimages europäischer Staaten oder der USA. Im asiatischen Raum stand lange Zeit einzig Japan als ‚Wirtschaftswunderland' und später ‚Kranker Riese Asiens' im Interesse der Forschung (vgl. Nafroth 2002). Chinas rasanter wirtschaftlicher und zunehmend politischer Aufstieg seit den Reformen von Deng Xiaoping 1978 und sein absehbarer Aufstieg zur künftigen Großmacht in Asien macht es jedoch zunehmend notwendig, China und sein Länderimage in der Nationenbildforschung zu beobachten, zu untersuchen und zu verankern. Denn gerade für das künftige Funktionieren der Weltgesellschaft ist es erforderlich, die internationalen Beziehungen seiner Teilnehmer – und China wird voraussichtlich zu einem der wichtigsten aufsteigen – und die gegenseitige Wahrnehmung in der medialen Berichterstattung in Form von Auslands-, Nationen- und Eigen- bzw. Fremdbildern zu erforschen (vgl. Meckel/Kriener 1996: 13f.).

Hier setzt die vorliegende Arbeit an und liefert eine der ersten umfassenden Studien des medial transportierten Nationenbildes Chinas. Die Olympischen Spiele 2008 in Peking bildeten dabei eine fruchtbare Untersuchungsgrundlage, da dieses Großereignis die weltweite Aufmerksamkeit auf China lenkte und eine umfangreiche Berichterstattung über das Land zur Folge hatte. Die Olympischen Spiele als mediales Großereignis bieten die Möglichkeit, ein solch komplexes Konstrukt wie das Nationenbild umfassend und nachhaltig zu beeinflussen. Mit der Untersuchung soll nicht nur eine präzise Erfassung des aktuellen Nationenbildes Chinas kurz vor Peking 2008 erfolgen, sondern auch eine mögliche Änderung bzw. Manifestierung des Chinabildes durch die Olympiade analysiert werden.

Als Besonderheit erfasst die Arbeit das Nationenbild China sowohl in Fremd- als auch in Eigendarstellung. Für die Untersuchung der Olympiaberichterstattung und des darin transportierten Chinabildes wurden die beiden überregionalen deutschen Tageszeitungen *Frankfurter Allgemeine Zeitung* und *Süddeutsche Zeitung*, sowie die größte englischsprachige Tageszeitung Chinas *China Daily* und die chinesische Regionalzeitung *Shanghai Daily* verwandt[1].

---

1 Für die Erfassung des gesuchten Nationenbildes Chinas eignet sich das Medium Tageszeitung besonders, da ihr im Vergleich zu anderen Medien wie Fernsehen oder Hörfunk umfangreichere Möglichkeiten der Hin-

Da im Sinne des konstruktivistischen Grundverständnisses die ‚Realität' Chinas nicht überprüfbar bzw. messbar ist, sollen mit den beiden Nationenbildern Chinas in Fremd- und Eigendarstellung zwei Interpretationen der ‚Realität' Chinas untersucht und miteinander verglichen werden (vgl. Iwand 1976: 27 und Schmidt/Zurstiege 2000: 138), um einem realistischen Bild von China, das zwischen den beiden vermittelten Medienbildern vermutet wird, nahe zu kommen. Zusätzlich hilft der Vergleich des medialen Fremd- und Selbstbildes nach Parallelen und Abweichungen in der Berichterstattung zu suchen und Verzerrungen in den Medienrealitäten leichter zu erkennen.

Für die methodische Umsetzung des Forschungsanliegens eignet sich im Besonderen die ‚Quantitative Inhaltsanalyse', da sie die großen Datenmengen der Olympiaberichterstattung von Juli und August 2008 in den vier ausgewählten Tageszeitungen erfassen kann und Aussagen über die Struktur der Berichterstattung und des darin vermittelten Chinabildes zulässt. Mit Leitfadeninterviews ausgewählter Olympiakorrespondenten der vier Tageszeitungen ergänzt eine zweite Methode die quantitative Inhaltsanalyse. Die Korrespondenten kommentieren ihre eigene Olympiaberichterstattung, ermöglichen eine Reflektion der Untersuchungsergebnisse und geben ein Jahr nach Peking 2008 persönliche Einschätzungen zu einem möglichen Wandel des Chinabildes durch die Olympischen Spiele, die mit den Ergebnissen der Studie abgeglichen werden können. Diese beiden Aspekte – auf der einen Seite die präzise Erfassung des aktuellen Nationenbildes Chinas in Fremd- und Eigendarstellung und auf der anderen Seite die mögliche Änderung bzw. Manifestierung des Chinabildes durch die Olympischen Spiele von Peking 2008 – stehen im Mittelpunkt der vorliegenden Arbeit.

Folgende Gliederung liegt dabei der Arbeit zugrunde. Bei der Untersuchung des Nationenbildes Chinas sind die Begriffe ‚Einstellung', ‚Image', ‚Stereotyp' und ‚Vorurteil' von zentraler Bedeutung. Sie sind Grundbegriffe der Einstellungsforschung. Ihre Bedeutungen sollen im zweiten Kapitel genau festgelegt werden, da bis heute im wissenschaftlichen Diskurs keine exakten Definitionen und Abgrenzungen der Begriffe voneinander existieren. Dabei sollen diese Begriffe in die Nationenbildforschung integriert werden und dazu beitragen, den Aufbau von Nationenbildern und ihren Entstehungsprozess besser zu verstehen und einzuordnen. Die Bildung eines Nationenbildes ist

tergrundinformation zur Verfügung stehen. So kann davon ausgegangen werden, dass über das Medium Tageszeitung ein großer Teil der Chinaberichterstattung sowohl publiziert als auch rezipiert wird.

jedoch nicht allein ein passiver Entstehungsprozess, der durch direkte, persönliche sowie medial vermittelte Erfahrungen determiniert wird. Nationen wie das aufstrebende China haben ein starkes Interesse daran, ihr eigenes Image nach innen und außen aktiv mitzugestalten. Ergänzend soll daher auch die Public Diplomacy bzw. staatliche PR Chinas im Rahmen der Nationenbildforschung untersucht werden.

Im dritten Kapitel wird mit der Auslandsberichterstattung eine für die deutsche Olympiaberichterstattung von FAZ und SZ wichtige Theoriegrundlage genauer untersucht. Welche Funktionen und Merkmale charakterisieren die Auslandsberichterstattung? In konkreter Anwendung soll der Bedeutung Chinas in der westlichen Auslandsberichterstattung nachgegangen werden. Welche historischen Entwicklungen hat das Nationenbild Chinas in den westlichen bzw. deutschen Medien genommen? Wie sah dieses Medienimage vor den Olympischen Spielen von Peking 2008 aus? Zudem soll die Rolle der Auslandskorrespondenten als die wichtigsten Akteure der Auslandsberichterstattung in China genauer analysiert werden und die speziellen Arbeitsbedingungen vor und während Olympia mit Hilfe der Leitfadeninterviews und der Olympiakorrespondenten erfasst werden.

Das vierte Kapitel untersucht die strukturellen Rahmenbedingungen in China, die die Olympiaberichterstattung der vier untersuchten Tageszeitungen maßgeblich determinieren. Mit einem systemtheoretischen Ansatz sollen die einzelnen Teilsysteme in China benannt werden, die einzeln, zusammen oder wechselseitig auf die Berichterstattung von Peking 2008 wirkten. Wie kann das chinesische Mediensystem klassifiziert werden? Wie hat es sich im kommunistischen China seit 1949 entwickelt? Und welche staatlichen Kontrollen und welche Zensur übt das politische System auf das Mediensystem in China aus? Auch die Presseneuregelungen anlässlich der Olympischen Spiele und die unterschiedlichen Recherche- und Berichterstattungsmöglichkeiten für deutsche und chinesische Olympiakorrespondenten sollen genauer erfasst werden.

Im fünften und sechsten Kapitel werden im empirischen Teil dieser Arbeit das konkrete Forschungsvorhaben, die grundlegenden Überlegungen zum Forschungsdesign sowie die Ergebnisse der Untersuchung präsentiert und interpretiert. Das Forschungsdesign stellt die beiden forschungsleitenden Fragen und präzisierenden Forschungshypothesen sowie das Untersuchungsmaterial vor und begründet die beiden angewandten empirischen Methoden der quantitativen Inhaltsanalyse und der Leitfadeninterviews. Die Forschungsfragen und Hypothesen werden zudem in untersuchungsrelevante Kategorien unterteilt und operationalisiert.

Die Ergebnisse der Analyse werden im sechsten Kapitel präsentiert und interpretiert. Zunächst wird die formale Struktur der Olympiaberichterstattung und damit die Voraussetzung für ein medial vermitteltes Nationenbild Chinas untersucht. Es folgen die Analyse der inhaltlichen Kategorien der Olympiaberichterstattung und die ergänzende Untersuchung des Chinabildes ein Jahr nach den Olympischen Spielen mit Hilfe der Leitfadeninterviews und ausgewählter Zeitungsberichte.

Mit Hilfe der vorgestellten Ergebnisse werden im Anschluss die Forschungshypothesen und Annahmen diskutiert und beantwortet.

Abgerundet wird die Arbeit durch eine Schlussbetrachtung und die Benennung der zentralen Forschungsergebnisse sowie durch einen weiterführenden Ausblick.

– THEORETISCHER TEIL –

2 Nationenbildforschung

Ein gut entwickeltes Nationenbild ist essentiell für Nationalstaaten. Staatliche Konflikte oder Kriege lassen sich so lösen oder kommen gar nicht erst auf, wie es etwa in der Präambel der UNESCO heißt.[2] Heute können Länder mit einem positiven Nationenbild in einer globalisierten Welt vor allem von ausländischen Investitionen, hohen Exporten, Immigration und steigendem Tourismus profitieren[3]. Entscheidend dabei ist auch im Hinblick auf diese Arbeit der Unterschied des Selbstbildes und Fremdbildes einer Nation. Denn alle Länder zeigen eine ausgeprägte Tendenz „das eigene Volk ebenso wie andere Völker mit bestimmten Eigenschaften zu versehen“ (vgl. Marten 1989: 45). Die Nationenbildforschung hat in den letzten Jahren, in denen Nationenbilder als Marke eines Landes immer bedeutender geworden sind, stetig an Einfluss gewonnen und bietet auch für die erste theoretische Erschließung der Arbeit den geeigneten Forschungsgegenstand. Im Forschungsbereich der Internationalen Kommunikation angesiedelt, ist die Nationalbildforschung ein Teil der Einstellungsforschung, die Termini wie „Bild“, „Image“, „Stereotyp“, „Vorurteil“ oder eben „Nationenbild“ als Bestandteil und Unterfunktion von Einstellung beinhaltet (vgl. Nafroth 2002: 8). Im Folgenden sollen zunächst die Termini „Einstellung“ und „Image“ innerhalb der Einstellungsforschung genauer präzisiert werden und so das Nationenbild in einen übergeordneten Rahmen stellen. Im Hauptteil soll dann von der Einstellungsforschung hin zur Nationenbildforschung die Präzisierung des Begriffes „Nationenbild“ mit den Unterbegriffen Perzeption, Weltbild, Stereotyp und Vorurteil erfolgen und die bewusste Beeinflussung durch staatliche PR bzw. Public Diplomacy sowie das Großereignis Olympia als besondere Chance für Chinas Nationenbild thematisiert werden.

---

2 „Da Kriege in den Köpfen von Menschen beginnen, muss in den Köpfen der Menschen Vorsorge für den Frieden getroffen werden.“ Präambel der UNESCO, online einzusehen unter www.unesco.de/die-unesco.html

3 Auch im „Nation Brand Index“ des Briten Simon Anholt werden in einem Hexagon Werte zu Exports – Governance – Culture and Heritage – People – Tourism – Investment and Immigration ermittelt und ein Gesamtnationenbild des Landes entwickelt. Vgl. Kapitel 2.3 ‚Public Diplomacy: Staatliche Beeinflussung des Nationenbildes China’

2.1 Einstellungen

Um besser verstehen zu können, wie komplexe Bilder und Images[4] von Nationen entstehen können, wirken oder sich wandeln, ist es hilfreich auf individual-psychologischer Ebene Einstellungen als Grundvorrausetzung unserer Beziehung zur Umwelt genauer zu untersuchen. Einstellungen sind grundlegend „aus Beobachtung erschlossene Konstrukte, durch die Vorstellungen über Merkmale oder Verhaltensweisen von Umweltobjekten bezeichnet werden" (Six 1988: 18f.). Dabei werden Einstellungen sowohl als Primärerfahrung, also vom Individuum unmittelbar, als auch sekundär durch Sozialisation erworben (vgl. Nafroth 2002: 13). Sozialisation beschreibt dabei die Gesamtheit lebenslanger Lernprozesse, die häufig gesellschaftlich vermittelt werden, in soziale Kontexte eingebettet und durch historische Situationen beeinflusst sind (vgl. Claussen 1989: 67).

Einstellungen sind zum einen Grundlage jeder Wahrnehmung, zum anderen auch deren Ergebnis (vgl. Ohde 1994: 17 und 32). So ist eine völlig unvoreingenommene Erfahrung erst gar nicht möglich, da Einstellungen die Aufmerksamkeit, Interpretation von Informationen, das Gedächtnis und die Generierung von Schlussfolgerungen beeinflussen (vgl. Petersen/Six-Materna 2006: 431f.).

Dabei basieren Einstellungen vor allem auf dem Prinzip der Sozialen Kategorisierung, ein kognitives Konzept, das hilft, Wahrgenommenes zu vereinfachen, zu strukturieren und in Kategorien einzuordnen (vgl. Eschenbach 2000: 55). Ein grundlegender Charakter von Einstellung ist also Komplexitätsreduktion, um „Orientierungshilfen bereitzustellen und Verhaltenskonstanz und -konsistenz zu sichern" (Ohde 1994: 27). Soziale Kategorisierung bedeutet dabei nicht nur Vereinfachung, sondern auch Generalisierung, die trotz möglicher Fehleinschätzungen unerlässlich ist, um auf die Vielfalt an Umweltreizen angemessen und schnell reagieren zu können (vgl. Otten 2006: 440).

In diesem selektiven Wahrnehmungsprozess wählt das Individuum aber auch nur die Informationen aus, die seinen Anschauungen entsprechen und verwirft jene, die ihnen widersprechen. Er vermeidet damit eine kognitive Dissonanz und stabilisiert so automatisch seine Einstellungen. Informationen,

[4] Im Folgenden werden die Termini „Bild" und „Image" gleichbedeutend genutzt. Unterschiede ergeben sich vor allem linguistisch aus der wissenschaftlichen Verwendung im angloamerikanischen und deutschen Raum.

die nicht zum eigenen Denkmuster passen, werden entweder ignoriert, als Ausnahme abgetan oder durch eine Umdeutung in das vorhandene Denkmuster integriert (vgl. Gerrig/ Zimbargo 2004: 818 und Festinger 1957: 16f.)[5]. Dieser kognitive Vorgang kann auch in der Olympiaberichterstattung von Peking 2008 und dem daraus resultierenden Chinabild von Interesse sein. Mögliche Berichte über gastfreundliche Chinesen oder harmonische Spiele könnten so nicht in der Lage sein, bereits bestehende oder gefestigte Einstellungen zum Nationenbild China als ein Land der Menschenrechtsverletzung und Pressezensur aufzubrechen, wenn Informationen nicht in das Schema bereits gefestigten Wissens passen.

Kategorien als Unterformen von Einstellung, die auf verschiedenen Ebenen bereitstehen sind Bilder, Nationenbilder, Stereotype, Vorurteile und auch Feindbilder, die in einem Wechselverhältnis zur Wahrnehmung der Realität stehen (vgl. Ohde 1994: 32). Christina Ohde hat in einer pyramidenähnlichen, hierarchischen Grundordnung die vier Begriffe Bild, Stereotyp, Vorurteil und Feindbild in Beziehung zueinander gestellt.

Zur Spitze der Pyramide hin steigen der Extremitätsgrad und damit die Emotion an, affektive Elemente nehmen in der Urteilsbildung nach oben hin zu, kognitive Elemente verringern sich (vgl. Ohde 1994: 30f.). Während Bilder und Nationenbilder relativ offene Konzepte sind, erfährt die Einteilung eine zunehmende Einengung bis hin zum Feindbild als weitgehend geschlossenes System. Je höher die Anordnung in der Pyramide ist, desto informationsresistenter sind die Einstellungen und damit auch weniger veränderlich bzw. wandelbar. Zudem bauen die Einstellungsbegriffe aufeinander auf, denn „eines ist Teilelement des nächsten und ist ohne das vorhergehende nicht möglich" (Ohde 1994: 31). So kann es etwa ohne funktionierendes Nationenbild keine Stereotype oder Vorurteile über ein Land geben.

5 Die „*Theorie der kognitiven Dissonanz*" des amerikanischen Sozialpsychologen Leon Festinger ist eine der bekanntesten und am häufigsten zitierten Theorien im Rahmen der Einstellungsforschung. Dabei versuchen Individuen ihre Kognitionen wie Überzeugungen, Meinungen, Absichten, Wissensbestände und Werte bei Dissonanz abzugleichen und in Einklang zu bringen, wobei unterschiedliche Strategien benutzt werden wie z.B. Verhaltens- oder Einstellungsänderungen. (vgl. Festinger 1957: 20/21).

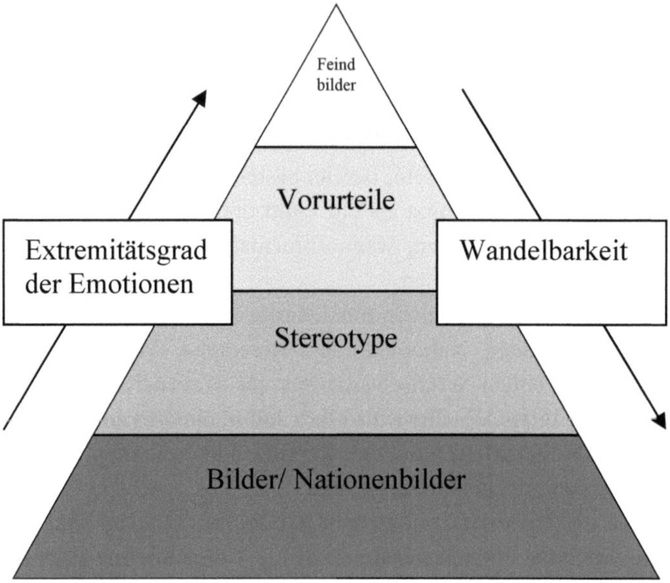

Abb. 1: Hierachische Pyramide der Einstellungen.
Quelle: Eigene Darstellung, vgl. Ohde 1994: 31.

An dieser Stelle sollen das Pyramidenmodell und seine Einstellungsbegriffe nicht weiter als Ganzes analysiert werden, sondern im weiteren Verlauf auf die untere Stufe der Bilder und Nationenbilder, weg von der allgemeinen Einstellungsforschung hin zur Nationenbildforschung fokussiert werden. Dabei soll versucht werden, den Systematisierungsansatz von Nationenbildern des Kommunikationspraktikers Eckhard Marten (1989) mit dem Pyramidenmodell zu kombinieren und es so für diese Arbeit zu erweitern.

2.2 Images und Bilder

Bilder oder auch Images, aus dem angloamerikanischer Sprachgebrauch längst in die deutsche Sprache und Forschung eingegangen, gehen in ihren etymologische Wurzeln auf das lateinische Wort „imago" zurück (vgl. Wilke 1989: 12). Dabei beschreiben Images viel mehr als das bloße physische Bild oder Abbild.

Vielmehr umfassen sie die gesamten Vorstellungen, Eindrücke und Charakteristika, die einem Objekt oder Meinungsgegenstand von Individuen oder Gruppen zugedacht werden (vgl. Hafez 2002: 36, Gottschlich/ Obermair 1989: 54f.). Da Bilder und Images „die gesamte kognitive, affektive und wertgeladene Struktur einer Verhaltenseinheit“ (Boulding 1969: 423) darstellen, sind sie am schnellsten wandelbar und in der hierarchischen Pyramide der Einstellungen am neutralsten bewertet. Sie bedürfen zudem einer ständigen Unterfütterung neuer Informationen, was zum einen ihre hohe Wandelbarkeit erklärt, aber auch ihr Entstehen und Fortbestehen überhaupt erst ermöglicht (vgl. Wilke 1989: 13f.). Die Imagebildung kann dabei auf verschiedenen Ebenen ablaufen. Zum einen bilden und festigen Experten in Politik, Wirtschaft und Kultur Images und Bilder, zum anderen werden sie durch die Darstellung der Massenmedien und der Wahrnehmung der Bevölkerung generiert (vgl. Quandt 1989: 37). Besonders in einer globalisierten und digitalisierten Welt betont Jürgen Wilke (1989) die bedeutende Rolle der Massenmedien bei der Generierung von Bildern und Images. Denn ein Großteil der individuellen Erfahrungen wird heute sekundär über die Massenmedien gemacht. Gerade wo eigene Anschauungen fehlen, etwa bei zunehmender räumlicher und inhaltlicher Distanz zum Objekt wie etwa der Nation China und dem Großereignis der Olympischen Spiele 2008, sind Massenmedien z.B. in Form von Auslandsberichterstattung überhaupt erst in der Lage, Images oder im Fall von China ein Nationenbild zu erzeugen. So besteht die Chance, eigene Einstellungen und Images über große räumliche und zeitliche Zusammenhänge auszubreiten, aber auch die Gefahr, den massenmedial generierten Einstellungen und Bildern ohne Korrektur und Relation ausgeliefert zu sein[6].

Der Imagebildung liegen nach Reinhold Bergler (1991) vier Mechanismen zugrunde: die Vereinfachung durch Typologisierung, die Verallgemeinerung von Einzelerfahrung, die Überverdeutlichung und das Beteiligtsein von

---

[6] Massenmedien werden im Informationszeitalter zukünftig noch mehr Einfluss auf die Entstehung von Images und Nationenbildern bekommen. Dabei sind sie aber nicht in der Lage, die gesamte Realität abzubilden und gezwungen aus Zeit- und Platzmangel Selektionsmechanismen in der Medienberichterstattung zu installieren und Nachrichten auszuwählen (vgl. Früh 1994: 16). Näher mit diesen medialen Auswahlkriterien beschäftigen sich etwa die Gatekeeper-Forschung (vgl. White 1950), die News-Bias-Forschung (vgl. Klein/Maccobby 1954), die Nachrichtenwerttheorie (vgl. Galtung/ Ruge 1968, Schulz 1976; Staab 1990) und das Framing-Konzept (vgl. Brosius 2005). Diese Nachrichtenauswahltheorien sind bereits in zahllosen wissenschaftlichen Arbeiten über Nationenbilder präzise und nahezu lückenlos aufgearbeitet (u.a. Nafroth 2002, Ohde 1994) und sollen in der Arbeit der Vollständigkeit halber nur an dieser Stelle kurz erwähnt werden. Dafür soll diese Arbeit einen Beitrag leisten, die wissenschaftlich weniger erforschten Felder „Staatliche PR/Public Diplomacy“ und „Großereignisse/Media Events“ als Faktor für die Entstehung und Veränderung von Nationenbildern zu untersuchen. (vgl. Kapitel 2.4 und 2.5)

positiven und negativen Bewertungen an der Imagebildung. Die Vereinfachung durch Typologisierung ist dabei ein notwendiger Prozess der Umweltwahrnehmung und ähnelt dem sozialen Kategorisieren und der Komplexitätsreduktion. Die Verallgemeinerung von Einzelerfahrung ist für Images Chance und Gefahr zugleich. Sie können durch Verstärkung oder Relativierung negativen Images entgegenwirken, aber auch positive wieder aufheben (vgl. Bentele 1995: 60). Die Überverdeutlichung beschreibt den Prozess, bestimmte Ausschnitte eines Gegenstandes herauszunehmen, zu vergrößern und zu überverdeutlichen, als vierter Faktor wirken positive oder negativen Bewertungen auf die Imagebildung.

Es existieren verschiedene Typen von Images und Bildern. Zu nennen wären hier etwa das von Kenneth Boulding (1969) benannte „räumliche Image“ (spatial image), das die nähere und fernere räumliche Umgebung prägt oder das „zeitliche Image“ (temporal image), welches den Menschen einbindet in den Strom und Geist der Zeit. Wichtig für diese Arbeit sind jedoch die beiden Haupttypen des „Selbstimages“ auf der einen Seite und des „Fremdimages“ auf der anderen (vgl. Bentele 1995: 61). Selbstimages sind bezogen auf das Bild, das Personen, Gruppen oder aber auch Nationen von sich selbst haben, Fremdimages sind Bilder, die andere von einem haben. Die Erforschung des Images Chinas in Fremd- und Eigenansicht soll einen der Forschungsschwerpunkte dieser Arbeit darstellen. Dabei wird im Folgenden unter Fremd- und Selbstbild das jeweils entsprechende Nationenselbst- bzw. -fremdbild zu verstehen sein.

2.3 Nationenbilder und ihr Entstehungsprozess

Ähnlich der Definition von Bildern und Images fügen Nationenbilder die unterschiedlichen Vorstellungen, Einstellungen und Meinungen der Individuen einer Gesellschaft über eine andere Nation zu einem einheitlichen, homogenen Bild zusammen (vgl. Pütz 1993: 36). Kenneth Boulding beschreibt Nationenbilder ergänzend als „eine Mischung aus erzählter Historie, Erinnerungen an vergangene Ereignisse, Geschichten und Gesprächen usw. plus einer großen Menge gewöhnlich schlecht verarbeiteter und oberflächlich gesammelter aktueller Informationen“ (Boulding 1969: 424). Wie auch bei Images findet bei Nationenbildern eine Komplexitätsreduktion statt. Da jedoch kaum komplexe, mehrdimensionale Bilder erzeugt werden können, die eine ganze Nation angemessen darstellen würden, ist die Diskrepanz zwischen Nationenbild und Realität dementsprechend hoch (vgl. Iwand 1976: 168). Dabei beinhaltet der Begriff des Nationenbildes, wie auch der des Images, keine Richtung der Bewertung. Er kann sowohl positiv als auch negativ ausfallen. Wie auch das Image weißt das Nationenbild eine relativ hohe Instabilität auf. Es ist also durch politische, kulturelle, wirtschaftlich oder andere Einflüsse determinierbar und einem stetigen Wandlungsprozess unterworfen. Im Kern bleiben Nationenbilder jedoch häufig von Veränderungen unberührt und transportieren bestimmte Bilder, Stereotype oder Vorurteile über einen großen Zeitraum.

> *„Offenbar nichts auf der Welt scheint in der Lage zu sein, die `images` von 40% einer Bevölkerung der meisten Länder sogar innerhalb von zwei Jahrzehnten zu ändern. Kombinationen von Ereignissen, die die Vorstellungen und das Verhalten der übrigen 50% oder 60% der Bevölkerung ändern, sind extrem selten.“ (Deutsch/Merrit 1965: 308)*

Dieses Phänomen lässt sich einfacher erkennen, wenn man den Aufbau eines Nationenbildes in Oberflächen- und Tiefenstruktur unterteilt (vgl. Süssmuth 1997: 221f.). Die Oberflächenstruktur beschreibt dabei die aktuelle Wahrnehmung eines anderen Staates, die Tiefenstruktur steht für die historische Dimension eines Nationenbildes. Die konstante historische Dimension bildet dabei die Basis für die aktuelle Wahrnehmung und wird bei gegebenen Anlässen gerne hervorgeholt und in den öffentlichen Diskurs eingewoben (vgl. Süssmuth 1997: 221f.).

Doch wie entstehen Nationenbilder? Welche Faktoren sind ausschlaggebend bei der Konstruktion, Manifestierung und Veränderung von Nationen-Images? Günther Bentele (1995) benennt hierfür vier wichtige Informationsquellen zur Bildung von Nationenimages, die er in indirekte und direkte Erfahrungsquellen unterteilt. So bilden massenmediale Kanäle die indirekt vermittelten Erfahrungen. Produkte und Dienstleistungen, sowie Erfahrungen mit dem Land und den Staatsbürgern selbst bilden die direkten Erfahrungen (vgl. Bentele 1995: 63). Wie bereits in Kapitel 2.2 erwähnt, nehmen die Massenmedien eine besondere Rolle bei der Konstruktion von Nationenbildern ein, da gerade Länder wie China über eine hohe geografische und auch kulturelle Distanz zur westlichen Welt verfügen. Da jedoch internationale Medien wie Nachrichtenagenturen und die Medieninstitutionen der jeweiligen Länder nach ihrer eigenen Medienlogik arbeiten, ist das medial konstruierte Nationenbild zur Realität dementsprechend verzerrt. Direkte Erfahrungen mit Produkten und Dienstleistungen eines Landes mögen dieses mediale Nationenbild ergänzen oder relativieren, aber erst der direkte Kontakt mit Land und Leuten vermag ein realistisches Bild von einer Nation abzugeben und alte, verzerrte Bilder zu verwerfen (vgl. Bentele 1995: 65)[7].

Für den weiteren Verlauf dieser Arbeit ist es wichtig, das Nationenbild, entgegen der gängigen Verortung in der Einstellungsforschung (vgl. Ohde 1994, Nafroth 2002), nicht als Unterkategorie des Images einzustufen, sondern vielmehr als eine Überkategorie. Denn das komplexe Bild einer Nation kann alle anderen Arten von Einstellungen beinhalten. „Images, Stereotypen, Vorurteile und Feindbilder werden also als spezifische Ausprägung eines Nationenimages gesehen, die alternativ oder zusammenwirkend in einem solchen Bild auftreten können" (Peters 1999: 48f.). Diesen Gedanken greift auch Eckhard Marten (1989) auf und beschreibt Nationenbilder als Zusammenspiel von anthropologisch bedingten Wahrnehmungs- und Erkenntnisprozessen (Perzeption) und den daraus resultierenden Vorstellungsmustern über die Umwelt (Weltbild), über andere Individuen (Vorurteil) und über soziale Gruppen (Stereotyp) (vgl. Marten 1989: 4f.) Die Termini Perzeption, Weltbild, Stereotyp und Vorurteil sollen in den folgenden Abschnitten genauer analysiert werden, um zu zeigen, wie so oder so geartete Nationenbilder im Individuum selbst, in der Gesellschaft und im nationalen politischen System verankert sind.

2.3.1 Perzeption und Weltbild

> *„Wir handeln gemäß dem Bilde, das wir uns von der Welt geschaffen haben, und nicht unbedingt so, wie die Wirklichkeit tatsächlich `ist`. Wichtig ist unser Bild von der Welt und nicht die tatsächliche Welt" (Boulding 1971: 91)*

Mit dieser konstruktivistischen Annahme Bouldings lässt sich der anthropologische Wahrnehmungs- und Erkenntnisprozess gut wiedergeben, den Eckhard

[7] Die direkte Erfahrung mit Land und Leuten kann beispielsweise durch Architektur mit Prestige-Bauwerken, Großereignissen oder auch Persönlichkeiten des Landes erfahren werden (vgl. Dorsch-Jungsberger 1995: 89). Im chinesischen Fall etwa das Großereignis der Olympischen Spiele 2008 mit den Olympiastätten wie dem Vogelnest genannten Nationalstadion.

Marten als Grundvorausetzung und für die Verortung des Nationenbildes und der abhängigen Einstellungsbegriffe wählt (vgl. Abbildung 2). Anthropologische Ausgangslage ist dabei der Mangel an vorgeprägten Verhaltensweisen und Instinkten des Menschen, aber auch dessen Möglichkeit zu hoher Informationsaufnahme und -verarbeitung (vgl. Marten 1989: 9f.). Durch die große Informationsflut des medialen Zeitalters und „dem Zwang, immer neue Inhalte aufnehmen und bewältigen zu müssen" (Gehlen 1960: 39) stoßen Menschen an ihre Aufnahmegrenzen und entwickeln Methoden zur Reduktion von Umweltkomplexität (vgl. Luhmann 1984). Perzeption beschreibt dabei den Vorgang, dass bereits im Denken eingegangene und vorhandene Informationen und Muster die Aufnahme neuer Informationen steuern (vgl. Kindermann 1981: 107). Aus ökonomischen Gründen erfolgt die Organisation der Informationsaufnahme über „stereotype Denkmuster, in denen sich die Außenwelt in der Form von Bildern widerspiegelt" (Marten 1989: 12). Diese Perzeption erfolgt jedoch nicht als Autokommunikation, sondern im stetigen Abgleich mit der alltäglichen Lebenswelt (vgl. Dorsch-Jungsberger 1995: 85f.). Realität und Wirklichkeit werden so zu relativen Begriffen, die sich auf das Individuum und seine Wirklichkeitssicht beziehen. Ein individuelles Weltbild also, das in hohem Maße mit der Wirklichkeitssicht anderer Individuen übereinstimmen kann, aufgrund von eigenen Dispositionen und Sozialisationsbedingungen aber niemals identisch mit anderen Weltbildern sein wird (vgl. Dorsch-Jungsberger 1995: 86)[8]. Vor diesem Hintergrund wird sich auch ein Nationenbild stets individuell unterscheiden, wenn auch die Schnittmenge gemeinsamer Vorstellungen, Einstellungen und Meinungen groß sein mag.

2.3.2 Stereotyp

Der Begriff des Stereotyps wurde von Walter Lippmann 1922 in die Sozialwissenschaft eingeführt und beschreibt deren Funktion wie auch bei Images als Verallgemeinerung und Strukturierung von Ereignissen in der objektiven Realität (vgl. Lippmann 1964: 109)[9]. Stereotype helfen als vereinfachte, kli-

---

8 Kindermann (1981) sieht im individuellen Weltbild das Ergebnis „der Wissensinhalte, Sichtweisen, Wertungen und Bewertungsverfahren, durch die jeder Mensch sich selbst, seine unmittelbare Umwelt und die darüber hinausgehenden Existenzbedingungen seiner weiteren zwischenmenschlichen und materiellen Umwelt versteht."

9 In seinem Buch „Die öffentliche Meinung" entleiht Lippmann den Begriff dem Druckwesen und dem französischen Buchdrucker Didot, der 1798 sein neues Druckverfahren „Stereotypie" dementsprechend benannte. Der etymologische Ursprung lässt sich in der griechischen Sprache finden und bedeutet „dauerhafte Form".

scheehafte Vorstellungen Ereignisse und Informationen zu verarbeiten und in die dafür vorgesehenen Schubladen einzusortieren[10]. Die Gesamtheit an Ereignissen in einer Schublade ergibt wiederum den jeweiligen Stereotyp. Die stark vereinfachten Stereotype knüpfen dabei zwar an die Realität an, enthalten also immer ein „Körnchen Wahrheit“ (Schäfer 1988: 51), aber sonst einen eher geringen Wahrheitsgehalt. Stereotype bestehen wie Images aus kognitiven, affektiven und konativen Elementen, wobei affektive Elemente überwiegen. So werden Stereotype gerne als Abgrenzungs- und Verteidigungsmittel gegenüber anderen Personen, Gruppen oder Nationen eingesetzt, weshalb Stereotype häufig negativ besetzt sind[11]. Hervorzuheben ist dabei die Rigidität des Stereotyps, das im Vergleich zum Image starr und langlebig ist. Sie sind als Normen tief in der Gesellschaft verwurzelt und daher weniger kurzfristig, sondern nur über einen langen Zeitraum wandelbar (vgl. Nafroth 2002: 18f.).

Wenn Stereotype allerdings keinen individuellen Charakter besitzen, sondern vor dem Hintergrund der Volksgruppenzugehörigkeit für ganze Gruppen oder Nationen gelten, spricht man von nationalen Stereotypen (vgl. Pütz 1993: 39). Dies wird für den weiteren Verlauf der Arbeit von Bedeutung sein, da im Folgenden vor allem mit nationalen Stereotypen gearbeitet werden soll. Nationale Stereotype treten in Form von Verallgemeinerungen auf, die alle Mitglieder einer Nation und ethnischen Gruppe mit einbeziehen. Trotz großer Verzerrungen und Verallgemeinerung sind sie zentraler Bestandteil des Wertebezugssystems einer jeden kulturellen Gruppe und Nation für sich selber und in Abgrenzung zu anderen Gruppen und Nationen (vgl. Bassewitz 1990: 23). Damit sind auch die beiden Stereotyparten angesprochen, das Autostereotyp und das Heterostereotyp einer Nation. Das eigene Autostereotyp einer Nation ist dabei keineswegs konstant, sondern flexibel und wandelbar, meist im Kontrast oder Wechselspiel mit dem Fremdstereotyp anderer Nationen über das eigene Land (vgl. Ostermann/ Nicklas 1982: 41). Heterostereotype über andere Nationen sind hingegen starr und schwer änderbar.

10 Walter Lippmann formuliert dazu: „Im verrückten, verwirrenden Durcheinander der Außenwelt picken wir uns das heraus, was unsere Kultur für uns schon definiert hat, und wir neigen dazu, nur das wahrzunehmen, war wir in der von unserer Kultur für uns stereotypisierten Form herausgepickt haben.“ (Lippmann 1964: 81)

11 Hier ist sich die Wissenschaft uneinig. Lippmann (1964) etwa geht von keiner zwangsläufigen Bewertung aus. Michael Kunczik schreibt: „Das Stereotyp über Stereotype lautet, dass alle Stereotype schlecht sind – und dieses Stereotyp ist, wie alle anderen Stereotype auch, eine zu große Vereinfachung“ (Kunczik 1990: 26). Diese Bewertungsdiskussion ist für diese Arbeit allerdings nicht hinderlich, da Stereotype als Kategorisierungsschemen verstanden werden und nicht als Übergeneralisierungen, die zu großen Verzerrungen und damit fehlerhaften Denkprozessen führen.

Stereotype, aber auch Images (vgl. Kapitel 2.2) kommen von den vorgestellten Begriffen eine besondere Bedeutung für diese Arbeit zu. Sie werden in besonderem Maße in die Methodik einbezogen, um das Nationenbild Chinas präzise zu erfassen.

2.3.3 Vorurteil

> *Vorurteile sind „negative oder ablehnende Einstellungen einem Menschen oder einer Menschengruppe gegenüber, wobei dieser Gruppe infolge stereotyper Vorstellungen bestimmte Eigenschaften von vornherein zugeschrieben werden, die sich aufgrund von Starrheit und gefühlsmäßiger Ladung, selbst bei widersprechender Erfahrung, schwer korrigieren lassen" (Davis 1964, zit. n. Ostermann/Nicklas 1982: 15f.)*

Gründe dafür sind in dem bereits im Wortlaut enthaltenen „Vor-Urteil" zu sehen, das getroffen wird, bevor überhaupt eine Erfahrung gemacht wird. So kann man davon ausgehen, dass Vorurteile meist falsch sind und „mit der Wirklichkeit nichts mehr gemein haben, ja sie verdrehen müssen" (Kleinsteuber 1991: 65). Während der Bezug zur Realität vom Stereotyp zum Vorurteil hin abnimmt, steigt im gleichen Maße der Grad der Affektivität oder emotionalen Ladung gegenüber dem Objekt, der Person oder Gruppe. Mehr noch als Stereotype sind Vorurteile daher negativ besetzt und „durch extreme Änderungsresistenz, Starrheit, Rigidität und Inflexibilität" (Schäfer 1988: 54) gekennzeichnet[12]. Vorurteile entstehen besonders dort, wo Ungewissheit und auch Unwissenheit vorherrschen. Sie entstehen „aus der Abwehr von allem Unbekannten und Fremden, das nicht nur unbegreifbar erscheint, sondern auch die eigene Identität in Frage stellt und daher ausgeblendet, im schlimmsten Fall auch vernichtet werden muss" (Kleinsteuber 1991: 66). Die Vermeidung kognitiver Dissonanz ist damit prägendes Element bei der Entstehung von Vorurteilen (vgl. Kapitel 2.1). Alles Fremde, was die eigene Identität und Denkstruktur in Frage stellen könnte, wird abgelehnt und häufig diskreditiert, um von eigenen Fehlern und Widersprüchen abzulenken.

---

[12] Im alltäglichen Gebrauch werden Stereotype und Vorurteile häufig synonym gebraucht. Die Wissenschaft unterschiedet diese beiden Begriffe, wie in den vorangegangen Kapiteln dargestellt, genauer. Gründe für die Etablierung der Vorurteilsforschung gegenüber der Stereotypenforschung sind in dem Rassenproblem der USA und dem deutschen Antisemitismus zu sehen (vgl. Nafroth 2002: 14).

Die folgende Abbildung soll noch einmal verdeutlichen, wie die vorgestellten Begriffe Bild/Image, Stereotyp und Vorteil hierarchisch zueinander stehen und gemeinsam oder individuell im eigenen Weltbild die Grundvorausetzung für das Entstehen von Nationenbildern bilden[13].

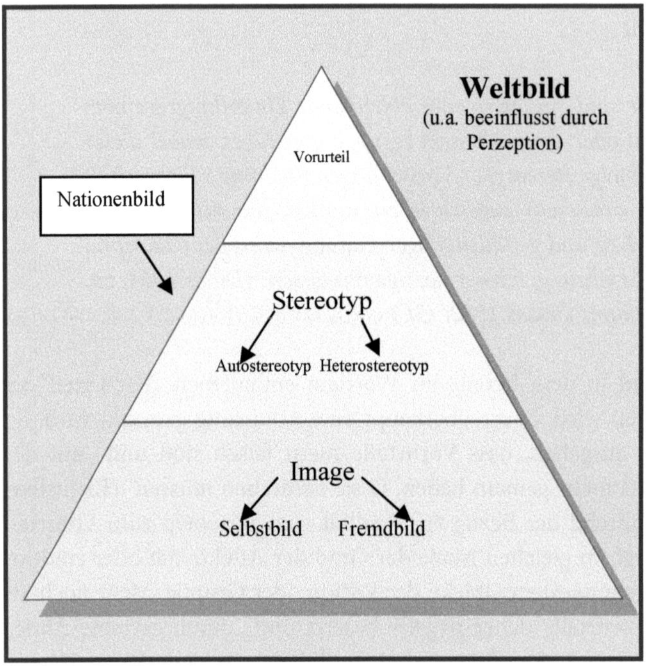

Abb. 2: Hierarchische Pyramide des Nationenbildes (Quelle: Eigene Darstellung)

[13] In Anlehnung an die Idee eines hierarchische Pyramidenmodells (Christina Ohde 1994), ist dieser eigene Graphikentwurf auf den Systematisierungsansatz von Nationalbildern bei Eckhard Marten (1989) angewandt.

2.4 Public Diplomacy: Staatliche Beeinflussung des Nationenbildes China

Bislang wurde die Bildung von Nationenimages in den vorangegangenen Kapiteln als ein passiver Entstehungsprozess dargestellt, der durch direkte, persönliche sowie medial vermittelte Erfahrungen determiniert wird (vgl. Kapitel 2.3). Nationalstaaten haben jedoch auch ein Interesse daran, ihr eigenes Image nach innen und außen aktiv mitzugestalten und so „günstig zu beeinflussen bzw. für ein akkurateres und differenzierteres Bild zu sorgen" (Horisberger 2002: 9). Bei der staatlichen Imagegestaltung spielen das vermutete, das tatsächliche und das erwünschte Nationenbild eine bedeutende Rolle (vgl. Bentele 1995: 61). Über das vermutete Nationenbild (Selbstimage oder Fremdimage) als Richtwert kann das tatsächliche Nationenbild etwa durch Befragungen ermittelt und so Kommunikationsmaßnahmen entwickelt werden, um das erwünschte Nationenbild oder auch Sollimage zu erreichen (vgl. Bentele 1995: 62). Eine beliebige Imagegestaltbarkeit ist dabei aber nicht möglich, da gerade Nationenbilder nicht beliebig konstruierbar oder wandelbar sind (vgl. Kapitel 2.3).

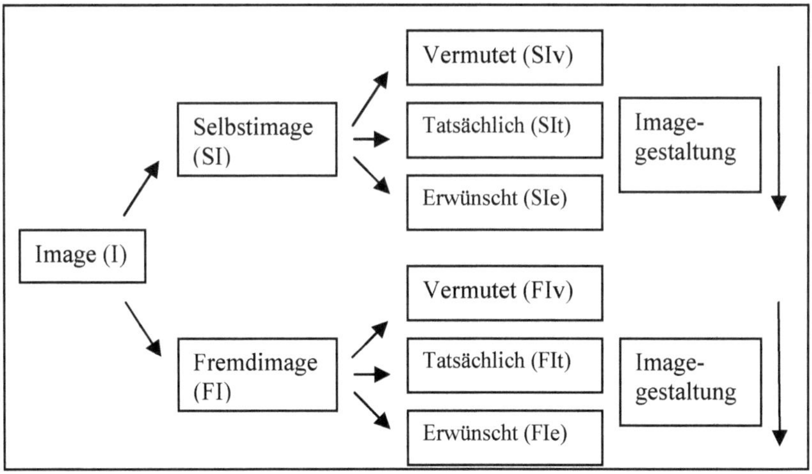

Abb. 3: Imagetypen und (staatliche) Imagegestaltung
Quelle: Eigene Darstellung nach Bentele 1995 (vgl. Bentele 1995: 62).

Grundsätzlich sind zwei unterschiedliche Formen der staatlichen Imagepflege[14] zu unterscheiden: die staatliche Propaganda und die Public Diplomacy (auch: staatliche Public Relations)[15]. Staatliche Propaganda, die ihren Höhepunkt in den Weltkriegen und dem Kalten Krieg erlebte, basiert vor allem auf unwahren oder halb wahren Behauptungen, agiert zu hauptsächlich macht-, kriegs- und sicherheitspolitischen Zwecken mit zweifelhaften Methoden und operiert im Verborgenen (vgl. Sproule 1994: 3f.).

Werden Image fördernde Maßnahmen im Ausland jedoch offen und mit meist wahren Informationen verbreitet, spricht man von der Public Diplomacy eines Staates[16].

> *„Public Diplomacy is a government's process of communicating with foreign publics in an attempt to bring about understanding for its nation's ideas and ideals, its institutions and cultures, as well as its national goals and current policies" (Tuch 1990: 3)*

Neben der persuasiven Orientierung, Meinungen im Ausland zu beeinflussen, ist Public Diplomacy verständnisorientiert und auf das gegenseitige Auskommen, den Austausch und den Vertrauensaufbau zwischen Staaten ausgerichtet (vgl. Signitzer 1995: 74). Dieser Dualismus von Verständigung und Persuasion spiegelt die beiden Grundfunktionen der Public Diplomacy (PD) wider[17]: politische Information als harte Schule der PD (persuasiv) und kulturelle Kommunikation als weiche Schule der PD (verständnisorientiert). Politische Informationen werden vor allem über „schnelle" Medien wie Tageszeitungen,

[14] Staatliche Imagepflege im Ausland hat eine lange Tradition. Ein berühmtes Beispiel sind die „Potemkinschen Dörfer" von 1787, die als mobile Wagen und mit Schauspielern besetzt, ausländischen Gesandten prosperierende Dörfer und eine zufriedene Bevölkerung vorgaukelten und so die ausländische Besiedelung Neurusslands maßgeblich mit beeinflussten. Ein ähnliches Verfahren wandte Fidel Castro 1957 in Kuba an, um die amerikanische Presse über die Größe seiner Guerilla-Truppe zu täuschen. (vgl. Kunczik 1990: 7)

[15] Bei der Unterscheidung zwischen staatlicher Propaganda und Public Diplomacy ist sich die Wissenschaft nicht vollends einig. Michael Kunczik als bekannter Gegenspieler dieser Unterscheidung sieht Propaganda durch Public Diplomacy als „ohne weiteres ersetzbar" (Kunczik 2002: 35). Versuche, Propaganda und Public Diplomacy (als Teil der PR) als unterschiedliche Typen öffentlicher Kommunikation zu verstehen, seien "lediglich semantische Spielereien" (Kunczik 2002: 35). Besonders der manipulative Charakter lassen die PR und Public Diplomacy laut Kunczik in die Nähe der Propaganda rücken.

[16] Der Begriff Public Diplomacy stammt aus dem britischen Raum und ist anders als der Begriff der Public Relations in der deutschen Wissenschaft noch nicht sicher verankert. In dieser Arbeit soll die englische Schreibweise beibehalten werden. Deutsche Übersetzungen reichen von „öffentlicher Diplomatie" (Hartmann 1988) über „außenpolitische Öffentlichkeitsarbeit" (Hoffmann 1991) bis zur „internationalen Public Relations" (Kunczik 1990), die jedoch weit mehr als nur die staatliche Imagepflege umfasst.

[17] Im Folgenden wird PD als Abkürzung für Public Diplomacy verwandt.

Internet oder Fernsehen übertragen, kulturelle Kommunikation dagegen langfristiger über Filme, Sprachunterricht oder akademischen Austausch (vgl. Signitzer 1995: 74).

Besonders die Volksrepublik China hat dabei in den vergangenen Jahren zunehmend auf Public Diplomacy[18] als externe Kommunikationsform gesetzt, um der Welt mit einer begleitenden „chinesischen Charme-Offensive“ (Kurlantzick 2007: 9) den eigenen wirtschaftlichen und politischen Aufstieg zur künftigen Großmacht besser zu vermitteln. Entscheidender Faktor und Antrieb der heutigen chinesischen Public Diplomacy ist im Tian'anman-Massaker von 1989 zu sehen. Damals wurden die demokratischen Bewegungen chinesischer Studenten und die Proteste gegen das kommunistische Regime auf dem Platz des himmlischen Friedens in Peking vor den Augen der Welt blutig niedergeschlagen (vgl. Seitz 2006: 287-293, Kapitel 26: Das Volk steht auf). Der daraus folgenden politischen Isolation folgte ein weltweiter Reputationsverlust für China, der lange nachgewirkt hat und China noch heute aufgrund anhaltender, westlicher Kritik ein Gefühl des „deficit of global respect“ (Schell 2007) vermittelt[19]. Im Jahr 1991 wurde mit der Gründung des State Council Information Office als administratives Organ der Zentralregierung eine neue Linie chinesischer PD begründet, die dem Ansatz „to promote China as a stable country in the process of reform, a China that takes good care of its population, including minorities“ (SCIO zit. n. d'Hooghe 2005: 98) folgen sollte. Mit dem chinesischen Wirtschaftsboom der späten 1990er Jahren wuchs das Bedenken der westlichen Staaten vor einem wirtschaftlich und politisch erstarkenden China. 2003 lancierten die SCIO und die Zentralregierung den Begriff des „peaceful rise“ (*heping jueqi*), das China als verlässlichen Wirtschaftpartner darstellte sollte, mit dem alle Staaten gewinnbringende Beziehungen pflegen können, ohne dass sich China in die inneren Belange der jeweiligen Länder einmischen wollte (vgl. Cull 2008: 129). Vier Jahre später wurde der Ansatz mit „building a harmonious world“ (*hexie shijie*) noch einmal verändert, um den Fokus nicht ausschließlich auf China zu richten,

18 Die chinesische Bezeichnung `*dui wai xuan*` oder auch `*wai xuan*` lässt sich eher mit `*externer Propaganda*` übersetzen. In China ist das Wort Propaganda aber positiv konontiert und entspricht daher eher der Public Diplomacy (oder staatlicher PR) als der europäisch verstandenen staatlichen Propaganda (vgl. Wang 2008: 259).

19 Bis heute gelten die damals verhängten Waffenembargos der Europäischen Union und der USA gegenüber China (Stand: Mai 2009). Außerdem sind die anhaltende Kritik der westlichen Staaten insbesondere an Chinas Menschenrechts- und Minderheitenpolitik im Zusammenhang mit dem Tian'anmen Massaker zu sehen.

sondern viel mehr auf den internationalen Kontext und China als einen Partner `pars inter pares` zu präsentieren[20].

Neben der grundlegenden Ausrichtung und den Konzepten chinesischer Public Diplomacy soll im weiteren Verlauf genauer auf dessen Faktoren und Ziele eingegangen werden. Nach Nicholas J. Cull weist die klassische PD fünf Charakteristika in der praktischen Anwendung auf: (1) Listening, (2) Advocacy, (3) cultural diplomacy, (4) exchange und (5) international broadcasting (vgl. Cull 2008: 129f.).

Public Diplomacy beginnt – auch im chinesischen Fall – mit Zuhören und nicht mit Handeln, das heißt das eigene Nationenbild durch systematisiertes Sammeln und Analysieren von Meinungen/Aussagen ausländischer Öffentlichkeiten so genau wie möglich zu ermitteln (vgl. Abbildung 3). Neben der besonders aktiven Sondierung internationaler Medien und Meinungen ist die chinesische PD interessiert, in internen und externen Umfragen das Eigen- und das Fremdbild Chinas detaillierter zu erfassen. Im Jahr 2005 etwa wurde eine von China und Japan gemeinschaftlich entwickelte Umfrage erhoben, die das gegenseitige Image beider Länder untersuchen und so zum Abbau der historisch bedingten Spannungen beider Länder beitragen sollte (vgl. Cull 2008: 130). Zudem helfen weltweite Umfragen unter den führenden Nationen wie die BBC/ PIPA Umfrage der chinesischen PD das Fremdbild Chinas genauer zu erfassen[21].

Unter `Advocacy` versteht man den Versuch, eine Fürsprache in anderen Ländern zu erreichen, indem das eigene Land und seine Absichten etwa durch offenere Regierungen und Ministerien transparenter gemacht werden. Gerade hier liegt ein großer Nachholbedarf chinesischer PD, ein Anfang war jedoch die Offenlegung von Namen und Kontaktdaten der Sprecher aller 75 Ministerien für ausländische Medien durch das SCIO im Dezember 2004 (vgl. Cull 2008: 130).

Ein besonderes Augemerk legt die chinesische PD auf kulturelle Diplomatie. Neben weltweiten Kulturveranstaltungen, Ausstellungen oder China-Wochen stellt der Aufbau eines weltumspannenden Netzwerkes von Kultur-

[20] Dieses Konzept der aktuellen chinesischen PD umfasst vier grundlegende Kernpunkte. 1. Eine multilaterale Ordnung mit einer starken Rolle der UN. 2. Entwicklung eines gemeinsamen Sicherheitsbündnisses. 3. Wohlstand durch gleichwertige und gewinnbringende Kooperationen und 4. Toleranz und der Dialog zwischen verschiedenen Kulturen. (vgl. d'Hooghe 2007: 10)

[21] Im Jahr 2005 befragten die BBC und das „Program on International Policy Attitudes" (PIPA) der University of Maryland fast 40.000 Personen, die den Einfluss verschiedener Großmächte (USA, Iran, China, Russland und europäische Nationen) bewerten sollten. China und sein Einfluss wurden dabei unterdurchschnittlich positiv bewertet, jedoch im Schnitt besser als der der Weltmacht USA oder Russland. Näher nachzulesen unter: http://www.globescan.com/news_archives/bbc06-3/index.html.

und Sprachzentren den Kern chinesischer Kulturdiplomatie dar (vgl. d'Hooghe 2007: 28). Die Konfuzius-Institute wurden dabei nach dem Vorbild des deutschen Goethe-Instituts und der französischen Alliance Francaise gestaltet. Seit dem ersten Institut in Seoul Ende 2004 wurden innerhalb von drei Jahren 210 Institute in 64 Ländern eröffnet (vgl. Wang 2008: 265). Die Konfuzius-Institute, die meist als Joint-Venture mit ausländischen Universitäten gegründet wurden, haben mit dazu beigetragen, dass im Jahr 2007 über 30 Mio. Menschen weltweit Chinesisch lernten. Eine Zahl, die bis 2010 auf 100 Mio. Menschen steigen soll (vgl. Wang 2008: 265). Chinas neueste kulturdiplomatische Strategie ist hingegen die Einbeziehung internationaler chinesischer Stars, die dem neuen China ein Gesicht geben sollen. Diese Strategie wurde vor und während der Olympischen Spiele 2008 intensiviert, Stars wie die Schauspieler Jackie Chan und Zhang Ziyi, der Basketballer Yao Ming oder der Pianist Lang Lang wirkten als Fackelträger oder Protagonisten bei der Olympischen Eröffnungsfeier mit.

Ein weiteres Ziel chinesischer PD sind umfangreiche Austauschprogramme mit anderen Staaten. Zahlreiche bilaterale Abkommen führten etwa dazu, dass zunehmend mehr internationale Stundenten in China studieren, wie auch chinesische Studenten ins Ausland gesandt werden. Bereits 2005 studierten über 140.000 internationale Studenten in China, über 25% mehr als noch im Jahr zuvor (vgl. d'Hooghe 2007: 30).

Als letztes Ziel muss staatliche Public Diplomacy die Absicht verfolgen, internationale Kommunikationskanäle einzurichten, um ihre Absichten und Inhalte auch weltweit zu vermitteln. Der chinesische Staatssender CCTV richtete im Jahr 2000 mit CCTV9 einen englischsprachigen Fernsehsender ein, spanische und französische Ableger folgten (vgl. d'Hooghe 2007: 31). Zudem findet sich ein englischsprachiger Service der staatlichen Nachrichtenagentur Xinhua und mit „China Radio International" ein staatlicher Radioservice in fast allen wichtigen Weltsprachen.

Diese fünf Charakteristika gelten als Grundmodell für die meisten Staaten und ihre Public Diplomacy. Es lassen sich jedoch auch immer nationalspezifische Feinheiten ausmachen. Eine Besonderheit der chinesischen PD ist ihr starker Bezug zur heimischen Bevölkerung (vgl. Cull 2008: 133). Die Kommunistische Partei, die die Regierungsmacht nach Maos Tod 1976 weiter in China ausübt, muss diese immer wieder neu legitimieren, um ihren Machtanspruch zu rechtfertigen. Was mit der eigenen PD in der Welt Eindruck machen kann, soll auch die heimische Bevölkerung beeindrucken. So ist chinesische PD im

Besonderen auf Prestigeprojekte ausgerichtet, die vor allem der eigenen Bevölkerung den allumfassenden Machtanspruch der Kommunistischen Regierung verdeutlichen sollen. Im Jahr 2003 wurde der erste bemannte Weltraumflug eines chinesischen Taikonauten gefeiert, 2006 wurde die höchste Bahnstrecke der Welt eröffnet. Sie verbindet die abgelegene Region Tibet mit China und führt durch den Himalaja bis in den Norden Indiens (vgl. Cull 2008: 129). Das zentrale Großereignis, auf das die moderne chinesische PD hinarbeitete und die letzte Phase der staatlichen Kampagne eines neuen und modernen Chinas einleiten sollte, folgte jedoch erst zwei Jahre später: Es waren die Olympischen Spiele 2008 in Peking.

2.5 Das Mediengroßereignis Olympia als besondere Chance für Chinas Nationenbild

Die Volkrepublik China hat sich in den vergangenen Jahren wie kaum ein zweites Land um die Austragung der Olympischen Spiele bemüht. Bereits kurz nach der Rückkehr des isolierten Großreichs auf die internationale Bühne im Jahr 1978 formulierte Maos damaliger Nachfolger Deng Xiaoping den Wunsch „China would bid to host the Olympic Games when time was appropriate“ (Chinese Olympic Committee 2004). Die Bewerbung um die Millenniumspiele 2000 scheiterte knapp mit zwei Stimmen Unterschied am damaligen Gewinner Sydney, im Jahr 2001 gewann Peking schließlich die Austragung der Olympischen Spiele 2008 (vgl. Conrad 2004: 14). Das Weltereignis Olympia lässt dabei nicht nur die siegreichen Sportler unsterblich werden, sondern ist im Zeitalter der Massenmedien zu einem Mediengroßereignis geworden (vgl. Katz/Dayan 1992: 3)[22]. Die weltweite Aufmerksamkeit, die ein solches Mediengroßereignis auslöst, war ein Schlüsselfaktor und eine besondere Chance für China und die Darstellung seines Nationenbildes in der Welt. In den Wochen der Austragung ergab sich für das Land die Chance das moderne Gesicht Chinas zu zeigen, als aufstrebende neue Wirtschaftsweltmacht und verantwortungsvoller Akteur einer neuen politischen Weltordnung. Mediengroßereignisse treten sehr selten

[22] Elihu Katz und Daniel Dayan sprechen im englischen Original von `Media Events`. Der Begriff ist hier ins Deutsche übertragen worden und mit `Mediengroßereignis` übersetzt. Neben den regelmäßig stattfinden Olympischen Spielen nennen die Autoren auch historisch einmalige Beispiele von Mediengroßereignissen wie die Übertragung der ersten Mondlandung 1969 oder der Fall der Berliner Mauer 1989 (vgl. Katz/Dayan 1992: 26).

auf und besitzen daher die Fähigkeit durch die Unterbrechung der gewohnten Routinen das tägliche Leben zum Erliegen zu bringen (vgl. Katz/ Dayan 1992: 5). Mediengroßereignisse spielen sich dabei immer live ab, sie entstehen jedoch nicht zufällig, sondern sind bewusst geplant und von öffentlichen oder anderen Institutionen organisiert. Mediengroßereignisse haben eine hohe Allgemeingültigkeit und fördern so einen Ausnahmezustand, der meist über soziale und ethnische Unterschiede hinweg eine große Integrativkraft entwickelt (vgl. Katz/ Dayan 1992: 120). Mediengroßereignisse wie die Olympischen Spiele sind „the only thing guaranteed to put the whole family together in front of the television“(Rivenburgh 2003: 44). Diese uneingeschränkte und weltweite Medienaufmerksamkeit ist zugleich die besondere Chance für das Austragungsland durch gelungene Olympische Spiele das eigene Nationenbild differenzierter und positiver zu gestalten.

Die Olympischen Spiele von Barcelona 1992 etwa verliefen friedlich und fröhlich, ein Bild, das sich auch auf die Stadt und das Land Spanien übertragen hat (vgl. Berkowitz et al. 2007: 170). Von einer rückständigen, katalanischen Stadt entwickelte sich Barcelona zur internationalen Kulturmetropole, mit den europaweit höchsten Touristenzahlen hinter London und Paris. Auch die harmonischen Spiele 2000 in der australischen Hauptstadt Sydney zeigten eine moderne und globale Stadt, die sich und das Land endgültig vom `outback` und `crocodile dundee` image befreien konnte und heute eine wahre Australien-Euphorie unter Touristen und Rucksackreisenden weltweit ausgelöst hat.

Die weltweite Erwartung, die im vergangenen Jahr an China und den Effekt durch das Austragen der Olympischen Spiele gestellt wurde, ist beispielsweise im Country Brand Index abzulesen, ein Index der Nationen wie Marken behandelt und durch Befragungen von Experten und Vielreisenden Rankings erstellt, die etwa den besten Geschäftstandort oder das attraktivste Urlaubsland ermitteln (vgl. Country Brand Index 2008). In den Kategorien `Most impressive last year` und `Rising star` wurde China 2008 auf Platz Eins gerankt, verbunden mit der Erwartung, dass China durch die Austragung der Olympischen Spiele zur „world's most-watched destination“ des Jahres wird (Country Brand Index 2008: 55 und 59).

Der weltweiten Erwartungshaltung und besonderen Chance, das eigene Nationenbild selber umfassend und nachhaltig zu beeinflussen war sich China überaus bewusst. Unter dem Motto der Spiele 2008 „People's Olympics, High-Tech Olympics, Green Olympics“ sollte den drei Kernbereichen entgegen gewirkt werden, die immer wieder die weltweite Akzeptanz Chinas als aufstrebendes und vollwertiges Mitglied der internationalen Staatengemeinschaft behinderten. Dem politischen Vorwurf der Menschenrechtsverletzung und Ein-Parteien Diktatur sollte mit „People's Olympics" entgegen gewirkt werden, dem wirtschaftlichen Vorwurf der Herstellung billiger und minderwertiger Ware mit „High-Tech Olympics" und dem ökologischen Vorwurf der massiven Luft- und Umweltverschmutzung mit „Green Olympics" (vgl. Berkowitz et al. 2007: 171f.).

Unter dem Motto „People's Olympics" verstand China die Teilhabe der Welt an seinem reichen kulturellen Erbe und der langen Geschichte. Für die Olympischen Spiele sollten Ost und West zusammenkommen und sich in gegenseitigem Respekt begegnen. Über 100.000 Volunteers wurden für die Olympischen Spiele engagiert, zu gleichen Teilen aus jungen Chinesen und Ausländern. Auch die nationalen Minderheiten sollten an den Olympischen Spielen teilhaben, in dem offiziellen Olympiavideo „One World, one Dream" waren etwa fröhliche Tibeter und Uiguren zu sehen[23]. Dafür verzichtete die Kommunistische Partei auf jegliche Symbole der kommunistischen Revolution in China wie rote Fahnen, Sterne oder Maoportraits, dessen Erbe die KP bis heute offiziell fortführt (vgl. Cull 2008: 135). Es sollte so der weltweiten Sorge vorgebeugt werden, die kommunistische Partei nutze die Olympischen Spiele als Propagandamittel zur Legitimierung und Stärkung der eigenen Machtansprüche aus wie dies ähnlich bei den Olympischen Spielen in Berlin 1936 und Moskau 1980 der Fall war (vgl. Berkowitz et al. 2007: 172).

Mit der Initiative „High-tech Olympics", die auf den Wirtschaftsstandort China hinweisen soll, versucht China nicht dem Image des Weltwirtschaftsmotors entgegen zu wirken. Das produzierende Gewerbe war das Rückgrad des großen wirtschaftlichen Aufstiegs der vergangenen Dekaden und soll weiter ausgebaut und auf den Westen Chinas ausgeweitet werden (vgl. Berkowitz et al. 2007: 172). Die Marke „Made in China" hingegen schadet den chinesischen Produkten, weltweit werden vor allem die Attribute ‚Billig', ‚Geringer Wert' und ‚Geringe Qualität' mit ihr in Verbindung gebracht (vgl. Swystun 2005: 3). Die Olympiaarchitektur sollte der Welt vor allem den technologischen Fortschritt Chinas zeigen. Das Olympiastadion wurde aus über 40.000 Tonnen Spezialstahl gefertigt und setzt wie auch die blau leuchtende Schwimmarena neue architektonische und technische Maßstäbe (vgl. Berkowitz et al. 2007: 173).

[23] Das Video ist etwa bei dem US-Internetportal http://youtube.com zu sehen, eine Website auf der das Video offiziell für China und die Olympischen Spiele geworben hat, in China aber selbst gesperrt ist.

Als größte Olympiasponsoren gewann die Regierung das Computerunternehmen Lenovo, das 2006 die amerikanische Konkurrenz IBM übernahm und das Telekommunikationsunternehmen China Mobile. Beide Unternehmen sind heutzutage über die Grenzen Chinas hinweg tätig und bieten qualitativ hochwertige Produkte.

Letztlich sollten die Olympischen Spiele 2008 in Peking auch zu „Green Olympics" werden. Diese Initiative sollte der weltweiten Kritik an der massiven Luft- und Umweltverschmutzung entgegenwirken, die eng mit Chinas wirtschaftlichem Wachstum einhergegangen ist. Ein Kritikpunkt, der auch von

China selbst zunehmend ernst genommen wird. Ausweitende Wüsten und Wassermangel im Westen Chinas, beständiger Smog in den Städten an der Ostküste und vergiftete Seen und Wälder setzten nicht nur der Bevölkerung zu, sondern gefährden ernsthaft Chinas weiteren wirtschaftlichen und politischen Aufstieg. Bereits während der Olympischen Bewerbungsphase musste China dem IOC (International Olympic Committee) einen Umweltplan präsentieren, um die Bedenken des IOC auszuräumen (vgl. Berkowitz et al. 2007: 174). Über 12 Mrd. Dollar wurden seit 2007 in Umweltprojekte investiert, etwa in die Nutzung von geothermaler Hitze anstelle von Kohle und anderen fossilen Brennstoffen. In der Olympiastadt Beijing selber wurden Parks und Grünanlagen angelegt, wie etwa der Olympic Forest Park auf dem Olympiagelände im Norden von Peking. Zudem galt das chinesische Versprechen für die Olympischen Spiele einen blauen Himmel über Peking erwarten zu können.

China hat viele Initiativen eingeleitet, um der Kritik und den Missständen entgegen zu wirken und die weltweite Aufmerksamkeit des Mediengroßereignisses Olympia für sich zu nutzen, um das eigene Nationenbild in der Welt neu zu positionieren. Ob dies gelungen ist und in welchem Maße soll im Methodenteil dieser Arbeit genau analysiert und geklärt werden.

3 Auslandsberichterstattung

Eine Arbeit, die sich aus Sicht der beiden analysierten deutschen Tageszeitungen mit der Chinaberichterstattung anlässlich des Großereignisses Olympia beschäftigt, fällt in der Kommunikationsforschung in den Bereich der Auslandsberichterstattung[24]. Dank zunehmender transnationaler Verflechtungen in Politik und Wirtschaft hat die Auslandsberichterstattung in der heutigen Zeit an Bedeutung gewonnen (vgl. Koschwitz 1979: 466). Ausgehend vom übergeordneten Forschungsbereich der Internationalen Kommunikation[25], bei der grundlegend „die Herstellung von Beziehungen zwischen den Nationen gemeint ist“ (Faul 1990: 145), beschreibt die Auslandsberichterstattung die Informationsvermittlung, in deren Verlauf Informationen und Nachrichten staatliche Grenzen überschreiten (vgl. Hafez 2002: 24).

Gerade unter den globalen Distanzen trägt die Auslandsberichterstattung auch zur Stereotypenbildung und damit letztlich zu dem Nationenbild Chinas bei (vgl. Kleinsteuber 1991: 51). Gleichzeitig ist die Auslandsberichterstattung aber nicht mit der soziopsychologischen Stereotypenforschung (und damit letztlich auch der Einstellungsforschung) gleichzusetzen (vgl. Hafez 2002: 46). Denn neben Stereotypen wird die Auslandsberichterstattung von anderen, komplexeren Bildstrukturen geprägt, die sich einer Erfassung durch den Begriff Stereotyp entziehen. Trotz der engen Verzahnung mit der Stereotypenforschung, muss die Auslandsberichterstattung „zur Offenheit des Bildbegriffes zurückkehren“ (Hafez 2002: 46). Denn würde sich die Auslandsberichterstattung nur aus dem binären Zugang von Stereotyp und Nicht-Stereotyp zusammensetzen, würde die Auslandsberichterstattung zur selbst erfüllenden Prophezeiung, die alle Nicht-Stereotype ignoriert und damit die Erfassung eines Nationenbildes erheblich verzerrt. Der Begriff des Nationenbildes soll daher im weiteren Verlauf nicht als Äquivalent zum Nationenstereotyp ver-

24 Die Berichterstattung der chinesischen Tageszeitungen über das eigene Land anlässlich der Olympischen Spiele soll ausführlicher im vierten Kapitel untersucht werden bzw. nach den inhaltlichen und strukturellen Rahmenbedingungen der chinesischen Olympiaberichterstattung fragen.

25 Bis heute ist in der Kommunikationswissenschaft keine klare Definition vorhanden und der Begriff der Internationalen Kommunikation nicht sicher verankert. Oft werden parallel andere Begriffe wie `globale`, `interkulturelle` oder `transkulturelle` Kommunikation verwandt, die oft synonym gebraucht werden (vgl. Meckel/ Kriener 1996: 12).

standen werden, wie häufig in der klassischen Stereotypenforschung angewandt, sondern mehr dem Begriff des Images entsprechen, der neutraler und verschiedenen Einflüssen gegenüber offener ist sowie detaillierte Differenzierungen des Auslandsbildes ermöglicht[26].

Gerade nach dem Zweiten Weltkrieg mit dem Beginn transnationaler Verknüpfungen zwischen Staaten und internationalen Organisationen wurde die Erforschung der Auslandsberichterstattung in der Kommunikationswissenschaft zu einem Standardthema, das bis heute an Relevanz kaum verloren hat (vgl. Wilke 1986: 53 f.). Frühe Forschungsstudien zur Auslandsberichterstattung und der internationalen Nachrichtenflüsse erschienen etwa von Lippmann/Merz (1920), Woodward (1930) und Guttinger (1939)[27], die jedoch Einzelerscheinungen blieben. Nach dem Zweiten Weltkrieg stellte Jaques Kayser in einer Studie der UNESCO von 1953 fest, dass die Berichterstattung westlicher Länder häufiger die eigenen, industrialisierten Nationen thematisierte als über Entwicklungsländer wie dem damals maoistischen China zu berichten (vgl. Kayser 1953: 15f.)[28]. In den 1960er Jahren, die unter dem Einfluss des Ost-West-Konfliktes und der Entkolonialisierung standen, wurde die Forderung nach einer neuen Weltinformations- und Kommunikationsordnung (NWIKO) laut[29]. Eine Debatte, die besonders die Kommunikationsforschung bereicherte und zu den theoretischen Konzepten der Nachrichtenwert-Forschung führten (u.a. Östgaard 1965, Galtung/ Ruge 1965, Schulz 1976, Staab 1990).

Die UNESCO gab 1979 die Foreign Images Study in Auftrag, die bis heute als eine der umfangreichsten Studien zur Auslandsberichterstattung gilt. In ihr wurde die Auslandsberichterstattung von 29 Ländern mit der Erkenntnis analysiert, dass in fast allen Ländern ähnliche Berichterstattungsmuster vorherrschten, geprägt durch Regionalismus in Abhängigkeit zum jeweiligen politischen System (vgl. Wilke 1986: 54f.). Auch mit einer Replikation der Studie unter dem Namen Foreign News Study wurde 1995 wiederholt die Auslandsberichterstattung von diesmal 40 Ländern untersucht, mit dem

26 Auch in der empirischen Erfassung des Nationenbild Chinas geht es in dieser Arbeit nur zu einem geringen Teil um die Erfassung von Nationenstereoypen Chinas (vgl. Codebuch Variable 43).

27 Zitiert nach Wilke (1986), der einen genaueren Einblick in die anfängliche Forschung über Auslandsberichterstattung liefert.

28 Im Auftrag der UNESCO untersuchte Jaques Kayser auflagenstarke Zeitungen aus fünf Kontinenten im Bezug auf ihre Auslandsberichterstattung und den darin erwähnten Regionen und Nationen.

29 Englisch: „New World Information and Communication Order“(NWICO). Auf eine ausführliche Darstellung wird an dieser Stelle verzichtet. Näher nachzulesen etwa bei Kunczik 1985 oder Wilke 1986.

Ergebnis, dass weiterhin Mängel im internationalen Informationsfluss vorhanden waren[30]. Nachrichtenfaktoren wie Ethnozentrismus oder kulturelle gegenüber geographischer Nähe spielten eine große Rolle bei der Auswahl von Auslandsnachrichten und führten so dazu, dass sich zwei Drittel aller Auslandsmeldungen weltweit auf nur zehn Staaten verteilten und bestimmte Regionen wie Afrika oder Lateinamerika zu Randerscheinungen auf dem Nachrichtenglobus wurden (vgl. Schmidt/ Wilke 1998: 175f. und Meier 1984: 218). Neben diesen Studien, die die Auslandsberichterstattung mehrerer Länder analysiert haben, wurden auch Studien erhoben, die sich auf die Auslandsberichterstattung einzelner Länder oder deren Wahrnehmung im internationalen Nachrichtenfluss als Teil der Nationenbildforschung konzentrierten. Studien zur Auslandsberichterstattung Deutschlands wurden etwa von Glass (1979), Schulz (1983) oder Pütz (1993) erhoben. Relativ aktuelle Nationenbildstudien existieren etwa zu Russland (vgl. Seifert 2003), Norwegen (vgl. Eschenbach 2000) oder Japan (vgl. Nafroth 2002)[31].

Analysen zur chinesischen Auslandsberichterstattung oder zur Wahrnehmung Chinas in ausländischen Medien liegen demgegenüber bislang kaum vor[32]. Erst langsam beginnt auch die Wissenschaft Interesse an dem Thema zu entwickeln. Eine bemerkenswerte und umfassende Analyse der China-Berichterstattung in deutschen Medien haben im Juni 2010 Carola Richter (Universität Erfurt) und Sebastian Gebauer (Universität Duisburg-Essen) in der Bildungs- und Kulturreihe der Heinrich-Böll Stiftung veröffentlicht[33]. Neben dieser Studie ist die vorliegende Arbeit eine der ersten Studien, die das aktuelle chinesische Nationenbild empirisch und im Besonderen vergleichend zur chinesischen Berichterstattung erfasst.

30 Die Studie wurde im Gegensatz zur ersten Foreign Image Studie von 1979 nicht mehr unter der Prämisse der neuen Weltinformations- und Kommunikationsordnung erhoben. Bereits 1989 nach dem Zusammenbruch der Sowjetunion und des Ostblocks wurde der Begriff von der UNESCO aufgegeben, da die Zielsetzung erreicht schien (vgl. Breuing 1996: 80f.).

31 Diese Auflistung soll nur beispielhaft sein, enthält keine Wertigkeit und beschreibt nur einen kleinen Ausschnitt der insgesamt vorhandenen Studien zur Auslandsberichterstattung und Nationenbild-forschung

32 Bei Literaturrecherchen nach Studien zum Chinabild aus dem deutschsprachigen Forschungsraum wurden lediglich die Magisterarbeit von Christina Hilsmann (1997) zum Wandel des Chinabildes in der deutschen Berichterstattung, die Diplomarbeit von Sylvia Langner (2003) zum aktuellen Chinabild der Deutschen sowie vereinzelte Beiträge in Herausgeberschaften identifiziert. Chinesische Quellen zum eigenen Nationenbild Chinas blieben dem Verfasser aufgrund der sprachlichen Barriere jedoch weitgehend verwehrt.

33 Die Studie bietet neben einer quantitativen Inhaltsanalyse auch eine qualitative Untersuchung von Tiefenausschnitten wie dem Tibetkonflikt oder der Umwelt- und Klimapolitik Chinas. Ergänzt wird die Studie durch eine Befragung von Medienproduzenten und Beiträgen der Erfurter und Duisburger Professoren Kai Hafez und Thomas Heberer. Die Studie ist online veröffentlicht und auf der Internetseite der Heinrich Böll Stiftung einzusehen.

3.1 Funktionen

Die Funktionen der Auslandsberichterstattung unterscheiden sich zunächst nur geringfügig von denen der Presse im Allgemeinen. Massenmedien in demokratischen Ländern übernehmen die Aufgaben der Informationsvermittlung, der Meinungsbildung sowie der Kritik und Kontrolle (vgl. Meyn 1994: 25f.)[34]. Der Auslandsberichterstattung als Teil der gesamten Berichterstattung eines Landes kommt dabei zuerst die Funktion der Informationsvermittlung zu (vgl. Koschwitz 1979: 466).

> *„In einer Zeit wachsender internationaler Verflechtungen und wechselseitiger wirtschaftlicher Abhängigkeiten auch zwischen räumlich weit voneinander entfernten Regionen, die sich in politischen Bündnisverträgen, Wirtschafts- oder Entwicklungshilfeabkommen manifestieren, müssen dem einzelnen Bürger […] die Zusammenhänge seiner Lebenswelt mit den darüber weit hinausgehenden Verhältnissen durchsichtig gemacht werden." (Roemeling-Kruthaup 1991: 9)*

Die Massenmedien binden die Rezipienten mit ihrer Auslandsberichterstattung also an den internationalen Informationsfluss an, versorgen diese mit kontinuierlicher und mehr oder weniger umfassender Berichterstattung und sollen so für die Überschaubarkeit und Transparenz der vielfältigen Ereignisse weltweit sorgen.

Eine weitere zentrale Funktion der Auslandsberichterstattung ist die Interpretationsfunktion, um die stetig aufkommenden Nachrichten und Informationen zu sortieren und besser einordnen zu können (vgl. Schwanebeck 2003: 15f.). Die Korrespondenten als Akteure der Auslandsberichterstattung können dabei durch Hintergrundinterpretationen die Position und den Einfluss der Rezipienten, ihrer sozialen Schicht oder des eigenen Staates im internationalen Umfeld bewusst machen. Durch diese internationale Verortung sollen der Ethnozentrismus und „autistische Haltungen" (Koschwitz 1979: 466) von Staaten abgebaut und realistischere Weltvorstellungen gefördert werden. Dies

[34] In §3 der Landespressegesetzes Nordrhein-Westfalens heißt es etwa: „ Die Presse erfüllt eine öffentliche Aufgabe insbesondere dadurch, das sie Nachrichten beschafft und verbreitet, Stellung nimmt, Kritik übt oder auf andere Weise an der Meinungsbildung mitwirkt." Näher einzusehen unter: http://88.198.44.111/index.php?option=com_content&task=view&id=29&Itemid=26 (Stand: 24.08.09)

kann helfen, Vorurteile und negative Nationen- und Feindbilder in den Köpfen der Rezipienten abzubauen (vgl. Kapitel 2.2 und 2.3) und damit letztlich sogar der Völkerverständigung und Friedensförderung dienen (vgl. Nafroth 2002: 49). Mit diesen hochgesteckten Zielen käme der Auslandsberichterstattung fast schon eine diplomatische Aufgabe zu, die jedoch aufgrund der Stereotypenaffinität, aufgrund bestimmter Selektionsmechanismen, Realitätsverzerrung und geringer Bedeutung für den durchschnittlichen Rezipienten kaum umsetzbar erscheint.

> *„Völkerverständigung, also die Kommunikation und das Erarbeiten von Gemeinsamkeiten, sowie von kultur- und grenzüberschreitendem Interesse an der Basis findet kaum Resonanz in den Nachrichten" (Schneider 1984: 310).*

Dennoch besteht auch eine politische Funktion als dritte zentrale Aufgabe der Auslandsberichterstattung (vgl. Schwanebeck 2003: 16). Massenmedien besitzen gerade in der internationalen Politik einen großen Stellenwert und beeinflussen die politischen Eliten und die Themensetzung maßgeblich mit (vgl. Wilke 1996: 8). Neben der Möglichkeit zur Beeinflussung von internationaler Politik stellt die Auslandsberichterstattung umgekehrt aber auch eine Verbreitungsmöglichkeit von politischen Botschaften dar (vgl. Nafroth 2002: 50). Gleichzeitig etabliert sie ein Frühwarnsystem, das internationale Entwicklungen beobachtet, sowie wichtige und ungewöhnliche aufgreift und an das politische System weitergibt (vgl. Schenk 1987: 39).

Den Ansprüchen einer allumfassenden Berichterstattung kann die Auslandsberichterstattung aber nicht gerecht werden. Anstatt Images, Vorurteile und Feindbilder abzubauen und damit letztlich zur friedlichen Völkerverständigung beizutragen, wird in Studien wie bei Ohde 1993 oder Pütz 1993 immer wieder auf die stereotypenhafte, vereinfachte und einseitige Berichterstattung über das Ausland hingewiesen. Dies hängt vor allem mit dem hohen Selektionsdruck zusammen, der einen kontinuierlichen Informationsfluss über Regionen oder Länder nur selten gewährleistet. Häufig werden nur außergewöhnliche Ereignisse aus dem internationalen Informationsfluss herausgegriffen, ohne die vorhergegebene Entwicklung oder die späteren Folgen aufzuzeigen (vgl. Schmidt/ Wilke 1998: 40). Welche Faktoren dabei auf die Selektionsmechanismen wirken, soll im folgenden Kapitel über die Merkmale der Auslandsberichterstattung genauer analysiert werden.

3.2 Merkmale

Den Massenmedien kommt eine besondere Rolle bei der Vermittlung von Auslandsnachrichten zu, da Menschen mangels Primärerfahrungen auf die Auslandsberichterstattung als sekundäre Informationsbeschaffung über das Ausland angewiesen sind (vgl. Nafroth 2002: 48). Die Akteure der Auslandsberichterstattung haben bei der Auswahl und Interpretation der Informationen sowie den transportierten Stereotypen eine besondere Verantwortung, da vermittelte Inhalte über das Ausland für Inländer nur schwer überprüfbar sind (vgl. Claussen 1989: 69).

Die Form der Nachrichtenauswahl und ihrer Verarbeitung wird durch verschiedene Selektionsmechanismen bestimmt, die bei Auslandsnachrichten vielfältiger als bei Nachrichten aus dem Inland ausfallen. Von der Quelle bis zur Publikation müssen sie deutlich mehr Selektionshürden nehmen, auch weil das Rezipienteninteresse an Auslandsnachrichten geringer ausfällt als bei Inlandsnachrichten (vgl. Schneider 1984: 308). Bestimmte Nachrichtenfaktoren als Selektionshürden tauchen in der Literatur und in etlichen Studien immer wieder auf und können in diesem Fall als grundlegende Merkmale der Auslandsberichterstattung identifiziert werden: Nähe/ Metropolenorientierung, Konfliktperspektive/ Negativismus und Elitenzentrierung bei Personen und Nationen[35].

Neben dem Faktor der geographischen Nähe zum regionalen Ausland, der auch als Regionalismus bezeichnet wird, spielen andere Faktoren wie die politische, wirtschaftliche oder kulturelle Nähe eine zunehmend wichtige Rolle. So ist der Faktor der kulturellen Nähe zu den USA oder der wirtschaftlichen Nähe zu China für die deutsche Auslandsberichterstattung bedeutender als etwa die geografisch näher gelegenen, aber politisch weniger bedeutenden Staaten Albanien oder Mazedonien. Die politische, wirtschaftliche und kulturelle Dominanz einiger weniger Staaten wie den westeuropäischen Länder, der USA, Japan und neuerdings China führt zu einer weltweiten Metropolenorientierung und ist für die zunehmende Fokussierung der weltweiten Berichterstattung auf diese Staaten verantwortlich.

35 Auch die von der UNESCO durchgeführten Studien der Foreign Images Study 1979 und der Foreign News Study konnten diese Nachrichtenfaktoren als grundlegende Merkmale der Auslandsberichterstattung in fast allen der untersuchten Nationen identifizieren.

Der Konfliktperspektive und der ausführlichen Berichterstattung über Krisen, Konflikte, Kriege und Katastrophen kommt in der Auslandsberichterstattung eine besondere Bedeutung zu. Da konflikthaltige Ereignisse häufig von der Auslandsberichterstattung aufgegriffen werden und damit Krisenregionen wie der Nahe Osten oder Zentralafrika überproportional in den internationalen Medien präsent sind, ergibt sich eine Realitätsverzerrung in Richtung der Konfliktorientierung (vgl. Hafez 2005: 22). Aber nicht allein die Häufigkeit der negativen Berichte, sondern auch die Unterrepräsentation positiver Berichte macht die Konfliktperspektive aus. Ausgehend von der Annahme, dass die gesellschaftliche Realität eines Landes komplex genug sein müsste, um nicht überwiegend aus negativen Ereignissen zu bestehen, würde eine Berichterstattung, die zu über 50% aus negativen Nachrichten besteht, auf eine Verzerrung der Realität und der wirklichen Zustände im Land hindeuten.

Auch der Nachrichtenfaktor Elitenzentrierung kann als allgemeingültiges und damit grundlegendes Merkmal der Auslandsberichterstattung identifiziert werden. So werden häufig offizielle Eliten und Gegeneliten benannt oder zitiert, im Gegensatz zu anderen Gruppen, Bewegungen oder der ganzen Bevölkerung, die meist nur am Rande Erwähnung finden.

Weitere Nachrichtenfaktoren wie etwa Personalisierung (vgl. Mikich 2003: 121f.) beeinflussen zusätzlich die Auslandsberichterstattung, können aber nicht als grundlegende Merkmale der Auslandsberichterstattung gewertet werden[36].

Neben den Nachrichtenfaktoren wirken individuelle Einflüsse wie Wahrnehmungsmuster, Stereotype der Journalisten und vermutete Stereotype bei den Rezipienten auf die Auswahl und Darstellung der Auslandsnachrichten (vgl. Peters 1999: 55). Hinzu kommen die Bedingungen des Systems Journalismus, die auch für die Auslandsberichterstattung gelten. Diese beinhalten den Zwang zur Aktualität (vgl. Mikich 2003: 122), die Vereinfachung komplexer Sachverhalte sowie die Anpassung der Auslandsnachricht an die jeweilige nationale Medienlandschaft (vgl. Hafez 2005: 22f.).

36 In der Nachrichtenwerttheorie nach Östgard 1965 und Galtung/ Ruge 1965 sind die Nachrichtenfaktoren Elitenzentrierung (bei Östgard/Galtung/Ruge: Elite-Personen), Nähe (Elite-Nationen), Konfliktperspektive (Negativität) und Personalisierung die vier Kulturabhängigen Faktoren, also je nach Kulturkreis unterschiedlich (vgl. Östgard 1965: 39f.) und wirken so als Faktoren besonders auf die Auslandsberichterstattung.

3.3 Bedeutung Chinas für die westliche Berichterstattung

Seit Deng Xiaoping China im Jahr 1978 mit wirtschaftlichen Reformen den Weg aus der maoistischen Isolation zurück auf die Weltbühne ebnete, hat ein beispielloser Aufstieg eingesetzt, der das Land in großem Tempo verändert hat. Nie zuvor in der Geschichte der Menschheit ist es einem Land gelungen, sich in nur drei Jahrzehnten zum Weltwirtschaftmotor mit jährlichen Wachstumsraten von 8-10% zu entwickeln, über 600 Millionen Menschen aus absoluter Armut zu befreien (vgl. Weltbankstudie 2007) und zur führenden Hegemonialmacht in Asien aufzusteigen. Eine bemerkenswerte Entwicklung vor den Augen der Welt. Doch wie hat sich dieser Aufstieg auf die Bedeutung Chinas in der westlichen Berichterstattung ausgewirkt? Im Jahr 2002 hat Kai Hafez auf Grundlage der Foreign News Study (1995) der UNESCO eine Rangfolge der Beachtung von Regionen in der Auslandsberichterstattung ermittelt (vgl. Hafez 2002: 60). Die Region Ostasien verortet er dabei in der Beachtung weit hinter Westeuropa und den USA, jedoch vor sämtlichen Regionen der südlichen Hemisphäre (Afrika, Lateinamerika, Ozeanien). Die Staaten China und Japan stechen jedoch in der medialen Beachtung aus der Region Ostasien hervor. Japan als enger Verbündeter der USA und exportstarke Nation mit vielfältigen wirtschaftlichen und politischen Verbindungen in der Welt findet schon seit einigen Jahrzehnten kontinuierliche Beachtung im weltweiten Informationsfluss. Auch Chinas Aufstieg der letzten Jahre hat zu engen wirtschaftlichen und zunehmend politischen Verflechtungen mit den führenden Ländern dieser Welt geführt. Dies entspricht den Nachrichtenfaktoren der wirtschaftlichen und politischen Nähe und lässt auf eine erhöhte Beachtung Chinas in der westlichen Berichterstattung schließen. Aber auch die mit dem Aufstieg verbundenen Probleme der Umweltverschmutzung oder politische Probleme wie der Tibetkonflikt und die Menschenrechtsfrage finden durch den Nachrichtenfaktor Konflikt/ Negativität zunehmend Beachtung in der internationalen Berichterstattung. Da der Tibetkonflikt seit dem chinesischen Einmarsch 1959 schwelt und auch die Menschenrechtsfrage (u.a. Tian'anmen-Massaker 1989) in China nicht neu ist, kommt der Nachrichtenfaktor Kontinuität verstärkend für die weltweite Beachtung hinzu (vgl. Östgard 1965: 40). So kann davon ausgegangen werden, dass China mit hoher Wahrscheinlichkeit bereits heute zu den weltweit zehn Staaten gehören wird, die die meiste Beachtung im internationalen Informationsfluss erhalten und auf die ein Großteil aller Auslandsmeldungen weltweit entfallen (vgl. Kapitel 3 i.A.a. Schmidt/Wilke 1998 und Meier 1984).

Nicht immer war das mediale Interesse der westlichen Staaten an China so ausgeprägt wie heute. Dennoch hat China mit seiner reichen und langen Geschichte stets einen besonderen Reiz auf Europa ausgeübt und blieb Thema in der westlichen Berichterstattung. Welches Chinabild dabei transportiert wurde und wie es sich im Laufe der Geschichte in Europa und in Deutschland entwickelt hat, soll im folgenden Kapitel genauer analysiert werden.

3.3.1 Entwicklung des Nationenbildes Chinas in den westlichen Medien

Ein einheitliches Bild von China hat es in der westlichen Welt nie gegeben. Das Bild dieses großen und bevölkerungsreichen Staates hat sich stets einer einfachen Kategorisierung entzogen und im Laufe der Jahrhunderte stark gewandelt (vgl. Bräuner 1990: 18).

Bereits zu Beginn des 13. Jahrhunderts lagen erste Zeugnisse über China vor. Es waren vor allem europäische Händler und Missionare, die über China berichteten. Unter ihnen der berühmteste Frühreisende, der venezianische Kaufmann Marco Polo[37]. Seine Berichte über Cathay, eine frühe europäische Bezeichnung für China, beschrieben ein hoch entwickeltes Kulturzentrum. Auch andere Berichte über die besonders reiche Kaiserzeit der Yuan-Dynastie (1279-1368) beschrieben China ähnlich:

> *„Dieses Reich war groß, überaus bevölkert und hochkultiviert: es hatte eine reich entwickelte Industrie und einen bedeutenden Handel, und überstrahlte in diesen Beziehungen […] alle Reiche des Westens" (Narciß 1983: 56)*

Bis hinein ins 15. Jahrhundert blieb China dem Okzident im wissenschaftlichen und technischen Bereich weit überlegen, z.B. durch die Erfindung des Kalenders, Seismographen, Papiers, Kompasses oder des Buchdrucks. Der zunehmende Import teurer chinesischer Produkte wie Seide, Tee oder Porzellan und die 1615 in Augsburg erschienen Tagebüchern des italienischen

[37] Marco Polo hielt sich von 1275 bis 1292 in China auf und veröffentlichte seine Berichte über China 1298, die in europäischen Gelehrtenkreisen auf große Aufmerksamkeit stießen. Bis heute gibt es jedoch auch Zweifel an der Authentizität der Berichte und es wird die Frage diskutiert, ob Marco Polo je China erreicht hat. Lesenswert: Frances Wood (1996): Marco Polo kam nicht bis China. München: Pieper.

Jesuiten Matteo Ricci (1522-1610), die neue philosophische Denkanstösse nach Europa brachten, ließen das Interesse Europas an dem fernöstlichen Reich stetig steigen (vgl. Heberer 2008: 2). Dieses positive Chinabild führte schließlich im 17. Jahrhundert zum Fieber der Chinoiserie, das alles Chinesische idealisierte und sich in der europäischen Kunst, Literatur, Musik und Gartenarchitektur niederschlug (vgl. Woesler 2006: 8f.). Besonders europäische Aufklärer und Humanisten wie Gottfried-Wilhelm Leibniz (1646-1716), Voltaire (1694-1778) oder Rousseau (1712-1778) waren von der chinesischen Philosophie und dem drauf gegründeten politischen und sozialen System angetan und verherrlichten China in ihren Schriften[38]. Auch Immanuel Kant (1724-1804) bezeichnete China als das „kultivierteste Reich der Welt" (zit. n. Heberer 2008a: 2).

Als zu Beginn des 19. Jahrhunderts[39] die Revolution in Frankreich und später ganz Europa tobte, trat die Herrschaft des Volkes an die Stelle des überkommenen Despotismus und das zuvor für seine Stabilität gerühmte chinesische Reich wurde fortan als stagnierend und rückschrittlich empfunden. Einflussreicher auf eine zunehmende Verteufelung Chinas war jedoch das einzigartige Überlegenheitsgefühl Europas gegenüber der Welt, das auf dem beginnenden Kolonialismus und seiner großen technisch-militärischer Überlegenheit fußte (vgl. Leutner/ Yü-Dembski 1990a: 28). In dieser Tradition stehend gehörte China für die deutschen Philosophen Herder (1744-1803) und Hegel (1770-1831) zu den „Völkern des ewigen Stillstandes". Hegel sprach gar von der „Geistlosigkeit" der Chinesen. Auch in der Folge wurde das Chinabild nicht positiver. Zu Zeiten der Opiumkriege (1839-42 und 1851-64) häufte sich die negative Berichterstattung über China, dessen „rückständige" Zustände mit dem Europa des Mittelalters verglichen wurden (vgl. Bräuner / Leutner 1990: 48). In der Literatur, wie etwa in den Romanen von Karl May, war das Chinesenbild geprägt von Schlitzaugen, Zöpfen und einer merkwürdigen Aussprache, die das „R" nicht beherrschte. Übermittelte Eigenschaften der Chinesen waren unter anderem diebisch, feige oder korrupt (vgl. Fang 1992: 157). Am deutlichsten kam die Verachtung Chinas 1900 in der so genannten

---

38 So beschreibt Leibniz China in seinem Werk *Novissima Sinica* (1699): „ Wäre ein weiser Mann zum Schiedsrichter [...] über die Vortrefflichkeit von Völkern gewählt worden, würde er den goldenen Apfel den Chinesen geben." Er sah es zudem als erwiesen an, „dass die höchste Kultur [...] der Menschheit heute gleichsam gesammelt ist an zwei äußersten Enden unseres Kontinents, in Europa und China".

39 Ausgehend von der Annahme der Geschichtswissenschaft eines langen 19. Jahrhunderts, das bereits mit der Französischen Revolution 1789 einsetzte und erst mit dem Beginn des Ersten Weltkriegs 1914 endete.

„Hunnenrede“ zum Ausdruck, die der deutsche Kaiser Wilhelm II. zur Verabschiedung deutscher Truppen zur Niederschlagung des chinesischen Boxeraufstandes hielt und die den bis heute präsenten Begriff von der „Gelben Gefahr“ prägte[40].

Mit dem Ende des Ersten Weltkrieg 1918 war das europäische Selbstverständnis von einer überlegenen Kultur und Moral ins Wanken geraten und das Chinabild wurde relativiert. Die schrecklichen Kriegserlebnisse lösten bei vielen Menschen Sehnsuchtsphantasien nach fernen Ländern wie China aus. Das Aufgreifen des Daoismus in Europa trug zu einer Positivierung des Chinabildes bei (vgl. Heberer 2008a: 3). Auch nach dem Ausrufen der Republik China 1911, dem Aufbau diplomatischer Beziehungen mit westlichen Staaten und zahlreichen Reiseberichten von Chinareisenden blieb China dem Westen weiterhin „rätselhaft und fremd“ (Leutner/Yü-Dembski 1990b: 72), da die sprachlichen und kulturellen Barrieren groß blieben.

Nach dem Zweiten Weltkrieg 1945 wurde das Bild Chinas in Westeuropa vor allem von den USA beeinflusst. China, das sich dem Einfluss Amerikas entzog, wurde zum teuflischen Bösewicht in der westlichen Berichterstattung stilisiert und politisch wie wirtschaftlich boykottiert. Zum einen wurden im Chinabild die Menschenmassen Chinas hervorgehoben, also eine erneute Angst vor der „Gelben Gefahr“ geschürt und zum anderen der im Ostblock und China praktizierte und propagierte Kommunismus und die angestrebte Weltrevolution gefürchtet (vgl. Leutner/Yü-Dembski 1990b: 89). Das negative Chinabild des letzten Jahrhunderts trat wieder hervor, diesmal jedoch nicht aus Gründen der Überheblichkeit und des Spotts, sondern aus Furcht und Hass gegenüber dem neuen Kommunistischen China[41].

Mit der Aufnahme Chinas in die Vereinten Nationen 1971 und dem Beginn diplomatischer Beziehungen westeuropäischer Staaten mit China besserte sich auch das Chinabild wieder und erhielt zunehmend realistischere Züge. Die politische Lockerung Chinas und die inneren Reformen von Deng Xiaoping 1978 mündeten ab den 1980er Jahren in einer regelrechte China-Euphorie der

40 Auszüge dieser Rede: „Kommt ihr vor den Feind, so wird dieser geschlagen! Pardon wird nicht gegeben! Gefangene werden nicht gemacht! Wer euch in die Hände fällt, sei euch verfallen! […] auf dass niemals wieder ein Chinese es wagt, einen Deutschen auch nur scheel anzusehen!“ Die gesamte Hunnenrede online einsehbar unter: http://www.dhm.de/lemo/html/dokumente/wilhelm00/index.html (Stand: 26.08.09).

41 Thomas Heberer zitiert dazu aus einer Quelle von 1962: „Der Schatten des Drachen liegt schon über dem Fernen Osten. Ganz Asien, das noch vor wenigen Jahren seine Hoffnung auf China setzte, schreckt jetzt davor zurück [...] Der Maoismus lebt und blüht im Hass [...] Sollte der Mann ohne Antlitz sein großes Spiel gewinnen [...] so würde China ein Monstrum sein, dessen gelbe Wesen, diese Atome aus Fleisch, die ganze menschliche Rasse überfallen werden.“ (vgl. Heberer 2008a: 5)

westlichen Staaten. Gründe waren die Möglichkeit, mit einem lukrativen und riesigen Markt wirtschaftliche Beziehungen zu beginnen und einen erstarkenden politischen Partner gegen die Sowjetunion gefunden zu haben (vgl. Heberer 2008a: 6). Dieses positive Bild machte China zu dem Land der Dritten Welt, das in der westlichen Bevölkerung und Berichterstattung die höchste Anerkennung genoss.

Ein Bild, das jäh mit dem Massaker auf dem Tian'anmen Platz 1989 endete und China einen Imageverlust bescherte, der bis heute nicht gänzlich aufgefangen werden konnte. Zwar wurde die politische Isolation Chinas ein paar Jahre nach dem Tian'anmen-Massaker von den westlichen Staaten wieder aufgehoben, das Chinabild der 1990er Jahre war aber fortan negativ gefärbt. Dies resultierte auch aus dem wieder aufkommenden politischen Überlegenheitsgefühl der westlichen Staaten nach dem Zusammenbruch der Sowjetunion 1990. Francis Fukuyama schrieb damals vom „Ende der Geschichte" und vom „Sieg des westlichen Modells" (Fukuyama 1992: 8f.). Zudem schürte der wirtschaftliche Aufstieg Chinas bei den Menschen Ängste vor einer wachsenden Bedrohung und dem eigenen Abstieg.

Das Chinabild in der westlichen und deutschen Betrachtung war somit historisch einem stetigen Wandel zwischen Verteufelung und Idealisierung unterworfen, bedingt durch die wechselhafte Geschichte Chinas einerseits und dem jeweiligen soziokulturellen und politischen Hintergrund der westlichen Berichterstatter andererseits (vgl. Bräuner 1990: 17).

3.3.2 Das Chinabild vor den Olympischen Spielen von Peking 2008

Peking wurde am 11. Juli 2001 vom Internationalen Olympischen Komitee zum Austragungsort der Olympischen Spiele 2008 ausgewählt. Die Vergabe dieses bedeutenden Großereignisses an die neue Großmacht in Asien verstärkte in den folgenden Jahren die weltweite mediale Beobachtung Chinas und führte so zu einer Neujustierung und Ausdifferenzierung des Chinabildes. Bei der exemplarischen Analyse von Artikelüberschriften der beiden deutschen Tageszeitungen Frankfurter Allgemeine Zeitung und Süddeutsche Zeitung von Juli 2001 bis Anfang 2008 kann festgestellt werden, dass in den beiden Zeitungen gleich vier verschiedene Chinabilder übermittelt wurden, je nach Schwerpunkt der Berichterstattung in Politik, Wirtschaft, Umwelt und Kultur[42].

[42] Diese Artikelüberschriftensammlung der beiden Zeitungen und ihrer Chinavorberichterstattung von 2001 bis 2008, der Vergabe bis zum Vorfeld der Olympischen Spiele, soll nur exemplarisch erfolgen und ist vor

Im Bereich Politik rückten vor Olympia Themen wie Staatsbesuche und staatliche Abkommen in den Hintergrund, dafür wurde umso häufiger über Minderheitenpolitik und Menschrechtsfragen berichtet. *„Mehr politische Häftlinge in China" (FAZ, 29.11.07), „Tibet ist nicht China!" (FAZ, 16.01.08).* Dies führte in der politischen Berichterstattung zu einem sehr negativen Chinabild. Auch zuvor spielten in der Darstellung Chinas immer noch Vorurteile und Klischees mit ein. *„Schröder lernt in China wieder das Lächeln" (FAZ, 16.01.03), „In China lernen Automanager wieder das Lächeln" (FAZ, 21.07.04)* eine Anspielung auf das „ewige Lächeln" der Chinesen, die durchaus nicht immer positiv besetzt ist und historisch häufig mit Falschheit, Schlitzohrigkeit oder aufgesetzter Höflichkeit in Verbindung gebracht wurde (vgl. Zhang 1994: 235). Ein beispielhaftes Vorurteil, das trotz langen Austausches beider Länder nach wie vor Bestand hat.

Im Wirtschaftsbereich wird häufig sachlicher als im Ressort Politik berichtet und daher ein positiveres Bild Chinas beschrieben. *„Asien im Kielwasser der Volksrepublik China" (FAZ, 27.12.02), „China wichtigster Handelspartner in Asien" (SZ, 08.05.04).* Hier spielen vor allem der riesige Absatzmarkt und die günstigen Produktionsbedingungen des Landes eine große Rolle, die in den letzten Jahren wichtige Impulse für die deutsche und weltweite Wirtschaft gegeben haben. Aber Chinas absehbarer Aufstieg zur *„[China] bald größte[n] Handelsnation" (FAZ, 05.12.07)* und dem gefürchteten „Weltkrieg mit den Asiaten um Wohlstand" (Heberer 2008a) führt zu Ängsten vor dem eigenen Abstieg und trübt das Chinabild: *„Gefahr aus dem Osten. In der EU wächst die Angst vor der neuen Wirtschaftsmacht China" (FAZ, 07.03.06), "China finanziert Amerikas Konsum" (FAZ, 29.09.06), „Angst vor Stahl aus China" (SZ, 17.04.07).*

Das Problem der Umweltverschmutzung hat weltweit an medialer Bedeutung gewonnen und auch China als großen Umweltverschmutzer in den Fokus gerückt. Hier zeigt sich ein durchgängig negatives Chinabild: *„Maos Krieg gegen die Natur" (SZ, 29.07.02), „China ringt nach Luft. Wachstum auf Kosten der Natur" (FAZ, 21.01.07).* Positiv hervorzuheben ist jedoch der Wandel in der Berichterstattung der letzten Jahre, der nicht nur Chinas Umweltprobleme aufzeigt und anklagt, sondern auch die Schritte erläutert, die die chinesische

allem an der späteren, genauen Inhaltsanalyse der Olympiaberichterstattung im Juli/ August 2008 orientiert. Es wird kein Anspruch auf die Beschreibung eines allumfassenden Chinabildes erhoben, da die mediale Betrachtung und Bewertung Chinas erheblich variiert, z.B. zwischen den einzelnen Medien, aber auch innerhalb der Tagespresse (Regional vs. Überregional, Boulevard vs. Qualität etc.). Die Artikelüberschriften sind exemplarisch gewählt, spiegeln jedoch eine grundlegende Tendenz der insgesamt ermittelten, aber aus Platzgründen nicht alle im Text erwähnten Artikelüberschriften im genannten Zeitraum wider.

Regierung unternimmt, um alternative Energiepläne umzusetzen und Umweltschutz zu praktizieren: „*Ein Alternativentwurf für den Klimaschutz. […] China setzt auf alternative Energien*" (*FAZ, 28.07.05*).

Der Bereich Kultur wird in der FAZ- und SZ-Berichterstattung weitgehend vernachlässigt. Dies resultiert aus der Dominanz der amerikanischen und europäischen Leitkultur und den hohen sprachlichen, moralischen und gesellschaftlichen Hürden, die die chinesische Kunst und Kultur dem Westen entfremdet. Wenn berichtet wird, dann jedoch meist unvoreingenommen und positiv. „*Die Zukunft in Gelb*" (*FAZ, 11.11.05*) ist eine Kulturprognose, die auch auf die alte und große Kultur Chinas anspielt.

3.4 Auslandskorrespondenten in China

Wenn in China ein Sack Reis umfällt, interessiert das heute niemanden? Wohl kaum, denn gerade China als führendes Schwellenland hat in der Globalisierung eine wirtschaftliche und zunehmend politische Bedeutung gewonnen, die es unmöglich macht, dortige Entwicklungen und Ereignisse zu ignorieren. Hängt der gestiegene Joghurt- oder Ölpreis mit dem erhöhten Milchkonsum oder Energiehunger der Chinesen zusammen? Besonders Auslandskorrespondenten vermitteln dabei zwischen China und Deutschland und sind neben den deutschen und internationalen Nachrichtenagenturen für das Chinabild in der Berichterstattung verantwortlich.

Während Nachrichtenagenturen vor allem als zeitnahe „Nachrichtenbeschaffer" (Dill 1977: 145) und „wertneutrale Informationsvermittler" (Roemeling-Kruthaup 1991: 9) arbeiten, treten Korrespondenten in erster Linie als Interpreten von Ereignissen, Verhältnissen und Abläufen im Ausland in Erscheinung und helfen so dem Leser im Heimatland, die berichteten Geschehnisse in einen Kontext einzuordnen und sie zu bewerten (vgl. Nafroth 2002: 55). Auslandskorrespondenten in China kommt als Interpreten und „Experten für das Land" (Gizycki 1977: 137) eine besondere Aufgabe zu, da sie wie auch Auslandskorrespondenten anderer Länder über Ereignisse und Entwicklung weitgehend frei und unabhängig von Kontrollmechanismen der heimatlichen Redaktion berichten. Die gelieferten Informationen sind von der Redaktion und von den Lesern kaum auf ihren Wahrheitsgehalt und ihre Richtigkeit überprüfbar und geben dem Auslandskorrespondenten ein „Defacto-Monopol" (Nafroth 2002: 56) für die Berichterstattung über China und das medial vermittelte Chinabild. Ein schmaler Grad, auf dem sich Korrespondenten bewegen und der immer wieder die Gefahr birgt, einen fremden Kulturkreis wie China mit ihren persönlichen Einstellungen erfassen und damit nach europäischen Maßstäben beurteilen zu wollen[43]. Gerade im Fall der politischen Berichterstattung über China und etwa seiner Minderheitenpolitik in Tibet ist dies häufig der Fall.

Ein Jahr vor den Olympischen Spielen in Peking (Stand: August 2007) waren 28 hauptberufliche Korrespondenten deutscher Medien in China beim chinesischen Außenministerium akkreditiert, 22 davon in Peking und 6 in Shanghai (vgl. Deutsche Botschaft Peking und Voglreiter 2008: 374)[44]. Dabei müssen die Korrespondenten in Peking mit kleinen Ausnahmen alle Themengebiete von Wirtschaft über Politik bis hin zu Kultur abdecken, was gerade im Falle Chinas eine umfangreiche und sehr vielschichtige Arbeit bedeutet. Auch das Berichterstattungsgebiet erstreckt sich häufig auf „Greater China"[45], manchmal sogar darüber hinaus, etwa nach Japan, Nord- und Südkorea oder die Mongolei (vgl. Voglreiter 2008: 375). Ein einzelner Korrespondent ist somit für ein Land verantwortlich, das den Maßen Europas entspricht und häufig auf Reisen mit Bahn und Flugzeug angewiesen. Grundvoraussetzung für Korrespondenten in China sind sehr gute Sprachkenntnisse, um ausreichend Quellen erschließen und chinesische Informationen angemessen übersetzen zu können. Schwierigkeiten bereiten jedoch die zahllosen Dialekte des Chinesischen, die neben der offiziellen Amtssprache Mandarin und den 55 Sprachen nationaler Minderheiten (u.a. Tibetisch, Uigurisch, Mongolisch) existieren.

Eine besondere Erschwernis für Auslandskorrespondenten in China stellen die staatlichen Kontrollen und Beobachtungen dar (vgl. Kapitel 4.3). Reisen und Recherchen in China müssen angemeldet und genehmigt werden, zudem

43 Ein großer Nachteil dieser ethnozentrisch gefärbten Berichterstattung und der „Stilisierung der eigenen Lebensweise zur einzigen Normalität oder zum alleinigen Maßstab" (Claussen 1989: 75) ist die hohe Produktion von Stereotypen. Dennoch kann bei Medien mit Korrespondenten von einer höherwertigen und ausführlicheren Auslandsberichterstattung ausgegangen werden (vgl. Fischer 1982: 46)

44 Diese Zahl mag angesichts des riesigen Landes China gering erscheinen, beschriebt aber nur die durch das chinesische Gesetz akkreditierten „resident foreign correspondents", also Journalisten, die sich länger als sechs Monate in China aufhalten. Viele deutsche Journalisten reisen nur temporär und mit einem befristeten Journalistenvisum als „foreign reporters for short-term news coverage". So auch geschehen bei den Olympiakorrespondenten und Interviewpartner der FAZ und SZ, Evi Simeoni und Thomas Hahn.

45 Dieser der englischen Politikwissenschaft entlehnte Begriff beschreibt weniger den geographischen Raum, also das Festland China, als viel mehr den kulturellen und sprachlichen Raum Chinas, der auch Taiwan, Hongkong und Macao umfasst.

werden die Zugänge zu Quellen und Zielpersonen kontrolliert (vgl. Voglreiter 2008: 380). Sanktionen können im schlimmsten Fall Festsetzungen oder Ausweisungen aus China zur Folge haben. Ein drohendes Damokles-Schwert, mit dem im Besonderen investigative Journalisten leben müssen. Dennoch sind die politisch rechtlichen Rahmenbedingungen Chinas für Korrespondenten berechenbar geblieben und die Öffnung der chinesischen Gesellschaft und des Mediensystems eröffnet auch den Korrespondenten neue Möglichkeiten. Nicht zuletzt gab China im Vorfeld der Olympischen Spiele das Versprechen, eine völlig freie und offene Berichterstattung für ausländische Journalisten zu ermöglichen. Wie die tatsächlichen Arbeitsbedingungen während Olympia 2008 waren, soll nachfolgend mit den Interviews der beiden Olympiakorrespondenten Evi Simeoni (FAZ) und Thomas Hahn (SZ) analysiert werden.

3.5 Arbeitsbedingungen ausländischer Journalisten vor und während der Olympischen Spiele 2008

> *„It was confirmed to the Commission that there will be no restrictions on media reporting and movement of journalists up to and including the Olympic Games." (International Olympic Committee 2001: 73)*

Es war ein für chinesische Verhältnisse bemerkenswertes Versprechen, das das Internationale Olympische Komitee 2001 für die Vergabe der 29. Olympischen Spiele an Peking erhalten hatte. Ausländische Journalisten, die für die Olympischen Spiele nach Peking reisen würden, sollten frei und unabhängig berichten dürfen. Ohne die zuvor benötigten Anträge sollten Reisen und Recherchen ermöglicht werden, auch Interviewpartner sollten frei wählbar und befragbar sein und zu Recherchezwecken chinesische Bürger als Assistenten eingestellt werden dürfen (vgl. Kapitel 4.4). Die „Verordnung für die Berichterstattung durch ausländische Journalisten" des BOCOG (Beijing Olympic Committee for the Olympic Games) sollte nicht nur die reine Sportberichterstattung umfassen, sondern vielmehr auch für das politische, wirtschaftliche, soziale und kulturelle Geschehen in China gelten (vgl. BOCOG 2007 zit. nach Human Rights Watch 2007). Doch wie sahen die wirklichen Arbeitsbedingungen vor und während der Olympischen Spiele im August 2008 aus? Wo wurden die Versprechen gehalten und wo wurden sie gebrochen? Anhand von Schilderungen der beiden deutschen Olympiakorrespondenten Evi Simeoni (FAZ) und Thomas Hahn (SZ) soll analysiert werden, wie frei ausländische Journalisten sich letztlich wirklich bewegen, recherchieren und damit berichten konnten.

Die reine Sportberichterstattung war problemlos möglich und von chinesischer Seite (Media Press Center, Volunteers etc.) gut organisiert, „da hat sich China an die internationalen Standards gehalten“ (Simeoni 2009: 1). Die Recherchen wurden jedoch für beide Olympiakorrespondenten schwieriger, sobald „neben den Sportthemen recherchiert wurde“ (Simeoni 2009:1). Öffentliche Anlaufstellen für die Recherche zu politischen oder gesellschaftlichen Themen fehlten oder gaben keine Auskunft.

> *„Die tägliche Pressekonferenz des IOC und des Organisationskomitees (BOCOG) wurde zu einem Trauerspiel. Sobald politische Fragen von Journalisten gestellt wurden, schnitt der chinesische Sprecher diese ab und schwenkte auf andere Themen um.“ (Simeoni 2009: 1)*

Der Internetzugang im Media Press Center wurde entgegen der chinesischen Versprechen zensiert und verhinderte etwa den Zugriff auf „[Web-]Seiten mancher Menschenrechtsorganisationen“ (Hahn 2009: 5 und auch vgl. Simeoni 2009: 6). Eine Einschränkung, die jedoch für beide Journalisten keine erhebliche Beeinträchtigung in ihrer Berichterstattung bedeutete. Eine Besonderheit der technischen Einschränkung erlebte Evi Simeoni kurz vor Eröffnung der Olympischen Spiele.

> *„Meine FAZ-Kollegen und ich wurden vor Ort in Peking in unserem Kommunikationsprozess mit der Heimatredaktion erheblich behindert, weil die chinesischen Behörden den Kontakt zu unserem FAZ-Server kurz vor Beginn der Spiele lahm gelegt haben. Wir waren die einzige ausländische Zeitung vor Ort, deren Server gestört wurde. Warum ausgerechnet die FAZ, kann ich bis heute nicht beantworten. Dass der Server aber von den chinesischen Behörden absichtlich manipuliert wurde, war offensichtlich. […] Vielleicht haben wir im Vorfeld zu kritisch berichtet und das hat den chinesischen Behörden missfallen.“ (Simeoni 2009: 6)*

Auch die freie Bewegung in Peking und China war nicht immer möglich, „teilweise hatten Journalisten Zugangsverbote außerhalb [der olympischen Anlagen] wie etwa auf dem Platz des himmlischen Friedens“ (Simeoni 2009: 1). Ebenso wurde innerhalb des Olympischen Korridors kontrolliert und die ausländischen Journalisten beobachtet, was mitunter zu fast komischen Situationen führte. „Wir wurden zum Beispiel immer [von den Kontrolleuren] gebeten, vor dem Passieren der Schranke [zum Media Press Center] das Getränk in unseren Taschen zu probieren. „Please taste!“ Es hätte ja flüssiges Nitroglycerin sein können!“ (Simeoni 2009: 4).

4 Strukturelle Rahmenbedingungen der Olympiaberichterstattung in China

Nach Siegfried Weischenberg bestimmen die Normen-, Struktur-, Funktions- und Rollenkontexte im Mediensystem, was den Journalismus und im Fall der vorliegenden Arbeit die Berichterstattung über die Olympischen Spiele 2008 ausmachen (vgl. Weischenberg 2004: 70). Mit der Auslandsberichterstattung wurde im vorangegangen Punkt unter anderem der Funktionskontext (Medienaussagen) der Olympiaberichterstattung ausländischer Medien mit seinen Berichterstattungsmustern und Darstellungsformen angesprochen. Mit den Auslandskorrespondenten in China wurden zudem die Medienakteure (Rollenkontext) der Auslandsberichterstattung genauer thematisiert (vgl. Kapitel 3.4). In den folgenden Abschnitten sollen der Normenkontext (Mediensysteme) und der Strukturkontext (Medieninstitutionen), also die strukturellen Rahmenbedingungen der Olympiaberichterstattung mit ihren ökonomischen, organisatorischen, technologischen und im chinesischen Fall besonders politischen Imperativen untersucht werden[46].

Aus gesamtgesellschaftlicher und makrotheoretischer Sicht eignet sich im Besonderen der systemtheoretische Ansatz, um die strukturellen Rahmenbedingungen der Olympiaberichterstattung von Peking genau zu erfassen. Begreift man China als Teil des komplexen Gesellschaftssystems mit den aus der Systemtheorie bekannten Teil- oder auch Funktionssystemen[47], wirkt neben dem Mediensystem besonders das politische System Chinas auf die Medienberichterstattung von Beijing 2008. Von Talcott Parsons (1969) wurde das Theorem der „Funktionalen Differenzierung" in die soziologische Systemtheorie eingeführt, eine Ausdifferenzierung der sozialen Funktionssysteme, die den Weg von traditionellen hin zu modernen Gesellschaften kennzeichnen

46 Den Normenkontext definiert Siegfried Weischenberg als übergeordneten Kontext des Journalismus, der vor allem die gesellschaftlichen Rahmenbedingungen und rechtlichen- bzw. kommunikationspolitischen Grundlagen beschreibt (vgl. Weischenberg 2004: 70-71). In der Kommunikationsforschung sind die vier angesprochenen Kontexte als Weischenberg-Zwiebel bekannt.

47 In der soziologischen Systemtheorie (sowohl bei der handlungstheoretischen als auch kommunikationstheoretischen Systemtheorie) wird die Gesellschaft als umfassendes System in insgesamt neun Funktionssysteme ausdifferenziert: So entstehen das Recht, die Wirtschaft, die Wissenschaft, die Religion, die Kunst, die Erziehung, die Familie und die genannten und hier bedeutenden Funktionssysteme Politik und Massenmedien (vgl. Luhmann 1984: 35f.).

(vgl. Parsons 1969: 57f.). Funktionssysteme wirken dabei eigenständig und übernehmen wichtige Aufgaben für das Gesamtsystem.

Im sozialistischen System wie das der Volkrepublik China hingegen wird die funktionale Differenzierung und damit auch die Eigenständigkeit der gesellschaftlichen Funktionssysteme wie Wirtschaft, Wissenschaft, Rechtswesen, und in diesem Fall besonders der Medien, beschnitten, da sie unter das Primat des politischen Systems gestellt und an die Kommunistische Partei Chinas gekoppelt sind. Das Mediensystem muss den politisch-ideologischen Vorgaben der Kommunistischen Partei folgen und kann wichtige Aufgaben für das Gesamtsystem nicht mehr erfüllen. Darunter fällt etwa die Funktion, gesellschaftliche Prozesse zu reflektieren und einen Resonanzboden für Interessen und Meinungen zu bilden (vgl. Abels 2006: 31). Durch diese erzwungenen Übergriffe des politischen Systems und der Kommunistischen Regierung ist der Prozess der Funktionalen Differenzierung in China außer Kraft gesetzt. Es sind Substitutionsversuche der Regierung Chinas, die zu Entdifferenzierung und damit zum Verlust der Vorteile der Funktionalen Differenzierung führen (vgl. Merkel 1999: 81)[48].

In konkreter Anwendung übt das politische System Chinas durch die staatliche Kontrolle des gesamten Mediensystems direkten Einfluss auf die Olympiaberichterstattung der untersuchten chinesischen Tageszeitungen China Daily und Shanghai Daily aus (vgl. Abbildung 4). Die politisch-ideologischen Vorgaben der Kommunistischen Partei bestimmen die Wahl der Themen und definieren Tabuthemen, die die chinesischen Medien meist schon durch Selbstzensur meiden. Andernfalls greift die kommunistische Partei über eine umfassende Zensur in das Mediensystem ein. Ein weiterer Faktor der Meinungsabhängigkeit des chinesischen Mediensystems vom politischen System ist die Nachrichtenagentur Xinhua, die politisch gefilterte Informationen bereitstellt, welche von vielen Medienhäusern in China übernommen werden müssen (vgl. Abbildung 4).

Die Olympiaberichterstattung der untersuchten deutschen Tageszeitungen entzieht sich dem Einfluss des chinesischen Politsystems, weil sie nicht Teil des Mediensystems in China sind, sondern deren Korrespondenten nur temporär in Peking für die Olympischen Spiele 2008 vor Ort waren. Die staatliche

48 Die Systemtheorie argumentiert, dass die Blockierung der funktionalen Differenzierung der gesellschaftlichen Funktionssysteme längerfristig zu Effizienz- und Legitimationskrisen führt und damit die Stabilität solcher Systeme wie das chinesische System gefährdet (vgl. Merkel 1999: 82-83).

Kontrolle wirkt sich nicht direkt auf die deutsche Olympiaberichterstattung aus, auch die Informationsbereitstellung der Nachrichtenagentur Xinhua muss nicht in Anspruch genommen werden. Wohl aber wirkt sich die chinesische Zensur indirekt auf die deutsche Olympiaberichterstattung aus. Der Zugang zu Quellen und Kontaktpersonen wurde erschwert, und der Zugang zu bestimmten Technologien wie dem Internet zensiert. Durch die Presseneuregelungen während Olympia wirkten sich diese Restriktionen jedoch nicht so schwerwiegend aus wie bei den chinesischen Medien (vgl. Abbildung 4)[49].

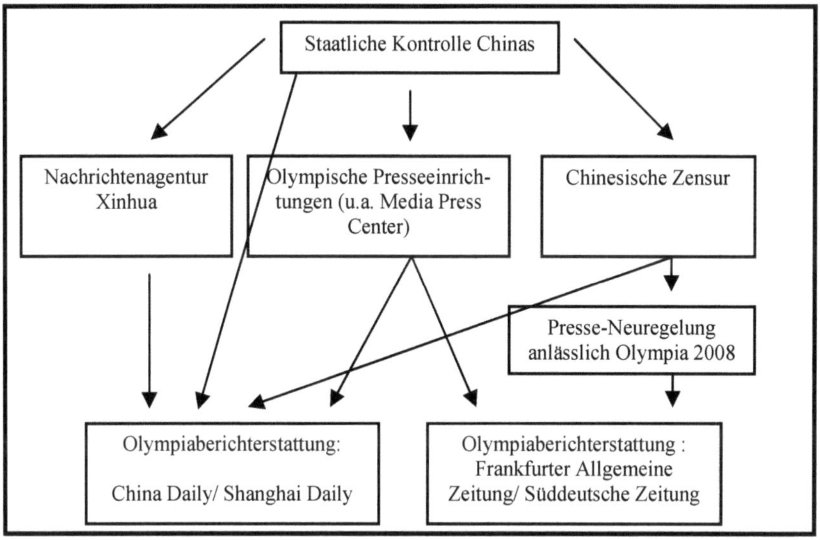

Abb. 4: Strukturelle Rahmenbedingungen der Olympiaberichterstattung (Quelle: Eigene Darstellung)

Zur weiteren Verdeutlichung der Abbildung 4 soll nach einer kurzen Klassifikation des chinesischen Mediensystems in den folgenden Abschnitten die Entwicklung des chinesischen Mediensystems und die besondere Abhängigkeit zum politischen System des kommunistischen Chinas sowie die staatlichen Kontrollen und Zensurmechanismen analysiert werden.

49 Zwischen dem 1. Januar 2007 und dem 17. Oktober 2008 durften ausländische Journalisten ohne vorherigen Antrag frei im Land reisen und recherchieren. Zudem durften Interviewpartner, egal ob Individuen, Gruppen oder Organisationen, frei befragt werden und zu Recherchezwecken chinesische Bürger als Assistenten eingestellt werden. (vgl. Smith 2008: 217)(siehe auch Kapitel 4.4).

4.1 Klassifikation des chinesischen Mediensystems

Die chinesische Medienlandschaft ist schwer als einheitliches und klar definierbares Mediensystem zu fassen. Wie auch das riesige Land und die vielen ethnischen Unterschiede in Chinas Bevölkerung ist das Mediensystem äußerst vielfältig und bewegt sich heute in einem besonderen Spannungsverhältnis von Privatisierung und Dezentralisierung auf der einen Seite und der staatlichen Kontrolle mit seiner jeweiligen technischen Adaption auf der anderen Seite (vgl. Smith 2008: 213). Noch immer braucht und gebraucht die Kommunistische Regierung die Medien für die Durchsetzung ihrer Ideologien. Durch die ökonomische und kulturelle Öffnung des Landes reicht ihre Macht jedoch immer weniger aus, die gesamten Medieninhalte zu kontrollieren und zu beeinflussen.

Auch die vergleichende Mediensystemforschung findet keine leichte Einordnung des chinesischen Mediensystems. In einer frühen Studie „Four Theories of the Press“ entwickelten die amerikanischen Kommunikationsforscher Siebert, Peterson und Schramm 1956 eine Typologie von Mediensystemen und unterschieden zwischen autoritären, liberalen, sozialverantwortlichen und kommunistischen Typen (vgl. Siebert et al. 1963: 2-9)[50]. Gemäß dieser Typologie kann das heutige chinesische Mediensystem als eine Mischform von „authoritarian liberalism – a combination of economic liberalism and political illiberalism“ (Hemelryk-Donald et al. 2002: 5) betrachtet werden, eine Kombination, die von der vergleichenden Mediensystemforschung als nur schwer vereinbar angesehen wird. Denn autoritäre und totalitäre Regelungen stellen das Gegenstück zur liberalen und demokratisch kontrollierten Instrumentalisierung dar, Chinas Mediensystem verbindet aber beide Seiten. Hauptziele des Autoritarismus sind die Unterstützung und Förderung der Herrschenden und zensieren dementsprechend Kritik an den politischen Mechanismen und Herrschenden. Dies steht den Hauptzielen des liberalen Mediensystems entgegen, das in freier Konkurrenz informiert, unterhält und

50 Die Studie wird in der heutigen Forschung besonders für ihre mangelnden empirischen Belege und die starke ideologische Komponente kritisiert, die vor dem Hintergrund des Kalten Krieges jedoch schlüssig erscheint. Als grobe Typologisierung wird diese Pionierarbeit noch immer in der vergleichenden Mediensystemforschung behandelt. In Anlehnung an das „Four Theories of the Press“ Modells nahmen Daniel C. Hallin und Paolo Mancini eine neue Typologisierung der Mediensysteme vor, indem sie demokratisch-korporatistische, liberale und polarisiert-pluralistische Mediensystemtypen vorschlugen (vgl. Hallin/ Mancini 2005: 22). Diese Mediensystemtypologie ist nur auf westliche Demokratien angewandt, jedoch zeigt Chinas Mediensystem seit einigen Jahren auch Elemente der liberalen Typologisierung wie bereits in der Einordnung der „Four Theories of the Press“ beschrieben.

vor allem die Darstellung der Wahrheit und Kontrolle der Regierung verfolgt (vgl. Siebert et al. 1963: 7, zit. nach Weischenberg 2004: 87).

Ähnlich typologisiert der Kommunikationswissenschaftler Yuezhi Zhao Chinas Mediensystem als ein „propagandist/ commercial model of journalism" (Zhao 1998: 151). Aus westlicher Sicht schwer erklärbar ist neben der staatlichen Kontrolle vor allem die ausgeprägte Paradox-Toleranz der chinesischen Gesellschaft verantwortlich für das vermeintlich so widersprüchliche Mediensystem in China (vgl. Siemons 2009: 4).

In den folgenden Abschnitten soll für ein besseres Verständnis die Entwicklung des chinesischen Mediensystems in Abhängigkeit vom politischen System untersucht werden. Wie wirken sich zudem staatliche Kontrolle und Zensur aus? Welche inhaltlichen und strukturellen Maßnahmen hat China für die Olympischen Spiele in Peking und deren medialer Berichterstattung veranlasst?

4.2 Entwicklung des Mediensystems im kommunistischen China

Nicht immer war das heute zumindest an der Oberfläche facettenreiche und mitunter „chaotic in concept" (Smith 2008: 213) anmutende Mediensystem Chinas so ausdifferenziert. Mit der kommunistischen Machtergreifung 1949 und der Ausrufung der Volksrepublik China am 1.Oktober durch Mao Zedong wurde auch mit dem Aufbau eines neuen Medienapparates als Propagandainstrument begonnen und die noch bestehende Konkurrenz an unabhängigen Medien systematisch ausgeschaltet (vgl. Abels/ Hein 2004: 37). Zum Dreh und Angelpunkt der kommunistischen Medienkontrolle und Informationshoheit wurde dabei die bereits 1931 gegründete Presseagentur Xinhua, die bis heute das Monopol zu Nachrichtenverbreitung in China besitzt und so das Angebot steuern kann (vgl. Abels/ Hein 2004: 37). Die 1948 gegründete Renmin Ribao (Volkszeitung) wurde zum offiziellen Verlautbarungsorgan von Partei und Regierung gemacht und die Zahl der Printmedien im gesamten Land zusätzlich klein gehalten. Im Jahr 1950 gab es in dem schon damals bevölkerungsreichsten Land der Erde lediglich 250 Zeitungen (vgl. Abels 2005: 833). Diese Zahl nahm in den Jahren stetig zu, bereits 1957 gab es 341 Tageszeitungen in den Provinzen Chinas und 936 Tageszeitungen in den städtischen Bezirken. Die starke Medienkontrolle und Unterdrückung abweichender Meinungen wurde von der Kommunistischen Partei jedoch zur Aufrechterhaltung des

Status Quo beibehalten. Diese engmaschige Kontrolle erreichte seinen Höhepunkt in der von Mao Zedung ausgerufenen Kulturrevolution (1966-1976), die auch für die chinesische Medienlandschaft einen großen Rückschritt bedeutete (vgl. Seitz 2006: 198 f.)[51] Abendzeitungen ohne politischen Inhalt wurden geschlossen, und alle großen Blätter in den politischen Kampf involviert. Die Parteilinie wurde von den offiziellen Zeitungen der Partei veröffentlicht und musste wortwörtlich von allen Zeitungen im Land übernommen werden (vgl. Abbildung 5). Chaos regierte damals das Land, nicht nur die Medien, sondern die gesamte Gesellschaft.

Als Antwort auf das Chaos kündigte Maos Nachfolger Deng Xiaoping im Jahr 1978 mit der Eröffnung der „Open-Door Foreign Policy“ Reformen an, die wichtige Impulse für alle gesellschaftlichen Aspekte hatte, nicht zuletzt auch für die Medien. Journalisten und Schriftstellern wurde zu Beginn der 1980er Jahre ein größeres Maß an Freiheit zugestanden. Doch trotz Deng Xiaopings Aufruf zur „Befreiung des Denkens“ und der Suche nach der „Wahrheit in den Tatsachen“ (Weggel 1989: 310) wurde der alte ideologische Rahmen beibehalten und die Medien wurden weiterhin als Instrumente der Partei angesehen. Nur wurde das Ziel vom Propagieren des Klassenkampfes in den Aufbau der materiellen und geistigen Zivilisation des Sozialismus umgedeutet (vgl. Abels 2006: 75). An dem starken Einfluss der Regierung auf die gesamten Medien Chinas änderten auch die Jahre der Liberalisierung zwischen 1984 und 1989 wenig. Ermutigt durch die Reformversuche der Regierungsreformer um Zhao Ziyang schrieben die Journalisten freier, mutiger und forderten mit Nachdruck mehr Pressefreiheit und ein echtes Pressegesetz (vgl. Abels 2006: 76 und vgl. Abbildung 5). Doch die Liberalisierung der Presse war ohne gesetzliche Verankerung und Rückendeckung durch die Politik geschehen. Als die Presse in den politischen und gesellschaftlichen Diskurs der Studentenbewegung von 1989 eingriff und offen über Demokratisierung und Pressefreiheit diskutierte, beendete die Regierung mit dem Massaker vom 4. Juni 1989 jäh alle Hoffnungen auf gesellschaftliche Veränderungen und eine freie Presse. Die Stabilität, das meistgebrauchte Wort jener Tage, war wieder hergestellt und Jiang Zimen erklärte im November 1989 die Medien wieder zum „Sprachrohr der Partei, der Regierung und des Volkes“ (vgl. Weggel 1989: 312).

[51] Während der Kulturrevolution wurden Intellektuelle verfolgt, Schulen, Universitäten und andere Bildungseinrichtungen geschlossen, sowie Millionen von Jugendlichen zum Arbeiten aufs Land geschickt. (vgl. Seitz 2006: 197-214. Kapitel 17 und 18)

Mit Beginn der 1990er Jahre erfolgte jedoch ein Abbau staatlicher Regulation, im Gegensatz zur weiterhin strengen Kontrolle, zugunsten der Märkte und eine stärkere Fokussierung auf die Wirtschaftlichkeit des chinesischen Mediensystems. Durch diese teilweise neue Art der Liberalisierung entstanden neue Mediengenres, die neue Inhalte verfolgten und vor allem der Unterhaltung dienten (vgl. Abbildung 5).

Ab 1992 wurden die chinesischen Medienbetriebe zu großen Teilen von den Staatssubventionen abgekoppelt und zum Markteintritt und zur finanziellen Eigenständigkeit gezwungen, ohne jedoch jemals inhaltlich unabhängig zu werden. Fortan galten wirtschaftlicher Erfolg und Gewinnorientierung als höchste Priorität der Medienbetriebe in China (vgl. Abels 2006: 80). Im Jahr 1998 unternahm die Regierung noch einmal politische Schritte, um die Kontrolle der Medien zu lockern und die Einnahmen der Medienhäuser zu fördern. Fünf Jahre später fand die vorerst letzte radikale Reform unter dem neuen Regierungschef Hu Jintao statt, die vorsah, pro Provinz nur noch zwei und pro Stadt nur eine Zeitung staatlich zu fördern.

	Pre-reform (- 1979)	1980-99	2000-
Economic system	Command economy	Market reform: gradual decentralization of management	State capitalism/authoritarian liberalism
Media regulation	Engineer state model	Deregulation and gradual diminution of subvention for media industries	Architect state model (state facilitates regulatory guidelines for investment in infrastructure)
Social stratification	Egalitarian/iron rice bowl	New middle classes with economic capital; social capital residing in bureaucrats	Emerging digital divide; increasing economic stratification
Function of media	Propaganda/mobilization of masses	Pedagogic/reform of attitudes and conduct (spiritual civilization)	Informational; provision of repertoire of cultural choices
Types of media	Print, posters, radio, loudspeaker networks, film, terrestrial TV	On-line news; chat rooms; pay and satellite platforms; DVD; VCD; cellular telephones	Broadband cable; digital TV; WAPs; iMODE; new media technologies
Media characteristic	Mass line; cultural despotism	Diversification; shift to entertainment function and entrepreneurial self-sufficiency	Convergence; internationalization of content

Abb. 5: Veränderungen und Entwicklung der chinesischen Medien in den Jahren der Mao-Herrschaft, den Reformjahrzehnten von 1980-2000 und ab dem Jahr 2000 bis zur Gegenwart. Quelle: Donald/Keane (2002: 6).

Dennoch ist die Kommunistische Partei bis heute nicht bereit, ihr Kontrollmonopol abzugeben oder durch konkurrierende, politische Organisationen oder unabhängige Kontrollinstanzen kontrollieren zu lassen (vgl. Abels 2006: 81). Eine politisch engagierte Berichterstattung entwickelt sich seit dem Tian'anmen-Massaker 1989 nur sehr zögerlich, dennoch weicht der reine Propagandajournalismus zunehmend dem unpolitischen Enthüllungsjournalismus in China. Auch die Kommunistische Partei weiß, dass ideologische Kontrolle und Massenpropaganda nicht länger effektiv greifen und dass sie die chinesische Bevölkerung nicht mit genormten und farblosen Nachrichtenblättern befriedigen kann (vgl. Xin 2006: 58). Eine bunte Medienlandschaft mit über 2000 Zeitungen und 8000 Zeitschriften ist seitdem entstanden, die unpolitische Themen wie Lifestyle, Sport oder Mode behandeln und so erst gar nicht von der chinesischen Regierung zensiert werden (vgl. Abels 2006: 82). Die Veränderungen im chinesischen Mediensystem, die im Besonderen aus Liberalisierung, Deregulierung und Globalisierung bestehen, liegen vor allem im wirtschaftlichen Bereich, politische Freiheiten und eine Ausbildung von journalistischer Ethik hat es kaum gegeben. Bedeutende und global agierende Medienhäuser sind so in den letzten Jahren entstanden, aus systemtheoretischer Sicht determiniert das Funktionssystem Wirtschaft das Mediensystem zunehmend in China, ohne dass das politische System in China jedoch seinen einseitigen Einfluss auf beide Funktionssysteme verringert hat.

Vielleicht sind die chinesischen Medien heute nicht mehr das eintönige Sprachrohr der Partei wie noch in den 1980er Jahren, die „PR-Agentur der Partei" bleiben sie aber weiterhin (He Zhou 2003: 197).

4.3 Staatliche Kontrolle und Zensur in China

Staatliche Kontrolle und Zensur der Medien haben in China eine lange Geschichte und ihren historischen Ursprung noch weit vor der Machtergreifung der Kommunistischen Partei im Jahr 1949. Die Kontrollfunktion des politischen Funktionssystems über die anderen Funktionssysteme zu Lasten der funktionalen Differenzierung einzig dem kommunistischen oder autoritären Gesellschaftssystem zuzuschreiben wie im systemtheoretischen Ansatz nach Parsons, würde im chinesischen Fall also an der Sache vorbei zielen[52]. Die

[52] Generell ist erkennbar, dass der systemtheoretische Ansatz Parsons schwer auf China übertragbar ist und

strikte Kontrolle über die Medien diente den herrschenden Klassen in China schon seit der Tang Dynastie (618-907 n. Chr.) als Schlüssel zu politischer und sozialer Ordnung (vgl. Chan/ Qiu 2002: 28f.)

Im traditionellen China waren die Kaiser gemäß der feudalen Tradition mit dem „Mandat des Himmels" ausgestattet, das sie zur Regelung der Interessen der Untertanen qualifizierte und verpflichtete. In Anlehnung an den Konfuzianismus, beinhaltete dies besonders das Aufrechterhalten der sozialen Ordnung, die nicht durch Medien und die Verbreitung unliebsamer Themen gefährdet werden durfte. Bereits mit der Erfindung der gedruckten Presse zu Zeiten der Tang-Dynastie beschränkte der Tang-Kaiser das Drucken auf Almanache, Kalender und dynastisches Material (vgl. Gellhorn 1987: 9, zit. n. Abels 2006: 73). Zwar unterstützte keine herrschende Schicht oder maßgebende Denkrichtung wie der Konfuzianismus die Freiheit der Meinungsäußerung nachdrücklich im alten China, aber erst mit der kommunistischen Machtergreifung wurde die einseitige Medienausrichtung und strikte Pressezensur in China errichtet, die bis heute in kaum veränderter Form auf allen Ebenen von Partei- und Regierungsorganen ausgeübt wird. Auch wenn Globalisierung und Kommerzialisierung des Mediensystems zu einem leichten Aufweichen der ideologischen Kontrolle geführt hat, ist das chinesische Mediensystem noch lange von einem freien Mediensystem entfernt. Dank einer ausgeklügelten Zensur- und Kontrollmaschinerie besitzt die KPCh[53] weiterhin die umfassende Kontrolle über die Medien[54]. Dieses Medienkontrollsystem tritt in vier Ausprägungen auf: als legislative Kontrolle, politische Kontrolle, psychologische Kontrolle und technologische Kontrolle (vgl. CECC 2008). Die gesamte staatliche Kontrolle der KPCh über die Medien wird durch die Kombination dieser vier Ausprägungen gewährleistet. Die legislative Kontrolle betrifft vor allem die Lizenzvergabe an die Medienunternehmen und deren Besitzverhältnisse. Politische Kontrolle beschreibt die inhaltliche Zensur, die Vorgabe von Inhalten und die Bestimmung von Tabuthemen. Über die psychologische Kontrolle sollen vor allem Journalisten zur Selbstzensur gezwungen und die

das Zensur und staatliche Kontrolle nicht erst seit der Etablierung des Kommunistischen Systems, sondern geschichtlich seit der Feudal- und Kaiserzeit in China präsent sind. Entgegen Parsons Annahmen führte auch das Aussetzen der funktionalen Differenzierung bislang nicht zur großen Effizienz- und Legitimitätskrise in China.

53 Im Folgenden soll aus Platzgründen die Kommunistische Partei China mit KPCh abgekürzt werden.

54 Hauptakteur der staatlichen Kontrolle ist das 1998 geschaffene „Super-Ministerium", das Ministerium für Informationsindustrie (MII), das aus der Zusammenlegung dreier Ministerien entstand. Die wichtigste Aufgabe des MII gilt der Konzipierung des Gesamtplans zur Regulierung und Kontrolle des chinesischen Mediensystems.

Bevölkerung durch angedrohte Sanktionen eingeschüchtert werden. Die technische Kontrolle betrifft vor allem das Aufspüren, Löschen oder Blockierung von unliebsamen Informationen in technischen Medien wie dem Internet (vgl. CECC 2008). So greifen bei der Olympiaberichterstattung der China Daily und Shanghai Daily gleich alle vier Kontrollmechanismen, wobei über den Anteil des jeweiligen Kontrollmechanismus gestritten werden kann. Die Olympiaberichterstattung der FAZ und SZ ist jedoch nur durch die technische Kontrolle und in geringem Maße durch psychologische Kontrolle beeinträchtigt. Vor dem Hintergrund dieser so verschiedenen Kontrollbedingungen beider Seiten muss auch die unterschiedliche Olympiaberichterstattung verstanden werden.

Mit dem am 1. September 1997 erlassenen „Rundfunkverwaltungsgesetz" legitimierte die KPCh seine staatliche Kontrolle über die audiovisuellen und drei Jahre später auch digitalen Medien Chinas in einem ersten und bis heute gültigen organisationsrechtlichen Rundfunkgesetz[55]. In 55 Artikeln werden etwa die Funktion der Medien als Sprachrohr der Partei und der Regierung bestimmt, die Errichtung von Mediensendern oder die Produktion, Übertragung und Ausstrahlung von Sendeinhalten geregelt (vgl. Abels 2005: 830f.). In keinem der 55 Artikel wird jedoch die Unabhängigkeit der Medienunternehmen, die Rechte von Journalisten und vor allem die Pressefreiheit erwähnt und damit gesetzlich garantiert. Staatliche Kontrolle und Zensur sind in China somit legitim und gesetzlich abgesichert. Auch ausländischen Teilnehmern wird der Zugang zum chinesischen Mediensystem verwährt (Artikel 10). Es dürfen keine ausländischen Finanzinvestoren oder Betreiber auf Chinas Medienmarkt agieren, auch nicht in Form des in der chinesischen Wirtschaft so erfolgreichen Joint-Venture. Geht es jedoch um ausländische Beihilfe zur staatlichen Kontrolle und Zensur, ist die KPCh sehr wohl bereit, mit ausländischen Firmen zu kooperieren. Die nordamerikanischen IT-Unternehmen Cisco und Nortel stellten unter anderem die nötigen Netzwerkkomponenten und Überwachungssoftware bereit, um die Überwachung des chinesischen Internets so effizient zu machen (vgl. Smith 2002)[56]. Auch Yahoo, MSN und

55 Im Englischen heißt dieses Rundfunkgesetz „The Regulations on Radio and Television Administration" und kann auf den Internetseiten des Ministeriums „The State Administration of Radio Film and Television" unter http://www.sarft.gov.cn/ (Stand: 18.08.09) oder http://www.chinaculture.org/gb/en_aboutchina/2003-09/24/content_23354.htm (Stand: 18.08.09) eingesehen werden.

56 Die Open Net Initiative kommt bereits 2005 zu dem Schluss: „China operates the most extensive, technologically sophisticated, and broad-reaching system of Internet filtering in the world" Näher einzusehen unter: http://opennet.net/research/profiles/china (Stand: 19.08.09).

Google beugen sich den Forderungen der KPCh und betreiben Selbstzensur, Filterung und Löschung unliebsamer Internetseiten. Die technische Kontrolle, die sich als einzige Komponente der chinesischen Überwachung auch besonders auf die Olympiaberichterstattung der FAZ und SZ in Peking ausgewirkt hat, ist also erst durch die massive Unterstützung der westlichen Unternehmen möglich geworden.

Wie die staatliche Kontrolle in Zukunft über den chinesischen Medienmarkt bestimmen wird, ist schwer vorherzusagen. Der politisch-ideologische Führungsanspruch der KPCh, verbindliche inhaltliche Vorgaben zur Berichterstattung über politische Themen oder auch die Beschränkungen gegenüber ausländischem Engagement können als Indizien für eine weiter anhaltende politische Kontrolle gewertet werden (Heilmann 2004: 221). Umgekehrt können der Rückzug des Staates aus der Medienfinanzierung, die Kommerzialisierung von Inhalten und Präsentation und die beginnende internationale Öffnung der Medienbranche auch auf eine Lockerung der politischen Kontrolle hindeuten (vgl. Heilmann 2004: 222). Eine Prognose scheint gerade im chinesischen Fall schwierig. Bis dahin wird wohl auch weiter das chinesische Sprichwort gelten – „Die Medien sind Augen, Ohren und Stimme der Partei“[57].

4.4 Chinas Presseneuregelungen und strukturelle Maßnahmen vor den Olympischen Spielen 2008

Für die Olympiaberichterstattung der deutschen und chinesischen Tageszeitungen galten vor und während der Olympischen Spiele in Peking neben den bereits erwähnten Kontrollmechanismen des Staates besondere strukturelle und inhaltliche Rahmenbedingungen. Im Gegensatz zu den inländischen Medien wurden die Recherche und Reisemöglichkeiten für ausländische Journalisten durch neue Regelungen vereinfacht. Zwischen dem 1. Januar 2007 und dem 17. Oktober 2008, also bis zum Ende der Paralympischen Spiele, durften ausländische Journalisten ohne vorherigen Antrag frei im Land reisen und recherchieren. Zudem durften Interviewpartner, egal ob Individuen, Gruppen oder Organisationen, frei befragt und zu Recherchezwecken chinesi-

[57] Ein Sprichwort, das in China unter der Bevölkerung allgegenwärtig und mir bei meiner Forschungsreise nach Shanghai und Peking im Juni 2009 immer wieder begegnet ist. Offen wird dieses Sprichwort selten ausgesprochen, aber in privaten Gesprächen etwa mit den Studenten der Foreign Language University of Shanghai wurde es häufiger erwähnt.

sche Bürger als Assistenten eingestellt werden. Neben der reinen Sportberichterstattung sollten auch heikle Themen in Politik, Wirtschaft und Gesellschaft thematisiert werden dürfen (vgl. Smith 2008: 217). Auf weltweiten Druck hin wollte die KPCh so die politische und psychologische Kontrolle über die ausländischen Journalisten und die Olympiaberichterstattung verringern. Vor allem der psychologische Druck durch kurzzeitige Verhaftungen, körperliche Gewalt durch Schergen der Polizei und Verfolgungen sollte beendet werden (vgl. Lorenz 2006).

Im Umkehrschluss nahm jedoch die technische Kontrolle der chinesischen und ausländischen Medien vor Olympia zu. Im Main Press Center (MPC) und International Broadcast Center (IBC), unweit des Olympiastadions, wurden alle in- und ausländischen Journalisten in einem akkreditierten Medienbereich versammelt und damit besser von der politischen Führung kontrollierbar gemacht. Das MPC und IBC übernahmen damit auch eine Gatekeeperfunktion für den Informationfluss aus China heraus in die Welt. Auf über 60.000 m^2 wurden technisch hochwertige Arbeitsplätze für die über 21.600 akkreditierten Journalisten aus China und aller Welt bereitgestellt (vgl. Jucheng 2006: 3f.). Anders als im Vorfeld versprochen war jedoch der Internetzugang weder für chinesische noch für ausländische Journalisten vollständig frei (vgl. Ergebnisse der Inhaltsanalyse und die Interviews der FAZ und SZ Journalisten). Auch auf großen internationalen Protest hin blieben Webseiten wie die der Menschenrechtsorganisation Amnesty International blockiert. Über den Informationsservice INFO, eine Zusammenarbeit des MPC mit der Nachrichtenagentur Xinhua, wurden gefilterte und von der politischen Führung kontrollierte Informationen bereitgestellt und zumindest von den chinesischen Medien wie der Shanghai Daily klaglos übernommen (vgl. Ma 2009: 1, s. Recherchemöglichkeiten). Die deutsche Berichterstattung musste für kritische Berichte in ihre Olympiaberichterstattung auf andere Quellen zurückgreifen. Aber auch in den Pressekonferenzen im Main Press Center wurden kritische Fragen zu sportlichen, politischen oder gesellschaftlichen Themen vom chinesischen Sprecher unterbunden oder mit Schweigen beantwortet (vgl. Simeoni 2009: 1, s. Recherchemöglichkeiten). Trotz der Neuregelungen für ausländische Journalisten und dem architektonisch und technisch beeindruckenden Medienpressecenter, die das Bemühen der KPCh für eine hochwertige Olympiaberichterstattung nach außen unterstreichen sollten, sind die staatlichen Kontrollen in verschiedener Ausprägung bei der Olympiaberichterstattung der deutschen und chinesischen Tageszeitungen präsent geblieben.

– EMPIRISCHER TEIL –

5 Untersuchungsdesign

Bevor von den theoretischen Vorüberlegungen auf die Ergebnisse dieser Arbeit und deren Präsentation übergeleitet wird, soll das Untersuchungsdesign vorgestellt werden. Neben den beiden forschungsleitenden Fragen und dem präzisierenden Hypothesenkatalog, soll die Wahl der beiden Methoden, des Untersuchungsmaterials und der Interviewpartner begründet werden, sowie Angaben zur Anlage der Untersuchung, der Operationalisierung und der Datenqualität gemacht werden.

5.1 Forschungsleitende Fragen

Ziel der vorliegenden Untersuchung ist die Analyse der Presseberichterstattung ausgewählter deutscher und chinesischer Tageszeitungen anlässlich der Olympischen Spiele 2008 und die Erfassung des medial vermittelten Nationenbildes Chinas in Fremd- und Selbstdarstellung[58]. Die erste forschungsleitende Frage lautet daher:

> Welches Nationenbild von China wird anlässlich der Olympischen Spiele 2008 in der Berichterstattung der ausgewählten deutschen und chinesischen Tageszeitungen gezeichnet?

Neben der Analyse des Nationenbildes von China in den ausgewählten deutschen und chinesischen Tageszeitungen soll zusätzlich untersucht werden, ob sich das vermittelte Chinabild im Untersuchungszeitraum Juli/August 2008 durch die Olympischen Spiele in den vier ausgewählten Tageszeitungen ge-

58 Wenn auch im Nachfolgenden von der Presseberichterstattung deutscher und chinesischer Tageszeitungen anlässlich der Olympischen Spiele 2008 und dem transportierten Nationenbild Chinas die Rede ist, ist immer nur die exemplarische Berichterstattung der vier ausgesuchten Tageszeitungen FAZ, SZ, CD und SD gemeint. Diese Arbeit erhebt also keinen Anspruch, das Chinabild der gesamten deutschen und chinesischen Presselandschaft zu untersuchen, sondern nur der ausgewählten Tageszeitungen. Diese können aber auch Rückschlüsse auf ein vermutetes Nationenbild Chinas in der gesamten Presselandschaft Deutschlands und Chinas liefern.

wandelt hat und wie dieses Chinabild mit Hilfe der Interviewauswertung und ausgewählter Artikel ein Jahr nach den Spielen von Peking aussieht. Die zweite forschungleitende Frage lautet:

Welches Nationenbild von China wird in der Olympiaberichterstattung der ausgewählten Tageszeitungen vor, während und nach den Olympischen Spielen 2008 vermittelt und welches Nationenbild existiert von China ein knappes Jahr nach den Spielen von Peking?

Diesen beiden Leitfragen sollen anhand der Kategorien bzw. Variablen der Inhaltanalyse (vgl. Kapitel 5.6) und der ergänzenden Einschätzungen der Olympiakorrespondenten aus den Leitfadeninterviews und ausgewählten Artikeln beantwortet werden. Wichtig sind dabei besonders die Untersuchung von Teilelementen des Chinabildes wie transportierte Images oder Stereotype über China, aber auch die explizite und implizite Wertung der Verfasser und die Handlungs- bzw. Aussageträger im Artikel, die sich an den im folgenden Kapitel aufgestellten Hypothesen und forschungsleitenden Annahmen überprüfen und für das Gesamtbild Chinas analysieren lassen.

5.2 Hypothesen und forschungsleitende Annahmen[59]

Im Rahmen dieser Arbeit werden die beiden forschungsleitenden Fragen durch einen Hypothesenkatalog und durch ergänzende forschungsleitende Annahmen präzisiert.

> *„Der Hypothesenkatalog übersetzt die allgemeine[n] Forschungsfrage[n] in einzelne, überprüfbare Behauptungen. […] Hypothesen sind intersubjektiv prüfbare Feststellungen“* (Früh 2004: 77f.)

[59] Die Unterscheidung von Hypothesen und forschungsleitenden Annahmen ist in diesem Fall wie auch generell in empirischen Untersuchungen von Relevanz. Merten definiert eine sozialwissenschaftliche Hypothese als eine „Verknüpfung von (mindestens) zwei Variablen samt Verknüpfungsvorschrift“ (vgl. Merten 1995: 317). Hypothesen werden wie in dieser Arbeit in der Diskussion (vgl. 6.3) einem exakten Test auf Widerlegung bzw. Bestätigung unterzogen. Forschungsleitende Annahmen fragen dagegen nach deskriptiven Parametern und generellen Unterscheidungen, nicht aber nach statistischen Zusammenhängen.

Die Hypothesen untergliedern also die forschungsleitenden Fragen in für das inhaltsanalytische Kategorienschema überprüfbare Behauptungen. Gerade bei einer komplexen Konstruktion wie dem medial vermittelten Nationenbild Chinas ist eine schrittweise Annäherung über einzelne Hypothesen und Annahmen sinnvoll.

Erste Hinweise auf das Nationenbild Chinas, nach dem in der ersten forschungsleitenden Frage gefragt wird, liefern der Umfang und die formale Aufmachung der Olympiaberichterstattung der ausgewählten deutschen und chinesischen Zeitungen, die aufgrund Heim-Olympischer Spiele in den chinesischen Tageszeitungen als Teil der Inlandsberichterstattung umfangreicher und aufwendiger aufgemacht sein sollte (vgl. Kapitel 2.5).

Hypothese 1: Der Umfang und die formale Präsentation der Olympiaberichterstattung sind in den beiden chinesischen Tageszeitungen deutlich höher bzw. aufwendiger als in den beiden deutschen Tageszeitungen

Zudem ist anzunehmen, dass sich die Themenschwerpunkte der beiden deutschen und chinesischen Tageszeitungen unterscheiden und dazu beitragen, in ihrer Olympiaberichterstattung ein unterschiedliches Bild von China zu zeichnen (vgl. Kapitel 3.2 und 4.3).

Hypothese 2: Die Themenschwerpunkte anlässlich der Olympiaberichterstattung unterscheiden sich deutlich in den ausgewählten deutschen und chinesischen Tageszeitungen. Die Themenschwerpunkte anlässlich der Olympiaberichterstattung ähneln sich hingegen in den beiden Tageszeitungen des jeweiligen Landes.

Diese Hypothese lässt sich in zwei forschungsleitende Annahmen unterteilen und präzisieren[60].

Forschungsleitende Annahme I zu Hypothese 2: Die deutschen Tageszeitungen sprechen verschiedene, auch für China konflikthaltige Themenbereiche in ihrer Olympiaberichterstattung an und berichten thematisch ausgewogen über China.

Forschungsleitende Annahme II zu Hypothese 2: Die Berichterstattung der beiden chinesischen Tageszeitungen über die Olympischen Spiele ist auf bestimmte, für China günstige Themenfelder beschränkt und vermeidet konflikthaltige Themenbereiche.

Wichtig für die Olympiaberichterstattung und für das darin vermittelte Nationenbild Chinas sind die Quellen der Berichterstattung. Da sich im internationalen Vergleich die Strukturen von Tageszeitungen ähneln (vgl. Weischenberg-Zwiebel), sollten die deutschen und chinesischen Zeitungen auch ähnliche Quellen nutzen, diese aber mit verschiedenen Schwerpunkten.

Hypothese 3: Die Quellenschwerpunkte in der deutschen Olympiaberichterstattung ähneln sich zwischen FAZ und SZ. Auch auf der chinesischen Seite verwenden China Daily und Shanghai Daily ähnliche Quellenschwerpunkte. Zwischen den beiden deutschen und chinesischen Tageszeitungen unterscheiden sich die Quellenschwerpunkte jedoch grundlegend.

Auf diese Hypothese aufbauend, lassen sich zwei forschungsleitende Annahmen formulieren und die Hypothese weiter präzisieren.

60 In der Diskussion (vgl. Kapitel 6.3) werden die Hypothesen 2 – 4 und die dazugehörigen Annahmen zusammen beantwortet, da die forschungsleitenden Annahmen ein Teil der Hypothesen sind und diese in bestimmte Richtungen präzisieren.

Forschungsleitende Annahme I zu Hypothese 3: Als Quellen der Olympiaberichterstattung greifen beide deutschen Tageszeitungen vor allem auf ihre Olympia- und Auslandskorrespondenten zurück, die in ihrer Berichterstattung China eher kritisch bewerten.

Forschungsleitende Annahme II zu Hypothese 3: Als Quellen der Olympiaberichterstattung dient den beiden chinesischen Tageszeitungen vor allem die staatliche Nachrichtenagentur Xinhua, die eine positive und China lobende Bewertung in die chinesische Berichterstattung einfließen lässt.

In der Regel ist das Selbstbild einer Nation positiver als das Fremdbild, denn die eigenen positiven Seiten werden den negativen Seiten der anderen Nationen gegenübergestellt (vgl. Kapitel 2.3). Daher gelten folgende Hypothese und forschungsleitende Annahmen:

Hypothese 4: Die in der Olympiaberichterstattung zitierten chinesischen Aussageträger bewerten China in ihrer Aussage deutlich positiver als die zitierten nicht-chinesischen Aussageträger.

Forschungsleitende Annahme I zu Hypothese 4: In der Olympiaberichterstattung der beiden deutschen Tageszeitungen werden überwiegend nicht-chinesische Aussageträger zitiert, die China in der Tendenz negativer bewerten.

Forschungsleitende Annahme II zu Hypothese 4: Die beiden chinesischen Tageszeitungen zitieren in ihrer Olympiaberichterstattung mehrheitlich chinesische Aussageträger, die China in der Tendenz positiver bewerten als nicht-chinesische Aussageträger.

Die Berichterstattung über die Ausschreitungen in Tibet und Zwischenfälle im Fackellauf vor den Olympischen Spielen war vor allem durch den Nachrichtenfaktor Negativismus/ Konflikt (vgl. Kapitel 3.2) bestimmt und könnten auch Einfluss auf die Olympiaberichterstattung der deutschen und chinesischen Tageszeitungen gehabt haben. Daher wird folgende Hypothese formuliert:

Hypothese 5: Während die beiden deutschen Tageszeitungen durch die vorolympischen Konflikte China kritisch und als eine Bedrohung beschreiben, nutzen die beiden chinesischen Tageszeitungen die Olympiaberichterstattung zur Propaganda für die sich anbahnende Vorreiterrolle Chinas in der Welt.

Ausgehend von der Annahme, dass ein erhöhter Anteil von transportierten Stereotypen in der Berichterstattung realitätsverzerrend wirkt (vgl. Kapitel 2.3.2), wird abschließend für die erste forschungsleitende Frage folgende Hypothese formuliert:

Hypothese 6: Die Olympiaberichterstattung der beiden deutschen Tageszeitungen enthält mehr Stereotype über China als die Olympiaberichterstattung der chinesischen Tageszeitungen, was zu einem in der Tendenz verzerrten und negativen Bild Chinas führt.

Die zweite forschungsleitende Frage wird durch zwei forschungsleitende Annahmen präzisiert, die nach den jeweiligen Veränderungen des Nationenbildes Chinas in den deutschen und chinesischen Tageszeitungen fragen:

Annahme I zur forschungsleitenden Frage 2: Das tendenziell negativ geprägte Nationenbild Chinas vor den Olympischen Spielen wandelt sich in der Berichterstattung der beiden deutschen Tageszeitungen durch eine Verlagerung der Themenschwerpunkte, durch eine positivere explizite Bewertung Chinas und durch ein geändertes Rollenverhältnis zu Deutschland in der Berichterstattung während Olympia in ein ausdifferenziertes und leicht positives Nationenbild nach den Olympischen Spielen 2008.

Annahme II zur forschungsleitenden Frage 2: Das in der chinesischen Berichterstattung vermittelte Nationenbild Chinas erfährt keinen großen Wandel durch die Olympischen Spiele. Vor den Olympischen Spielen steht durch die Themenwahl, durch explizit positive Bewertung und ebenbürtige Rollendarstellung zu den westlichen Ländern ein positives Nationenbild Chinas in den beiden chinesischen Tageszeitungen, das auch nach den Olympischen Spielen 2008 positiv behaftet bleibt bzw. tendenziell noch positiver dargestellt wird.

5.3 Auswahl und Begründung der Methoden

Um die Komplexität des Nationenbildes Chinas in der Olympiaberichterstattung der vier deutschen und chinesischen Tageszeitungen angemessen erfassen und analysieren zu können, fiel die Wahl auf eine Methodenkombination aus quantitativer Inhaltsanalyse und ergänzenden Leitfadeninterviews. Diese Arbeit erhebt nicht nur den Anspruch, das Chinabild in einer Querschnittsanalyse, also vergleichend in der ausgewählten deutschen und chinesischen Berichterstattung zu analysieren, sondern auch ergänzend in einer Längsschnittanalyse zu erfassen und der oben formulierten Frage nachzugehen, ob sich das Chinabild innerhalb des Erhebungsraumes Juli/August 2008 (unmittelbar vor, während und nach Olympia 2008) sowie ein Jahr danach nachhaltig gewandelt oder manifestiert hat (vgl. Neuberger 2008: 33).

Die quantitative Inhaltsanalyse als Methode der sozialwissenschaftlichen Datenerhebung[61] eignet sich besonders für die Querschnittsanalyse, da mit ihr die Inhalte der Olympiaberichterstattung erfasst und kategorisiert werden können. In Anlehnung an die Definition von Berelson aus dem Jahr 1952 definiert Merten die Inhaltsanalyse als „Methode zur Erhebung sozialer Wirklichkeit, bei der von Merkmalen eines manifesten Textes auf Merkmale eines nicht-manifesten Kontextes geschlossen wird“ (Merten 1995: 59) [62]. So

[61] Auf eine tiefer gehende Darstellung soll an dieser Stelle verzichtet werden. Die Entwicklung, Geschichte, Ausprägungen, Verfahren und Ziele der Inhaltsanalyse können unter anderem nachgelesen werden bei: Merten 1995: 35f. oder Brosius 2001: 139f.

[62] Eine der ersten Definitionen zur Inhaltsanalyse stammt von Bernard Berelson: „Content Analysis is a research technique for the objective, systematic, and quantitative description of the manifest content of communication" (vgl. Berelson 1952: 18).

kann von den Merkmalen der manifesten Olympiaberichterstattung der deutschen und chinesischen Tageszeitungen auf das nicht-manifeste, medial vermittelte Chinabild geschlossen werden, indem zentrale Merkmale herausgearbeitet werden. Durch die Quantifizierung des Inhalts lassen sich größere Datenmengen mit der quantitativen Inhaltsanalyse erfassen[63] und verallgemeinerbare Muster identifizieren, dies kann jedoch zu Lasten der Komplexitätserfassung der Berichterstattung gehen (vgl. Mayring 2003: 17f.).

Dem soll mit den ergänzenden Leitfadeninterviews entgegen gewirkt werden, da sich diese besonders für die „Rekonstruktion komplexer Wissensbestände" (Meuser/ Nagel 1997: 481) eignen und wichtige Hintergrundinformationen bereitstellen, die sonst der inhaltsanalytischen Methode verwehrt bleiben würden. Zusätzlich eignen sich die Leitfadeninterviews, die mit Olympiakorrespondenten der analysierten Tageszeitungen ein knappes Jahr nach Olympia 2008 durchgeführt wurden, für eine Längsschnittanalyse des Chinabildes und eröffnen dieser Arbeit die Möglichkeit zu erfassen, ob sich das Nationenbild Chinas durch die Olympischen Spiele 2008 gewandelt hat und welche Nachhaltigkeit dieses Chinabild gegebenenfalls ein Jahr nach den Spielen besessen hat. Unterstützend zu den Leitfadeninterviews sollen in einer kleinen qualitativen Auswertung ausgewählte Berichte aus den untersuchten Tageszeitungen analysiert werden, die zum Anlass ‚Ein Jahr nach Peking 2008' erschienen sind.

5.4 Auswahl des Untersuchungsmaterials und der Interviewpartner

Als Untersuchungsmaterial der durchzuführenden Inhaltsanalyse sind vier Medien der deutschen und chinesischen Tageszeitungspresse ausgewählt worden, da Tageszeitungen in beiden Ländern ein etabliertes und weit verbreitetes Medium darstellen. Trotz sinkender Reichweiten in den vergangenen Jahren erreicht die Tagespresse 2004 in Deutschland weiterhin 75,7 Prozent der Bevölkerung (vgl. Schröder/ Schwanebeck 2005: 15)[64]. China ist seit 2005

63 Dies war im Fall der Olympiaberichterstattung nötig, da die Olympischen Spiele als außergewöhnliches Großereignis auch das Medienereignis des vergangenen Jahres 2008 waren und den vier analysierten Tageszeitungen eine umfangreiche Medienberichterstattung nachgewiesen werden konnte.

64 75,7 Prozent Reichweite bedeuten in Deutschland ca. 49 Millionen Menschen, die regelmäßig eine Tageszeitung lesen. Bei älteren Männern und Frauen erreicht die Tagespresse noch 83,7 Prozent Reichweite,

der größte Zeitungsmarkt der Welt und verkaufte bereits 2007 98,7 Millionen Exemplare täglich (vgl. World Association of Newspapers 2007). Englischsprachige Tageszeitungen wie die China Daily und Shanghai Daily haben eine vergleichsweise kleine Auflage, dafür aber in höheren Bildungsschichten wie Studenten, Wirtschaftsmanagern, oder bei ausländische Geschäftsleuten eine hohe Verbreitung. Die Tagespresse ist so in beiden Ländern in der Lage, eine breitere Bevölkerungsschicht über China zu informieren und im Gegensatz zu anderen Medien auch als Lieferant von Hintergrundinformationen und Meinungen zu dienen, was für die Bildung eines Chinabildes ausschlaggebend ist (vgl. Hug 1998: 47f.). Weitere Gründe für die Auswahl der Tagespresse sind die gute Zugänglichkeit der deutschen Tageszeitungen in Papierform und die kostenlosen (China Daily) bzw. kostenpflichtigen (Shanghai Daily) Onlinearchive mit den Original-Ausgaben in PDF-Form.

Da aus forschungsökonomischer Sicht nicht die gesamte Presse Deutschlands und Chinas analysierbar ist, musste eine Auswahl getroffen werden. Mit der FAZ und SZ konzentriert sich die Analyse auf deutsche Vertreter der überregionalen Qualitätspresse, da diese nach Meyn durch große Redaktionen und aufwendige Korrespondentennetze einen hohen journalistischen Eigenanteil an ihrem Produkt haben und durch viele Hintergrundberichte, Reportagen und Kommentare meinungsbildend sind (vgl. Meyn 2004: 94).

China Daily ist die größte überregionale englischsprachige Tageszeitung in China. Interessant sind ihre besondere Nähe und Abhängigkeit von der chinesischen Regierung und ihre im Volk empfundene Funktion als Sprachrohr der Kommunistischen Partei (vgl. Siemons 2009: 1). Diese Nähe muss in der nachfolgenden Analyse stets bedacht werden, macht eine Analyse der China Daily aber auch gerade spannend. Shanghai Daily ist die einzige Regionalzeitung der Untersuchung, zugleich aber zweitgrößte englischsprachige Zeitung Chinas und auf den Raum Shanghai beschränkt. Sie entzieht sich mehr dem direkten Zugriff der Kommunistischen Partei und könnte daher ein anderes Bild von China zeichnen. Die Auswahl fiel mangels Beherrschung der chinesischen Sprache auf englischsprachige Tageszeitungen in China, was jedoch keine Verzerrung der Untersuchung und ihrer Ergebnisse darstellt, da die gesamte Tagespresse in China denselben Mechanismen und staatlichen Kontrollen unterliegt.

bei jüngeren Menschen nur knapp über die Hälfte (51,8 Prozent). Insgesamt ist die Reichweiteentwicklung moderat rückläufig (vgl. Schröder/ Schwanebeck 2005: 17).

Die Wahl der Interviewpartner fiel ausschließlich auf Journalisten, die als Olympiakorrespondenten in Peking vor Ort waren. Auf die Suche der Journalistennamen in der Olympiaberichterstattung der vier Tageszeitungen folgte die Kontaktaufnahme per Telefon (FAZ, China Daily) bzw. per E-Mail (SZ, Shanghai Daily). Alle vom Verfasser ausgewählten Olympiakorrespondenten, die etwa durch einen hohen Anteil an der Olympiaberichterstattung ihrer Zeitung aufgefallen waren, konnten als Interviewpartner gewonnen werden. Evi Simeoni und Thomas Hahn waren beide Teil von mehrköpfigen Redaktionsteams, die von der FAZ und SZ nach Peking entsandt wurden. Beide sind erfahrene Sportjournalisten und haben schon von vorherigen Olympischen Spielen und etlichen anderen Sportereignissen berichtet.

Ma Yue war die einzige Olympiakorrespondentin, die in Peking vor Ort für die Shanghai Daily berichtete und für die gesamte Shanghai Daily Olympiaberichterstattung neben Agenturmeldungen verantwortlich zeichnete. China Daily hatte das größte Reporter- und Korrespondententeam aller untersuchten Zeitungen vor Ort bei den Olympischen Spielen, auch weil der Hauptsitz der Zeitung im Norden Pekings unweit der Olympischen Anlagen lag. Die Auswahl der Interviewpartner und deren Kontaktaufnahme erfolgten über den FAZ-Korrespondenten Mark Siemons, der den Kontakt über die Deutsche Botschaft in Peking mit den beiden Nachrichtenredakteuren Xie Yu und Zhang Haizhou ermöglichte. Eine tiefergehende Beschreibung der Tageszeitungen und ihrer entsandten Olympiakorrespondenten folgt in den nächsten Abschnitten.

5.4.1 Die Frankfurter Allgemeine Zeitung und die Olympiakorrespondentin Evi Simeoni

Die Frankfurter Allgemeine Zeitung erscheint seit November 1949 in Frankfurt am Main und ist als überregionale Tages- und Qualitätszeitung einzuordnen (vgl. Wilke 2003: 435f.). Die täglich verkaufte Auflage beträgt laut IVW 365.615 Exemplare (Stand: 02/09 für FAZ Mo-Fr.). Ein fünfköpfiges Herausgeberkollegium führt die auch international weit verbreitete Zeitung an, um die Wahrung der journalistischen Unabhängigkeit zu gewährleisten.

Besondere Themenschwerpunkte der FAZ sind die nationale und internationale Politik sowie die Wirtschaft[65]. Um qualitativ hochwertig und weitge-

[65] Die FAZ gilt wegen ihrer starken Fokussierung auf Wirtschafts- und Politikthemen als konservativ und traditionsbewusst. Ihre politische Ausrichtung wird häufig mit konservativ-liberal angegeben (vgl. Pürer et al. 1996: 167f.)

hend unabhängig von Nachrichtenagenturen berichten zu können, betreibt die FAZ eines der größten Korrespondentennetzwerke weltweit. In 25 Ländern arbeiten 42 Korrespondenten für die FAZ (Stand: August 2006)(vgl. FAZ 2006: 187f.)[66]. Aus Peking berichten zwei Korrespondenten, Mark Siemons (Kultur/ Gesellschaft) und Till Fähnders (Politik/ Wirtschaft)[67]. Mark Siemons ermöglichte während der China-Reise im Juni 2009 ein Treffen im Bou-Hai-Park nördlich der Verbotenen Stadt und ergänzte als Chinaexperte Hintergrundinformationen zu den vier Interviews der Olympiakorrespondenten, die auch in dieser Arbeit Verwendung finden[68]. Interviewpartnerin für das Leitfadeninterview war Evi Simeoni, die als Olympiakorrespondentin zusammen mit vier weiteren Kollegen der Sportredaktion vor Ort aus Peking berichtete[69]. Simeoni ist seit 1981 Mitglied der Sportredaktion und seit 2006 stellvertretende Ressortleiterin für alle Sportarten außer Fußball (vgl. Simeoni 2009: 1). Sie hat bereits von mehreren Olympischen Sommer- und Winterspielen berichtet, sowie zahlreiche Sportgroßereignisse in diversen Sportarten journalistisch begleitet. Arbeitschwerpunkte sind vor allem die internationale Sportpolitik und der Kampf gegen Doping. Ihre journalistische Leistung in der Sportberichterstattung belegen zahlreiche Auszeichnungen, unter anderem die zur „Sportjournalistin des Jahres" im Jahr 1996 (vgl. FAZ 2006: 133f.).

5.4.2 Die Süddeutsche Zeitung und der Olympiakorrespondent Thomas Hahn

Die Süddeutsche Zeitung erscheint seit Oktober 1945 in München und ist wie auch die FAZ als überregionale Tages- und Qualitätszeitung einzustufen. Mit einer täglich verkauften Auflage von 422.469 Exemplaren ist die SZ derzeit die auflagenstärkste überregionale Tageszeitung in Deutschland (IVW Stand: 02/09 für SZ Mo-Fr.) und erscheint auch international täglich in über 150 Ländern (vgl. Süddeutsche Zeitung 2009). Chefredakteur ist seit 1996 Hans

66 Standorte mit den meisten Korrespondenten sind: Brüssel (5), London (4), New York (3) und Paris (3) (vgl. FAZ 2006: 187f.)

67 Im Analysezeitraum 2008 war noch Petra Kolonko Korrespondentin in Peking. Zum Jahresanfang 2009 ist sie als politische Korrespondentin für Ostasien nach Tokio gewechselt. Ihre Korrespondentenstelle hat seit Januar 2009 Till Fähnders übernommen.

68 Das Hintergrundgespräch wird in dieser Arbeit als Quelle häufiger zitiert. Dafür galt die Zusage von Mark Siemons. Aus verschiedenen Gründen möchte Siemons jedoch nicht dieses Gespräch transkribiert in einer Reihe mit den Leitfadeninterviews wieder finden. Das transkribierte Gespräch konnte daher nicht in Anhang IV aufgenommen werden, die Quelle kann jedoch bei Bedarf beim Verfasser dieser Arbeit eingesehen werden.

69 Das Interview erfolgte telefonisch nach Frankfurt am 16. Juli 2009 (12.00-13.30 Uhr).

Werner Kilz, besondere Themenschwerpunkte der SZ sind die Ressorts nationale und internationale Politik sowie das Feuilleton (vgl. Meyn 2004: 94). Neben der FAZ betreibt auch die SZ als eine von wenigen überregionalen Tageszeitungen in Deutschland ein umfangreiches Korrespondentennetz im In- und Ausland. Aus 24 Ländern berichten derzeit 31 Auslandskorrespondenten für die SZ (Stand: September 2009)[70]. Aus Peking berichtet seit 2004 der Korrespondent Henrik Bork, zuvor war er Korrespondent in Tokio. Bork unterstützte die Olympiakorrespondenten der SZ-Sportredaktion während Olympia mit politischen und gesellschaftlichen Hintergrundberichten.

Interviewpartner für das Leitfadeninterview war Thomas Hahn, der als Teil eines fünfköpfigen Teams von Journalisten der SZ-Sportredaktion aus Peking berichtete[71]. Thomas Hahn kam über ein Praktikum 1995 zur Sportredaktion der Süddeutschen Zeitung und wurde im Anschluss freier Mitarbeiter. Seit 1999 ist er fester Redakteur der SZ, zunächst drei Jahre für den Lokalsport, seit 2002 für den Allgemeinsport (vgl. Hahn 2009: 1). Seit 2002 hat Thomas Hahn von vier olympischen Winter- und Sommerspielen berichtet, sowie zahlreiche Sportgroßereignisse wie zuletzt die Leichtathletikweltmeisterschaft 2009 in Berlin journalistisch begleitet. Arbeitsschwerpunkte sind im besonderen Ski Nordisch und die Leichtathletik.

5.4.3 Die China Daily und die beiden Olympiakorrespondenten Xie Yu und Zhang Haizhou

Die China Daily erscheint seit Juni 1981 als englischsprachige Tageszeitungen in Peking. Lange war China Daily die einzige landesweit vertriebene englischsprachige Tageszeitung, im Mai 2009 kam mit der Global Times, der englischen Ausgabe der Parteizeitung People's Daily eine zweite landesweit vertriebene Tageszeitung hinzu (vgl. Siemons 2009: 1). Derzeit beträgt die täglich verkaufte Auflage nach eigenen Angaben über 200.000 Exemplare, wovon etwa ein Drittel der Auflage direkt via Satellit in 150 Ländern vertrieben werden (vgl. China Daily 2009). China Daily gilt als englisches Sprachrohr der Kommunistischen Partei und spiegelt in ihrer Berichterstattung die offizielle

70 Die Informationen sind auf telefonische Anfrage vom 25.08.09 direkt von der Politikredaktion der SZ bezogen worden. Derzeit arbeiten 26 Korrespondenten des Politikressorts und 5 Wirtschaftskorrespondenten für die SZ. Wichtige Metropolen wie New York, Washington, London, Brüssel und Paris sind mit zwei Korrespondenten besetzt, ansonsten sitzen Korrespondenten jeweils in Kairo, Peking, Prag, Madrid, Belgrad, Wien, Stockholm, Rom, Tel Aviv, Tokio, Zagreb, Istanbul, Moskau, Kampala, Warschau, Toronto, Bukarest, Amsterdam und Sydney.

71 Das Interview erfolgte telefonisch nach München und per E-Mail Austausch am 10.07.09.

Politikrichtung der Regierung und Partei wider (vgl. Chinoy 1999: 41f.). Redakteure betreiben eine hohen Grad an Selbstzensur, politisch heikle Themen wie Tibet, Tian'anmen oder die Gruppe Falun Gong werden vorsichtig behandelt und vorher einer politischen Prüfung unterzogen. Dennoch gibt es zunehmend Kommentare und Meinungen in der China Daily, die sich kritisch mit inländischen und internationalen Themen auseinander setzen, auch weil die Zeitung durch Streichung der Staatssubventionen auf neue Leserschichten und höhere Werbeeinahmen angewiesen ist. Die Leserschaft der China Daily setzt sich weitgehend aus ausländischen Gästen wie Wirtschaftsvertretern oder Diplomaten und den höheren Bildungsschichten Chinas wie etwa Studenten oder Mitarbeiter internationaler Firmen zusammen (vgl. Xie/Zhang 2009: 6 und China Daily 2009).

Für die Olympischen Spiele 2008 entsandte China Daily vier offizielle Olympiakorrespondenten, zu denen Xie Yu und Zhang Haizhou nicht gehörten (vgl. Xie/Zhang 2009: 1). Beide arbeiteten während der Olympischen Spiele für die Nachrichtenredaktion und schrieben Nachrichten und Geschichten rund um Beijing 2008. Xie Yu und Zhang Haizhou haben zusammen im Juli 2008 als Nachrichtenredakteure bei China Daily begonnen zu arbeiten und bei den Olympischen Spielen in Peking zum ersten Mal von einem (sportlichen) Großereignis berichtet (vgl. Xie/Zhang 2009: 1).

Foto 3: Die beiden China Daily-Redakteure Zhang Haizhou (1.v.l.) und Xie Yu (2.v.l.) beim Interview im Oriental Plaza Hotel in Beijing

5.4.4 Die Shanghai Daily und die Olympiakorrespondentin Ma Yue

Die Shanghai Daily erscheint seit Oktober 1999 als englischsprachige Tageszeitung in Shanghai. Die Zeitung ist die einzige Regionalzeitung in der Untersuchung und auf den Großraum Shanghai beschränkt. Die privat verlegte Zeitung der Wenhui-Xinmin United Press Group gilt nach eigenen Angaben dennoch hinter China Daily als die wichtigste englischsprachige Tageszeitung in China mit einer täglich verkauften Auflage von 85.000 Exemplaren (vgl. Shanghai Daily 2009).

Journalistische Schwerpunkte der Shanghai Daily sind Wirtschaftsthemen und die Lokalberichterstattung Shanghais. Staatliche Kontrolle und Zensur durch die Kommunistische Partei sind auch für die Shanghai Daily vorhanden, nur ist diese nicht so ausgeprägt wie die der China Daily und tendenziell rückläufig. Die Leserschaft der Shanghai Daily bilden ausländische Gäste wie Geschäftsleute oder Touristen. Ebenso lesen aber auch chinesische Studenten und höhere Bildungsschichten Chinas die Zeitung, um ihr Englisch zu verbessern (vgl. Shanghai Daily 2009 und Ma 2009: 2).

Foto 4: Shanghai Daily-Olympiakorrespondentin Ma Yue beim Interview im Wenhui-Xinmin United Press Tower in Shanghai

Für die Olympischen Spiele 2008 entsandte die Wenhui-Xinmin United Press Group eine Gruppe von Olympiakorrespondenten für ihre verschiedenen Zeitungen nach Peking. Ma Yue war einzige Olympiakorrespondentin für ihren Arbeitgeber Shanghai Daily und berichtete täglich auf der ersten Seite mit einem Aufmacherartikel über die Olympischen Spiele. Seit Juli 2007 ist Ma Yue feste Sportredakteurin der Shanghai Daily und vor allem für die Verarbeitung von Agenturmeldungen und Bildern sowie für das Layout verantwortlich (vgl. Ma 2009: 1). Die Olympischen Spiele waren ihr erstes Sportgroßereignis, von dem sie als Korrespondentin berichtet hat.

5.5 Analyseeinheit und Zugriffskriterium

Als Analyseeinheit ist der einzelne Artikel zu sehen. Voraussetzung ist dessen klare Erkennbarkeit, die durch den thematischen Zusammenhang des Textes und die medientypische Aufmachung wie eine Überschrift oder fett gedruckte Worte zu Beginn erreicht wird. Insgesamt kann der Artikel als Analyseeinheit Überschrift, Untertitel, Text und visuelle Abbildungen enthalten. Der Untersuchungszeitraum im Juli und August 2008, der die Vorbereitung und Austragung der Olympischen Spiele sowie die Woche nach der Schlussfeier umfasste, ergab eine umfangreiche und mehr als ausreichende Stichprobe.

Zugriffskriterium sind die mehrheitliche Thematisierung der Olympischen Spiele 2008 (mindestens 50% des Gesamtartikels) und die klare und eindeutige Zuordnung zu einem Thema rund um Olympia 2008 gemäß dem zuvor entwickelten und in Pretests überprüften Themenkreis (vgl. Abbildung 6).

Das Thema Olympia muss nicht unmittelbar aus der Überschrift des Artikels hervorgehen, sondern kann auch in Untertiteln oder visuellen Abbildungen Hinweise enthalten. Bei Unklarheit wird ein Artikel so lange angelesen, bis eine inhaltliche Zuordnung getroffen werden kann. Ausgenommen von der Codierung ist die reine Sportberichterstattung der deutschen und chinesischen Tageszeitungen. Die enorme Anzahl an Sportberichtsartikeln während der Olympischen Spiele würde die Möglichkeiten dieser Untersuchung übersteigen. Da die deutschen Tageszeitungen vornehmlich über deutsche Sportler berichten, die chinesischen Zeitungen über chinesische Sportler und diese Arbeit das Nationenbild Chinas analysieren möchte, würden einseitige Codierungen der Sportberichterstattung über chinesische Sportler ein erhebliches Ungleichgewicht in der Datenerhebung schaffen. Zudem transportiert die reine Sportberichterstattung in der Regel keine Bilder, Stereotype oder Bewertungen von China, die direkt oder indirekt auf dessen Nationenbild schließen lassen. Werden chinesische Sportler genauer vorgestellt und vor dem gesellschaftlichen, kulturellen oder politischen Hintergrund ihres Heimatlandes portraitiert, wird der Artikel unter der Themenkategorie „Portraits chinesischer Sportler“ codiert und mit in die Datenauswertung einbezogen. Die Erhebung und Auswertung der Daten erfolgt Computer gestützt mit dem statistischen Auswertungsprogramm SPSS Statistics 17.0.

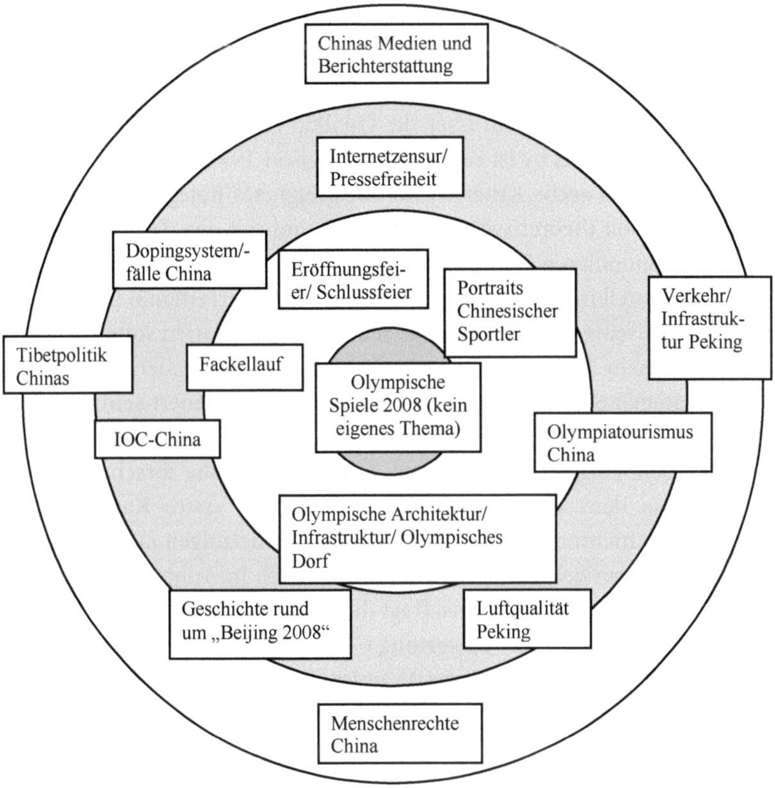

Abb. 6: Themenkreis ausgehend von Olympia als zentralem Bezug.

5.6 Operationalisierung der Inhaltsanalyse und Kategorienbildung[72]

Vor der Durchführung der quantitativen Inhaltsanalyse ist die Bildung eines Kategoriensystems notwendig, um alle vorkommenden Inhalte abdecken und den Kategorien zuordnen zu können. Die jeweiligen Kategorien dienen der Reduktion der komplexen Inhalte von Texten auf ein zu analysierendes Maß

[72] Im folgenden Abschnitt wird der Begriff der Kategorie benutzt. Dieser steht synonym zu dem Begriff `Variable`. Beide Begriffe werden in dieser Arbeit gleichwertig benutzt.

von interessierenden Merkmalen (vgl. Nafroth 2002: 95). Das Kategoriensystem stellt somit ein „abstrahierendes Klassifizierungsschema" (Merten 1995: 147) dar, an das hohe Ansprüche gestellt werden. Letztlich entscheidet ein geeignetes Kategoriensystem über die Qualität einer Inhaltsanalyse. „Content Analysis stand or falls by ist categories" (Berelson 1952: 147). Nach Merten ist die Erfüllung von sechs Kriterien für ein geeignetes Kategorienschema erforderlich: 1. Es soll theoretisch abgeleitet sein und mit den Zielen der Untersuchung korrespondieren 2. Das Kategorienschema soll vollständig sein und alle mit der Fragestellung zusammenhängenden Inhalte erfassen 3. Die Kategorien sollen wechselseitig exklusiv angelegt sein 4. Die Kategorien sollen unabhängig voneinander sein 5. Die Kategorien sollen einem einheitlichen Klassifikationsprinzip genügen 6. Die Kategorien sollen eindeutig definiert sein (vgl. Merten 1995: 98f.).

Mit diesen Vorüberlegungen und aufbauend auf die forschungsleitenden Fragen sowie dem Hypothesenkatalog wurde ein erstes Kategoriensystem erstellt, das in mehreren Schritten durch Probecodierungen modifiziert und in seine jetzige Form gebracht wurde (vgl. Codebuch in Anhang III). Als Besonderheit dieses Kategoriensystems, fragt die 21. Variable nach einer generellen – expliziten oder impliziten – Bewertung Chinas im Artikel. Ist diese vorhanden, wird mit der Codierung fortgesetzt, andernfalls abgebrochen, da der Artikel keine wesentlichen Hinweise auf das Nationenbild Chinas enthält. Die Wertungsvariable dient als Schleusenvariable und teilt die Inhaltsanalyse in zwei Abschnitte.

Der erste Abschnitt (Variable 1-18) erfasst die Identifikatoren (laufende Nummer, Zeitung, Datum, V1-3) sowie die formalen Variablen[73] und das Thema (Hauptthema und ggf. zwei Nebenthemen, V 18-20) des Artikels. Der zweite Abschnitt der Inhaltsanalyse umfasst die inhaltlichen Kategorien, die für diese Untersuchung in besonderem Maße von Bedeutung sind. Bei einer codierten Wertung im Artikel (V21), die Rückschlüsse auf das transportierte Bild Chinas liefern kann, wird zwischen expliziter Bewertung und ihrer Ausprägung (V22 und V23) und impliziter Bewertung (V24) unterschieden. Aussageträger, die im Text identifiziert werden können und eine implizite

[73] Die formalen Variablen sind: V4 – Ressort, V5 – Platzierung auf der Titelseite, V6 – Platzierung auf der Seite, V7 – Umfang, V8 – Abbildung Foto, V9 – Abbildung Grafik, V10 – Abbildung Landkarte, V11 – Abbildung Tabelle, V12 – Abbildung Info-Kasten, V13 – Abbildung Karikatur, V14 – Abbildung Gesamt, V15 – Darstellungsform, V16 – Quelle des Artikels und V17 Namen der Olympiakorrespondenten (spätere Interviewpartner). Die genauen Codieranweisungen zu den Variablen sind im Codebuch in Anhang III vermerkt.

Bewertung zu China abgeben, werden getrennt nach bis zu drei chinesischen (V28, V30, V32) und nicht-chinesischen (V34, V36, V38) Aussageträgern und ihrer jeweiligen Aussage codiert (V29, V31, V33 für die chinesischen Aussageträger und V35, V37, V39 für nicht-chinesische Aussageträger). Zusätzlich werden chinesische Handlungsträger im Text erfasst, die durch ihre Erwähnung selbst zu einer Bewertung Chinas im Artikel beitragen können und in V25-27 festgehalten. Ausländische Handlungsträger, die keine Bewertung Chinas treffen und damit nicht als Aussageträger identifizierbar sind, werden nicht codiert. Mit V40 bis V43 werden Variablen erhoben, die direkte Rückschlüsse auf das medial vermittelte Bild Chinas in den ausgewählten Tageszeitungen zulassen. Variable 40 codiert den Nachrichtenwert Negativismus/Konflikt (vgl. Kapitel 3.2), der zuvor durch das Definieren chinesischer Konfliktthemen (vgl. Codebuch in Anhang III) bestimmt wurde und je nach Stärke der Ausprägung auf ein negativ oder positiv geprägtes Chinabild schließen lässt. Variable 41 erfasst den Vergleich Chinas mit Deutschland und ermöglicht eine direkte Gegenüberstellung beider Länder. Variable 42 codiert die Rolle Chinas im Verhältnis zu Deutschland und erfasst ein grobes Nationenbildmuster. Abschließend sollen mit Variable 43 nationale Stereotype Chinas codiert werden, die zuvor in einem auf China zugeschnittenen Stereotypenkatalog durch Pretests identifiziert wurden und weitere Hinweise auf das vermittelte Nationenbild Chinas liefern. Das komplette Codebuch mit Kommentaren und genauen Codieranweisungen findet sich in Anhang III.

5.7 Prüfung der Validität und Reliabilität

Ob das erstellte Kategorienschema und das angewandte Instrument der Inhaltsanalyse auch brauchbare und wissenschaftlich fundierte Ergebnisse liefern, zeigt eine Überprüfung der Validität (Gültigkeit) und Reliabilität (Zuverlässigkeit). Sie sind die Gütekriterien der empirischen Datenerhebung (vgl. Merten 1995: 320f.).

Die Validität gibt den Grad der Genauigkeit an, mit der die Messinstrumente messen, was tatsächlich gemessen werden soll (vgl. Diekmann 2002: 224). Als Messinstrument gilt im Fall dieser Arbeit das Kategorienschema der Inhaltsanalyse. Die formalen Kategorien dieser Untersuchung sind schon in vielen wissenschaftlichen Arbeiten eingesetzt bzw. von Standardwerken der inhaltsanalytischen Forschung empfohlen worden und lassen daher auf eine hohe Validität der Daten schließen[74]. Die inhaltlichen Kategorien wurden erst nach stichprobenartigen Codierungen des Untersuchungsmaterials genauer definiert und schrittweise zu einem klar formulierten Kategorienschema zusammengesetzt, was die Validität der Daten begünstigt.

Mit dem Reliabilitätstest steht ein Messinstrument zur Verfügung, dass das Maß der Reproduzierbarkeit von Messergebnissen angeben kann (vgl. Merten 1995: 302). Dieses Maß an Reproduzierbarkeit ist durch die wiederholte Anwendung des gleichen Instrumentes auf das gleiche Messobjekt ermittelbar und lässt sich anhand von Korrelationskoeffizienten messen. Zur Überprüfung wurde der Intra-Reliabilitäts-Test gewählt, da der Verfasser der einzige Codierer dieser Untersuchung ist[75]. Für die vorliegende Inhaltsanalyse wurden vier Wochen nach der Codierung jeweils vier Artikel der vier Tageszeitungen (n=16) nach dem Zufallsprinzip ausgewählt und noch einmal codiert. Wegen der hohen Anzahl von 40 Kategorien/ Variablen pro Analyseeinheit (die Identifikatoren V1-3 wurden wegen ihrer Eindeutigkeit nicht codiert) wurden bei 16 Artikeln insgesamt 640 Kategorien codiert und garantieren so eine ausreichend große Stichprobe. Der errechnet Korrelationskoeffizient ergab eine Intra-Reliabilität von 0,9515 und kann damit als zuverlässiger und eindeutiger Wert bezeichnet werden[76].

74 Merten schlägt zum Beispiel eine Reihe von formalen Kategorien vor, die auch in diesem Kategorienschema Verwendung gefunden haben (vgl. Merten 1995: 321)

75 Sind zwei oder mehrere Codierer vorhanden, muss ein Inter-Reliabilitäts-Test gemacht werden. Durch eine stichprobenartige Codierung eines Messobjektes aller Codierer oder der wechselseitigen Nachkontrollen durch Zufallscodierungen, kann die Zuverlässigkeit gemessen werden, mit der unterschiedliche Codierer in gleicher Weise codieren.

76 Eine detaillierte Aufzählung der Testergebnisse findet sich im Anhang II.

6 Ergebnisdarstellung

Im folgenden Kapitel werden die Ergebnisse der inhaltsanalytischen Untersuchung zum Nationenbild Chinas in der Olympiaberichterstattung der beiden deutschen und chinesischen Tageszeitungen dargestellt und interpretiert. Der an den Kategorien orientierten Detailanalyse[77] folgen die Bestätigung bzw. Verwerfung der Hypothesen und forschungsleitenden Annahmen (vgl. Kapitel 6.3) sowie die Beantwortung der beiden forschungsleitenden Fragen (vgl. Kapitel 7).

6.1 Formale Struktur der Olympiaberichterstattung

6.1.1 Anzahl der Artikel und Erscheinungsverlauf

Im angegebenen Untersuchungszeitraum Juli/August 2008 konnten in den vier analysierten Tageszeitungen gemäß den Themenkriterien (vgl. Kapitel 5.5) insgesamt 634 Zeitungsartikel identifiziert und codiert werden. Größten Anteil an der Olympiaberichterstattung der vier Tageszeitungen hat die chinesische China Daily, die insgesamt 231 Artikel (36,4%) veröffentlichte, gefolgt von der FAZ und SZ mit jeweils 140 Artikeln (22,1%) und der Shanghai Daily mit 123 Artikeln (19,4%). Damit liefern die beiden chinesischen Tageszeitungen über die Hälfte der gesamten untersuchten Olympiaberichterstattung (55,8%), die Differenz gegenüber den beiden deutschen Tageszeitungen (44,2%) fällt mit 11,6 Prozent relativ groß aus.

Im Erscheinungsverlauf lassen sich merkliche Unterschiede zwischen den beiden deutschen und chinesischen Tageszeitungen ausmachen (vgl. Abbildung 7). Die vorolympische Berichterstattung im Monat Juli ist bei China Daily und Shanghai Daily deutlich umfangreicher als bei FAZ und SZ. Insgesamt erschienen in allen vier Tageszeitungen 208 Artikel (32,8% der gesamten Stichprobe) im Monat Juli, davon 137 Artikel in den beiden chinesischen

77 Nicht alle in der inhaltsanalytischen Untersuchung erhobenen Daten werden in der Ergebnisdarstellung präsentiert. In der Ergebnisdarstellung werden im Besonderen aussagekräftige Ergebnisse aufgeführt, die helfen können, die Hypothesen, Annahmen und letztlich die beiden forschungsleitenden Fragen zu beantworten. Weitere Ergebnisse der quantitativen Datenauswertung finden sich in tabellarischer und grafischer Form im Anhang I.

Zeitungen (CD: n=96 und SD: n=41). Nahezu die Hälfte der gesamten vorolympischen Berichterstattung im Juli entfällt so auf die CD (46,1%), weitere 19,7% der Berichterstattung entfallen auf die SD. Als ein Grund kann die erhöhte Relevanz der Olympischen Spiele als zentrales Großereignis in der Inlandsberichterstattung beider Zeitungen identifiziert werden.

In der Woche vor Beginn der Olympischen Spiele mit der Eröffnungsfeier am 08.08.08 steigt die Olympiaberichterstattung der FAZ (n=38) und SZ (n=41) deutlich an und ist umfangreicher als in der CD (n=35) und SD (n=28) (vgl. Abbildung 7: Tag 32-39). Ein Grund war die auch in der Öffentlichkeit intensive Diskussion und Auseinandersetzung der deutschen (und ausländischen) Medien mit der Pressefreiheit und Internetzensur vor Ort in Peking (vgl. Kapitel 6.2.1). Während der Austragung der Olympischen Spiele (08.08-24.08.08) und der letzten Augustwoche ähneln sich die Erscheinungsverläufe aller untersuchten Zeitungen (FAZ = 47,8% der eigenen Gesamtberichterstattung; SZ = 45,0%; CD = 43,2%; SD = 43,9%), was auf eine ähnlich hohe Beachtung der Olympischen Spiele in der Berichterstattung der vier Tageszeitungen hindeutet.

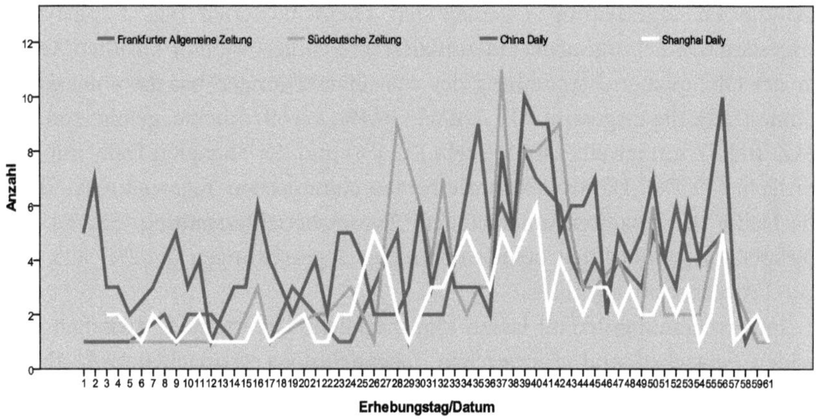

Abb. 7: Absoluter Erscheinungsverlauf der Olympiaberichterstattung (FAZ: n=140; SZ: n=140; CD: n=231; SD: n=123; Insgesamt: n=634)

6.1.2 Beachtungsgrad

Unter dem Begriff ‚Beachtungsgrad' sollen die Kategorien Umfang, Platzierung auf der Titelseite und den jeweiligen anderen Zeitungsseiten sowie die

Abbildungen zusammengefasst werden. Diese Merkmale ermöglichen eine Unterscheidung von wichtigen und unwichtigen Nachrichten[78], lassen auf die Bedeutung der Olympiaberichterstattung der jeweiligen Tageszeitungen schließen und lassen die günstigen oder ungünstigen formalen Voraussetzung für die Etablierung eines medial vermittelten Nationenbildes Chinas analysieren. Der Interpretationsrahmen dieser Merkmale ist jedoch beschränkt, da nicht nur Nachrichtenfaktoren allein, sondern auch andere äußere Einflüsse wie die journalistische Praxis sich auf den Beachtungsgrad auswirken.

6.1.2.1 Umfang der Olympiaberichterstattung

Der Gesamtumfang der Olympiaberichterstattung aller untersuchten Tageszeitungen beträgt im Untersuchungszeitraum 343.471 cm[279]. Mit einem prozentualen Anteil von 29,6% liefert die China Daily fast ein Drittel des gesamten Berichterstattungsumfangs. Dies entspricht einer Größe von 101.900cm^2. Sie ist damit neben der Artikelanzahl auch im Umfang primärer Lieferant der untersuchten Olympiaberichterstattung, jedoch nicht so dominant wie in der Anzahl publizierter Artikel (36,4% vgl. Kapitel 6.1.1). Den zweitgrößten Anteil am Olympiaberichterstattungsumfang hat die SZ mit einem prozentualen Anteil von 23,9% und 82.247cm^2 Umfang. Es folgen die Shanghai Daily mit 23,5% (80.743cm^2) und FAZ mit 22,8% (78.581cm^2).

Während bei SZ und FAZ die prozentualen Anteile bei Anzahl und Umfang nahezu identisch bleiben, ist der Anteil der Shanghai Daily am Umfang (23,5%) höher als bei der Artikelanzahl (19,4%). Diese Differenz lässt auf durchschnittlich größere Artikel in der SD schließen, die mit durchschnittlich 656,4cm^2 deutlich höher als in SZ (587,5cm^2) und FAZ (561,3cm^2) ausfallen. Die durchschnittliche Artikelgröße der China Daily fällt mit 441,1cm^2 am geringsten aus[80]. Grundlegend kann bei einem größeren Umfang des Durchschnittsartikels wie bei der SD auch davon ausgegangen werden, dass es mehr Möglichkeiten gibt, differenzierte (Hintergrund-) Informationen zu platzieren. Dies kann verhin-

78 Nach Schulz 1976/1990 weisen die angesprochenen Merkmale auf die Höhe des Nachrichtenwertes einer Information hin.

79 Der Umfang der Artikel wurde genau in cm^2 und nicht in Seitenanteilen oder Zeilen festgehalten. Da die vier Tageszeitungen verschiedene Zeitungsformate aufweisen, konnte an dieser Stelle keine Umrechnung in den gesamten Umfang der Seiten erfolgen, was eine bessere Anschaulichkeit geboten hätte. Der Seitenumfang wird aber für die einzelnen Zeitungen geliefert.

80 Ergänzend zum durchschnittlichem Umfang der Artikel in den vier Tageszeitungen werden in der Tabelle 1 im Anhang I Informationen zur Umfangsverteilung der Artikel geliefert. Anhand dieser Tabelle können Schwerpunkte beim Umfang oder einzelne Ausreißer nach oben gesondert betrachtet werden. Aus Platz- und Relevanzgründen sind diese Zahlen im Text nicht vermerkt.

dern, dass aus Platzgründen fragmentarische und stereotype Darstellungsmuster die Berichterstattung prägen und damit letztlich das Nationenbild Chinas verzerrt werden könnte. Andere Gründe für den unterschiedlichen Artikelumfang dieser Untersuchung liegen aber auch in der unterschiedlichen Wahl und Ausprägung der Bebilderung[81], auf die in Kapitel 6.1.2.3 genauer eingegangen wird und in den unterschiedlichen Formaten der vier untersuchten Zeitungen.

Tab. 1: Umfangsverteilung Artikel

Umfang	Name der Zeitung			
	Frankfurter Allgemeine Zeitung	Süddeutsche Zeitung	China Daily	Shanghai Daily
0-200cm²	39 27,9%	32 22,9%	54 23,4%	9 7,3%
200-400cm²	38 27,1%	31 22,1%	93 40,3%	47 38,2%
400-600cm²	17 12,1%	20 14,3%	40 17,3%	23 18,7%
600-800cm²	11 7,9%	19 13,6%	17 7,4%	7 5,7%
800-1000cm²	11 7,9%	13 9,3%	9 3,9%	15 12,2%
1000-2000cm²	22 15,7%	25 17,9%	16 6,9%	20 16,3%
2000-4000cm²	2 1,4%	0 0,0%	2 0,9%	2 1,6%
Gesamt	140 100,0%	140 100,0%	231 100,0%	123 100,0%

81 Bei der Codierung von V7 Umfang wurden Abbildungen und Text zusammen erfasst. Der Umfang muss daher auch in Zusammenhang mit der Häufigkeit und Anzahl der Abbildungen analysiert und interpretiert werden.

Während FAZ und SZ im Norddeutschen Format (528x371mm) erscheinen, und damit pro Seite 1958,8 cm^2 Platz für ihre Berichterstattung haben, ist das Seitenformat der Shanghai Daily mit 2121,1cm^2 (481x441mm) größer und bei der China Daily mit 1879,3 cm^2 Seitenformat (561x335mm) geringer. Rechnet man die Seitenformate der Zeitungen auf den Gesamtumfang ihrer Olympiaberichterstattung ergeben sich ganze Seitenzahlen, die die Zeitungen für ihre Olympiaberichterstattung zur Verfügung gestellt haben. Demnach berichtet die China Daily trotz geringem Durchschnittsumfang ihrer einzelnen Artikel mit 54 Seiten am umfangreichsten über die Olympischen Spiele. Es folgen die SZ mit 42 Seiten und die FAZ mit 40 Seiten. Die SD berichtet trotz größtem Durchschnittsumfang pro Artikel mit 38 Seiten am wenigsten umfangreich über die Olympischen Spiele 2008.

6.1.2.2 Platzierung auf der Titelseite und den einzelnen Seiten

Bei der Analyse der Artikelplatzierung wird zunächst abgefragt, ob der Artikel auf der Titelseite der Zeitung erschienen ist, was ihn als ‚wichtig' kennzeichnen würde. Dabei wurde in der Codierung (vgl. Codebuch in Anhang III) keine Unterscheidung vorgenommen, ob der Artikel in voller Länge oder als Verweis auf den Innenteil erschienen ist.

Die Auswertung ergab, dass die Shanghai Daily mit 19,5% fast jeden fünften Artikel ihrer gesamten Olympiaberichterstattung auf der Titelseite platziert (n=24). CD und FAZ platzieren mit 10,8% bzw. 10,0% jeden zehnten Artikel ihrer Olympiaberichterstattung auf der Titelseite, die Süddeutsche Zeitung berichtet in 11 Artikel (7,9%) von der Titelseite über die Olympischen Spiele. Shanghai Daily misst so seiner Olympiaberichterstattung eine hohe Bedeutung bei und platziert nicht nur bei markanten Punkten wie der Eröffnungs- oder Schlussfeier Titelseitenstories, sondern berichtet auch während der Spiele jeden Tag mit einer Titelgeschichte[82]. Anzumerken ist, dass auch die beiden deutschen Tageszeitungen häufiger Artikel mit Olympiabezug auf den Titelseiten platzierten, diese aber meist die reine Sportberichterstattung und Darstellung der Erfolge deutscher Athleten umfasst und so in der Codierung nicht erfasst werden.

82 Dies fiel bei der Durchsicht der Shanghai Daily Ausgaben für die Inhaltsanalyse auf. Zudem berichtete die chinesische Journalistin Ma Yue im Interview in Shanghai, dass sie als einzige Olympiakorrespondentin der Zeitung täglich aus Peking mit einer Olympiageschichte auf der Titelseite berichtete (vgl. Kapitel 5.4.4 und Leitfadeninterview in Anhang IV).

Auch die Positionierung der Artikel innerhalb der einzelnen Seiten kann Rückschlüsse auf die Relevanz der Artikel und damit die Bedeutung der Olympiaberichterstattung liefern, da die Wahrscheinlichkeit, dass ein Artikel gelesen wird, steigt, je weiter oben und mittig er auf der Seite positioniert ist. Aufbauend auf diese Annahme werden neben den Aufmacherartikeln[83] der Seite besonders die zentral in der Mitte und oben platzierten Artikel untersucht. Mit 64 Artikeln veröffentlicht Shanghai Daily über die Hälfte ihrer Olympiaartikel (52,0%) als Aufmacher der jeweiligen Seiten. Auch bei SZ (43,6%), FAZ (38,6%) und CD (35,9%) ist der Anteil der Aufmacherartikel an der gesamten Olympiaberichterstattung hoch und lässt auf die erhöhte mediale Bedeutung von Peking 2008 schließen (vgl. Tabelle 2). In der weiteren Platzierung auf der Seite ergeben sich hingegen signifikante Unterschiede zwischen den deutschen und chinesischen Tageszeitungen. Während China Daily Artikel besonders zentral in der Seitenmitte platziert (19,5%), positionieren FAZ häufig am oberen Rand (32,1%) und SZ zentral unten (17,1%) Artikel (vgl. Tabelle 2). Ausgehend von der hohen Zahl an Titelseitengeschichten und Aufmacherartikeln bei der SD und der im Vergleich zu den deutschen Zeitungen zentraleren Platzierung von Artikeln in der CD (45,5% aller Artikel in den Bereichen ‚Oben zentral', ‚Mitte zentral' und ‚Oben Rand') bleibt festzuhalten, dass der Platzierung als Teil der formalen Aufmachung in den beiden chinesischen Tageszeitungen mehr Bedeutung beigemessen wird als in den deutschen Zeitungen[84].

Tab. 2: Platzierung auf der Seite pro Zeitung

Platzierung auf der Seite	Name der Zeitung				Gesamt
	FAZ	SZ	China Daily	Shanghai Daily	
Aufmacher	54 38,6%	61 43,6%	83 35,9%	64 52,0%	262 41,3%

[83] Als Aufmacher gelten prägende Artikel der Zeitungsseite, die in Umfang und Platzierung auf der Seite variieren können (vgl. Codebuch in Anhang III).

[84] Die Analyse der Platzierung hilft, grundlegende Tendenzen in der formalen Struktur der Olympiaberichterstattung der vier Zeitungen auszumachen. Es muss jedoch angemerkt werden, dass die Platzierung der Artikel nicht allein auf den Nachrichtenwert eines Ereignisses zurück zu führen ist, sondern auch Gründe wie das Layout oder redaktionelle Faktoren haben kann. Daher ist von der Platzierung auch nicht direkt auf das medial vermittelte Nationenbild Chinas in der Olympiaberichterstattung zu schließen.

oben zentral	4 2,9%	1 0,7%	3 1,3%	8 6,5%	16 2,5%
Mitte zentral	10 7,1%	7 5,0%	45 19,5%	8 6,5%	70 11,0%
unten zentral	6 4,3%	24 17,1%	12 5,2%	11 8,9%	53 8,4%
oben Rand	45 32,1%	27 19,3%	57 24,7%	26 21,1%	155 24,4%
Mitte Rand	3 2,1%	3 2,1%	6 2,6%	4 3,3%	16 2,5%
unten Rand	18 12,9%	17 12,1%	25 10,8%	2 1,6%	62 9,8%
Gesamt	140 100,0%	140 100,0%	231 100,0%	123 100,0%	634 100,0%

6.1.2.3 Abbildungen

Der abschließende Aspekt des Beachtungsgrades betrifft die Abbildungen in den Artikeln und der Olympiaberichterstattung. Anzunehmen ist, dass ein Artikel mit einer oder mehreren Abbildungen mehr Aufmerksamkeit auf sich zieht als ein Artikel ohne Bild. Zudem können bebilderte Artikel auf eine erhöhte Relevanz hindeuten, da der verfügbare Platz einer Zeitungsseite oder Ausgabe begrenzt ist.

In der Süddeutschen Zeitung erscheinen 69,7% aller Artikel der Olympiaberichterstattung mit einer oder mehreren Abbildungen (n=97). Die FAZ bebildert 55,7% (n=78) ihrer Olympiaberichterstattungsartikel, ähnlich wie die China Daily mit 55,0% (n=127). In der Shanghai Daily wird die Hälfte der Artikel mit Abbildungen veröffentlicht (49,6%, n=61). Hauptabbildungsform aller vier Zeitungen ist mit einem prozentualen Anteil von über 95% das Format Foto, lediglich 36 Grafiken, drei Landkarten, zwei Tabellen, ein Infokasten und zwei Karikaturen können in allen Zeitungen identifiziert werden und daher für die weitere Analyse vernachlässigt werden (vgl. Variablen 9-13 im Codebuch).

Bei Artikeln, die drei oder mehr Abbildungen enthalten, kann von einem sehr hohen Nachrichtenwert ausgegangen werden. Die FAZ bebilderte 15,0% ihrer Artikel mit drei oder mehr Abbildungen (n=21), knapp vor Shanghai Daily mit 12,0% (n=15), SZ mit 11,4% (n=16) und China Daily mit 10,3% (n=24). Ein großer Unterschied ist zwischen den deutschen und chinesischen Tageszeitungen nicht auszumachen, wohl aber beinhalten CD (1x24 Abbildungen, 1x10 Abb., 4x8 Abb.)und SD (1x13 Abbildungen, 2x9 Abb., 1x8Abb.) mehr Ausreißer nach oben (vgl. Tabelle 2 im Anhang I).

6.1.3 Ressort

Die Verteilung der Artikel auf die verschiedenen Ressorts liefert einen weiteren Teilbeitrag bei der Untersuchung des in der Olympiaberichterstattung vermittelten Chinabildes. Die Ressortzuordnung dieser Analyse orientierte sich an der klassischen Darstellung der fünf Ressorts einer Zeitungsredaktion: Politik – Wirtschaft – Kultur – Sport – Lokales (u.a. vgl. Mast 2000: 337). Da jedoch mit Ausnahme der regionalen Shanghai Daily, die selbst nur einen geringen Lokalteil aufweist, alle Zeiten überregional und weitgehend ohne Lokalteil erscheinen, wurde auf dieses Ressort verzichtet und dafür durch die beiden Ressorts ‚Reise/ Tourismus' und ‚Panorama' ersetzt. Auf eine kleinteilige Ressorteinteilung wurde im Rahmen dieser Untersuchung verzichtet, die genauen Zuordnungen einzelner Seiten der vier Zeitungen zu den definierten Hauptressorts finden sich im Codebuch im Anhang..

Ein Großteil der Olympiaberichterstattung findet bei allen vier Tageszeitungen im Ressort Sport statt, da die Olympischen Spiele als Sportgroßereignis zu definieren sind. Hier ergeben sich jedoch merkliche Unterschiede. Während über die Hälfte der Berichterstattung der FAZ (55,7%) und der Shanghai Daily (53,7%) dem Ressort Sport zuzuordnen sind, entfallen nur 40,7% bzw. 37,2% der SZ und China Daily Berichterstattung auf das Ressort Sport (vgl. Tabelle 3). Es folgt Politik als zweitwichtigstes Ressort in der Olympiaberichterstattung, die einem Drittel (30,9%) der berichteten Artikel zugeordnet werden kann. Dies zeigt im besonderen Maße die hohe Politisierung der Olympischen Spiele von Peking 2008. China Daily berichtete häufiger mit politischen Artikeln (40,3%) als mit Sportartikeln (37,2%) über die Olympischen Spiele. Dieser auffallend hohe Anteil politischer Artikel kann ein Hinweis auf die Funktion der China Daily als englisches Sprachrohr der Kommunistischen Regierung sein (vgl. Kapitel 5.4.3). SZ und Shanghai Daily berichten in 27,9% bzw. 28,5% der Fälle mit Artikeln aus dem Ressort Politik über die Olympischen Spiele, die FAZ nur in jedem fünften Artikel (20,7%)[85].

Tab. 3: Ressort

Ressort	Name der Zeitung				Gesamt
	Frankfurter Allgemeine Zeitung	Süddeutsche Zeitung	China Daily	Shanghai Daily	
Sport	78 55,7%	57 40,7%	86 37,2%	66 53,7%	287 45,3%
Politik	29 20,7%	39 27,9%	93 40,3%	35 28,5%	196 30,9%
Feuilleton	13 9,3%	18 12,9%	10 4,3%	2 1,6%	43 6,8%
Wirtschaft	8 5,7%	8 5,7%	7 3,0%	6 4,9%	29 4,6%
Reise/ Tourismus	3 2,1%	2 1,4%	0 0,0%	0 0,0%	5 0,8%
Panorama	8 5,7%	16 11,4%	34 14,7%	14 11,4%	72 11,4%
Andere	1 0,7%	0 0,0%	1 0,4%	0 0,0%	2 0,3%
Gesamt	140 100,0%	140 100,0%	231 100,0%	123 100,0%	634 100,0%

Auffallend gering ist mit 4,6% der gesamten Olympiaberichterstattung das Ressort Wirtschaft vertreten, ein Thema, das etwa bei den Vorgängerspielen

85 Im Falle der FAZ sind viele Artikel, die auch politische Themen enthielten, auf den Sonderseiten zu den Olympischen Spielen ‚Beijing 2008' erschienen und von Redakteuren bzw. den Olympiakorrespondenten der Sportredaktion verfasst worden. Diese Artikel wurden daher dem Ressort Sport zugeordnet.

2004 in Athen wegen Finanzierungs- und Bauproblemen der Olympiaanlagen deutlich präsenter war. Dies lässt darauf schließen, dass der Wert einer politischen Nachricht neben der reinen Sportberichterstattung bei den Spielen von Peking 2008 besonders hoch ist. Ergänzend berichten FAZ und SZ mit Artikeln aus dem Ressort Feuilleton, das ungefähr ein Zehntel der gesamten Olympiaberichterstattung ausmacht (FAZ 9,3% und SZ 12,9%). Die chinesischen Zeitungen veröffentlichen ihre ‚Geschichten rund um Beijing 2008' hingegen häufiger im Ressort Panorama, in dem 14,7% der Artikel in der China Daily bzw. 11,4% in der Shanghai Daily erscheinen.

6.1.4 Darstellungsformen

Die journalistischen Darstellungsformen werden in die Untersuchung der Olympiaberichterstattung und der Analyse des vermittelten Chinabildes einbezogen, um die Art der Berichterstattung vor dem Hintergrund von Ausführlichkeit und damit der Möglichkeit zur Hintergrundinformation genauer analysieren zu können.

Dominierende Darstellungsform aller vier Tageszeitungen war mit 54,1% (n=343) der ‚Bericht' in der Olympiaberichterstattung (vgl. Tabelle 4). Der Anteil dieser Darstellungsform lag in den chinesischen Tageszeitungen (CD 55,0% und SD 61, 0%) leicht höher als bei der deutschen FAZ (47,1%) und SZ (53,6%). Dafür berichten FAZ und SZ (9,6% bzw. 13,6%) häufiger in Form von ‚Meldungen' über Olympia als die beiden chinesischen Tageszeitungen (CD 2,6% und SD 7,3%). Der insgesamt hohe Anteil von Berichten bei gleichzeitig niedriger Anzahl von Meldungen deutet auf die große Relevanz des Medienereignisses Olympia hin, gleichzeitig ermöglichen China Daily und Shanghai Daily mit ihrem höheren Anteil an Berichten die Möglichkeit für eine theoretisch ausführlichere Berichterstattung als die deutschen FAZ und SZ.

Die ‚Reportage' als Darstellungsform für hintergründige Berichterstattung findet sowohl in den deutschen als auch in den chinesischen Zeitungen eine gleich hohe Verwendung (FAZ 12,1%, SZ 16,4%, CD 14,3% und SD 11,4%). Als zweite Darstellungsform der hintergründigen Berichterstattung greifen die vier Zeitungen auf die Portraitform zurück. Shanghai Daily (8,9%) und FAZ (7,9%) berichten dabei häufiger in Portraitform als China Daily (4,8%) und SZ (3,6%). Die deutschen und chinesischen Zeitungen ermöglichen so gleichermaßen die Voraussetzung für eine informative und hintergründige Olympiaberichterstattung.

Tab. 4: Darstellungsformen

Darstellungsform	Name der Zeitung				Gesamt
	Frankfurter Allgemeine Zeitung	Süddeutsche Zeitung	China Daily	Shanghai Daily	
Meldung/ Nachricht	13 9,3%	19 13,6%	6 2,6%	9 7,3%	47 7,4%
Bericht	66 47,1%	75 53,6%	127 55,0%	75 61,0%	343 54,1%
Reportage/ Feature	17 12,1%	23 16,4%	33 14,3%	14 11,4%	87 13,7%
Interview	5 3,6%	3 2,1%	1 0,4%	0 0,0%	9 1,4%
Kommentar	12 8,6%	12 8,6%	52 22,5%	14 11,4%	90 14,2%
Kolumne	16 11,4%	3 2,1%	1 0,4%	0 0,0%	20 3,2%
Portrait	11 7,9%	5 3,6%	11 4,8%	11 8,9%	38 6,0%
Gesamt	140 100,0%	140 100,0%	231 100,0%	123 100,0%	634 100,0%

Bei der interpretierenden Berichterstattungsform, für die in dieser Untersuchung ‚Kommentar' und ‚Kolumne' zusammengezählt werden, treten die FAZ mit 20,0% (n=28) und China Daily mit 22,9% (n=53) hervor (vgl. Tabelle 5 in Anhang I). Jeder fünfte Artikel der CD-Berichterstattung ist ein Kommentar (22,5%), bei der FAZ verteilt sich die interpretierende Berichterstattung auf einzelne Kommentare (8,6%) und die zu Olympia täglich erscheinende Kolumne ‚Unzensiert' (11,4%). SZ (10,7%) und SD (11,4%) berichten lediglich in jedem zehnten Artikel kommentierend oder in Form von Kolumnen.

Dieser prozentual hohe Anteil an hintergründiger und interpretierender Berichterstattung der deutschen wie auch chinesischen Zeitungen deutet darauf hin, dass die untersuchte Olympiaberichterstattung von Peking 2008 von der formalen Vorraussetzung nicht einseitig und undifferenziert ist und damit eine günstige Gelegenheit für die Ermittlung des gesuchten Chinabildes bietet.

6.1.5 Quellen der Olympiaberichterstattung

Die Untersuchung der Quellen in der Olympiaberichterstattung kann in besonderer Weise als Indikator für die mediale Vermittlung eines Nationenbildes von China angesehen werden, denn mit der Quellenanalyse kann das Verhältnis der eigenproduzierten Berichterstattung durch Redaktion und Auslandskorrespondenten und der fremdproduzierten Berichterstattung durch Nachrichtenagenturen gemessen werden, was gerade im chinesischen Fall mit der staatlich kontrollierten Nachrichtenagentur Xinhua und einer somit potenziellen Einflussnahme der KPCh auf die chinesische Olympiaberichterstattung interessant ist (vgl. Kapitel 4.3). In Kombination zur Quellenuntersuchung soll die Quellenbewertung Chinas in den deutschen und chinesischen Zeitungen erfasst werden, um in einer tiefer gehenden Analyse die Bewertungsmuster der jeweiligen Quellen herauszuarbeiten und die forschungsleitenden Annahmen zur dritten Hypothese zu überprüfen (vgl. Kapitel 6.3).

Auffallend ist der sehr hohe Anteil eigenproduzierter Olympiaberichterstattung in der deutschen FAZ und SZ (vgl. Grafik 1). Mit ihren Olympiakorrespondenten (32,1%), den Auslandskorrespondenten (17,9%)[86] vor Ort in Peking und der heimatlichen Redaktion (39,3%) berichtet die FAZ in knapp neun von zehn Fällen (89,3%) mit eigenen Artikeln von den Olympischen Spielen. Auch die Süddeutsche Zeitung kommt mit einem prozentualen Wert von 77,8% auf einen hohen Wert an Eigenberichterstattung. Damit sind beide

86 In der inhaltsanalytischen Untersuchung wurde zusätzlich festgehalten, welchen Anteil die für die Leitfadeninterviews ausgewählten Olympiakorrespondenten an der Olympiaberichterstattung ihrer Zeitung hatten. Diese zusätzliche Untersuchung liefert keine direkten Hinweise zur Beantwortung der Forschungsfragen, zeigt aber, welchen journalistischen Anteil die interviewten Journalisten vor Ort in Peking hatten. Evi Simeoni trug mit 26 Artikeln zu fast einem Fünftel der gesamten Olympiaberichterstattung der FAZ bei (18,6%). Thomas Hahn schrieb für die Süddeutsche Zeitung lediglich 7 Artikel über Olympia (5,0%). Xie Yu und Zhang Haizhou waren zusammen für 7 Artikel in der Olympiaberichterstattung der China Daily verantwortlich (3,0%). Ein niedriger Wert, der aufgrund des großen Redaktionsteams für Olympia zu Stande kam. Ma Yue schrieb als einzige Olympiakorrespondentin für Shanghai Daily 13 Artikel (10,6%) (vgl. Tabelle 6 in Anhang I).

Zeitungen weniger anfällig für Meinungen von außen, etwa durch Nachrichtenagenturen oder Gastbeiträge, und vermitteln ein weitgehend eigenes Bild von China in ihrer Berichterstattung.

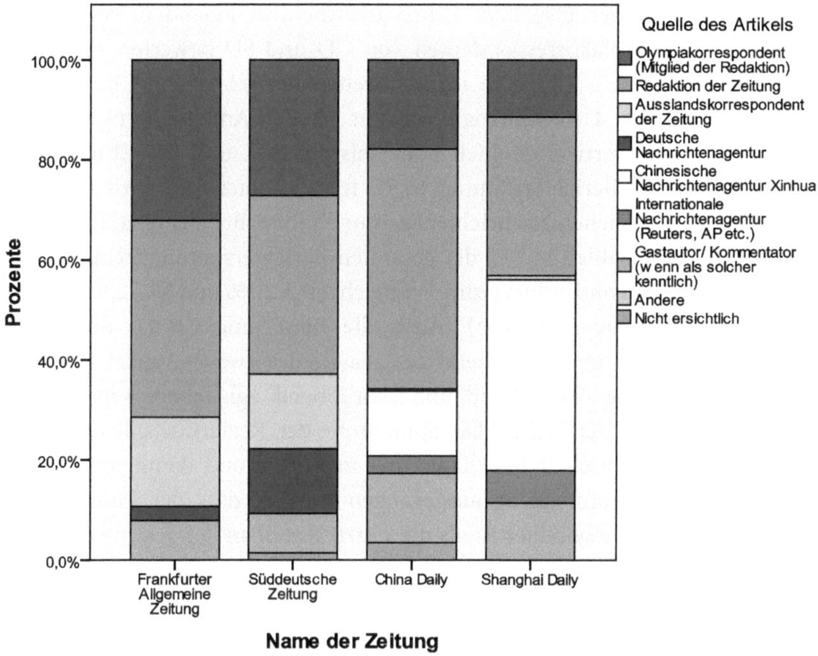

Grafik 1: Quellen der Artikel

Die Bewertung Chinas fällt hingegen bei den drei eigenen Quellen unterschiedlich aus[87]. Insgesamt zeichnet die redaktionellen Quellen eine tendenziell chinakritische Bewertung aus (vgl. Tabelle 3 in Anhang I). Die deutschen Olympiakorrespondenten von FAZ und SZ bewerten China mit 36,6% ‚eher kritisch' und ‚sehr kritisch', die Heimatredaktion in fast jedem dritten Artikel (29,3%) und die Auslandskorrespondenten in jedem zweiten Artikel ‚eher kritisch' (32,6%) und ‚sehr kritisch' (20,9%) Umgekehrt bewerten die Auslandskorrespondenten, die aus Peking vor allem politische und gesellschaftliche Hintergrundberichte

[87] Die implizite Bewertung Chinas durch die Quellen der Olympiaberichterstattung untergliedert sich in die drei Tendenzen `negativ – neutral – positiv`. Wenn die Textfragmente (Adjektive, konflikthaltige Begriffe wie `Tibetpolitik`) mehr als 50% negativ bzw. positiv für China ausfallen, wird diese Bewertungstenenz codiert, andernfalls wird eine neutrale Bewertung codiert.

liefern, China in nur 11,6% ihrer Artikel ‚eher lobend'. Bei den Olympiakorrespondenten ist dies in jedem vierten Artikel der Fall (24,4%).

Die chinesische China Daily (65,8%) und besonders Shanghai Daily (43,1%) weisen einen deutlich geringeren Anteil eigenproduzierter Berichterstattung auf, die aber insgesamt China mehrheitlich lobend bewertet. Die chinesischen Olympiakorrespondenten von CD und SD bewerten – wie die beiden Redaktionen – China in jedem zweiten Artikel lobend (52,1% bzw. 49,3%, vgl. Tabelle 4 in Anhang I). Dafür ist der Anteil übernommener, fremdproduzierter Artikel deutlich höher als bei FAZ und SZ. China Daily übernahm für ihre Berichterstattung 16,9% fremdproduzierter Artikel, davon 13,0% von der staatlichen Nachrichtenagentur Xinhua. Bei Shanghai Daily war sogar nahezu die Hälfte (44,7%) der gesamten Berichterstattung fremdproduziert, davon 38,2% von Xinhua (zum Vergleich: FAZ 2,9% und SZ 12,9% Anteil deutscher Nachrichtenagenturen). Auch die Bewertung Chinas durch die Quelle Xinhua fällt überaus lobend aus. Fast jeder zweite Artikel bewertet China positiv (46,8% ‚eher lobend' und ‚sehr lobend', vgl. Tabelle 4 in Anhang I). Da China Daily als inoffizielles Sprachrohr der Regierung gilt und enge Kontakte zur kommunistischen Regierung in Peking und damit indirekt zu Xinhua unterhält, kann davon ausgegangen werden, dass der Einfluss von Xinhua auf China Daily höher ist als die 13,0% Anteil an der gesamten Olympiaberichterstattung andeuten lassen[88]. So hatte die kommunistische Regierung die Möglichkeit, über ihre Nachrichtenagentur Xinhua in die chinesische Olympiaberichterstattung von CD und SD einzugreifen und das darin vermittelte Chinabild zu beeinflussen und ggf. zu steuern.

Bei der Integration von Gastautoren/-kommentatoren in die Olympiaberichterstattung, die in CD (13,9%) und SD (11,4%) fast doppelt so hoch wie bei der FAZ und SZ (7,9%) ausfällt, sticht die hohe Anzahl von Artikeln bei China Daily hervor (n=32). Dies lässt ein Bestreben der Zeitung zu Meinungspluralismus, Expertenwissen und dank der vielen verschiedenen Herkunftsländer der Gastautoren internationalen Berichterstattung vermuten. In der Bewertung fällt jedoch auf, dass diese Quelle China äußerst positiv bewertet. Die Bewertung fällt mit 31,1% ‚eher lobend' und 31,1% ‚sehr lobend' aus, nicht

88 Während in der Shanghai Daily Xinhua als Quelle fast immer klar gekennzeichnet war, benannte China Daily als Teil ihres journalistischen Konzepts fast immer die Namen der Verfasser als Quelle (teilweise mit E-Mail Kontaktadresse). Bei der großen Menge an Journalistennamen, die in der Olympiaberichterstattung der China Daily erschienen sind, muss die Redaktion entweder ungewöhnlich groß gewesen sein oder Gastredakteure etwa von Xinhua in der Berichterstattung geholfen haben. Mangels besseren Wissens wurden die genannten Journalisten in der Codierung der Zeitungsredaktion bzw. den Gastautoren zugeordnet.

einmal Xinhua (46,8%) oder die chinesischen Olympiakorrespondenten (52,1%) bewerten positiver (vgl. Tabelle 4 in Anhang I). Es kann also davon ausgegangen werden, dass durch eine konsequente redaktionelle Auswahl und Beitragskorrektur die Gastautoren im Sinne der Zeitung und der KPCh schreiben und damit letztlich keine differenzierte Bewertung des Chinabildes vornehmen. Diese Strategie ist bei FAZ und SZ und ihren Gastautoren nicht erkennbar. Entgegen der eher kritischen Bewertung Chinas durch die eigenen Quellen bewerten die Gastautoren China mehrheitlich lobend (45,4% ‚eher lobend' und ‚sehr lobend' bei 31, 8% ‚eher kritisch'), dies lässt vermuten, dass die beiden Zeitungen keine direkte Strategie bei der Vermittlung des Chinabildes in ihrer Berichterstattung verfolgt haben.

6.2 Inhaltliche Kategorien der Olympiaberichterstattung

6.2.1 Themen der Olympiaberichterstattung

Die Themenkategorie muss als eine der wichtigsten Kategorien im Zusammenhang mit der Untersuchung des medial vermittelten Chinabildes in der Olympiaberichterstattung gesehen werden. Über die publizierten Themen werden die Leser über die Ereignisse vor, während, nach und rund um Olympia 2008 informiert. Die Selektion dieser olympischen Ereignisse als Nachrichtenthemen erfolgt nach bestimmten Kriterien, den bereits erwähnten Nachrichtenfaktoren (vgl. Kapitel 3.2). Der Nachrichtenfaktor Konflikt/ Kontroverse spielt in der chinesischen und olympischen Berichterstattung 2008 eine besondere Rolle und wird ergänzend zur Themenkategorie im folgenden Kapitel 6.2.2 genauer analysiert.

Die Thematisierung eines Ereignisses und der reine Anteil eines Themas an der jeweiligen Olympiaberichterstattung lässt wenig Rückschlüsse über das medial vermittelte Nationenbild Chinas zu, deshalb soll in dieser Untersuchung die Themenanalyse mit der themenspezifischen Bewertung Chinas kombiniert werden. Denn in Voruntersuchungen war auffällig, dass die chinesischen und deutschen Zeitungen vielfach über dieselben Themenbereiche berichteten, meist jedoch vor verschiedenen Hintergründen und mit unterschiedlichen thematischen Bewertungen Chinas[89]. Erst die Kombination aus Thema und themenspe-

---

89 Beispielsweise berichtete auch die chinesische China Daily über Tibet in ihrer Olympiaberichterstattung. Da

zifischer Bewertung Chinas erlaubt Rückschlüsse auf das gesuchte Nationenbild Chinas in der deutschen und chinesischen Berichterstattung.

Alle 634 Artikel der Olympiaberichterstattung konnten einem der Hauptthemen zugeordnet werden, wobei gerade zwischen den beiden deutschen und chinesischen Tageszeitungen signifikante Unterschiede bei den Themenschwerpunkten und der jeweiligen Bewertung Chinas auszumachen sind (vgl. Tabelle 5 im Text und Grafik 1 im Anhang).

Tab. 5: Hauptthemen der Olympiaberichterstattung

Hauptthema des Artikels	Name der Zeitung				Gesamt
	Frankfurter Allgemeine Zeitung	Süddeutsche Zeitung	China Daily	Shanghai Daily	
Portraits chinesischer Sportler	30 21,4%	15 10,7%	27 11,7%	33 26,8%	105 16,6%
Eröffnungsfeier/ Schlussfeier	8 5,7%	15 10,7%	25 10,8%	16 13,0%	64 10,1%
Chinesische Dopingfälle/ Dopingsystem	2 1,4%	6 4,3%	2 0,9%	2 1,6%	12 1,9%
Olympische Architektur/ Infrastruktur/ Olympisches Dorf	7 5,0%	7 5,0%	19 8,2%	11 8,9%	44 6,9%
Fackellauf	2 1,4%	3 2,1%	20 8,7%	6 4,9%	31 4,9%
Internetzensur/ Pressefreiheit Olympia	12 8,6%	20 14,3%	3 1,3%	2 1,6%	37 5,8%

Tibet ein kontroverses Thema im Bezug auf China ist, kann bei einem merklichen Anteil des Themas ‚Tibetpolitik' in der Berichterstattung angenommen werden, dass China Daily regierungskritisch sei. Diese erste Vermutung kann mit der themenspezifischen Bewertung Chinas genauer überprüft und ggf. widerlegt werden.

IOC-China	9 6,4%	6 4,3%	5 2,2%	2 1,6%	22 3,5%
Geschichten rund um Beijing 2008 (Gesellschaft, Organisation etc.)	38 27,1%	38 27,1%	66 28,6%	25 20,3%	167 26,3%
Luftqualität Peking	4 2,9%	4 2,9%	21 9,1%	16 13,0%	45 7,1%
Olympiatourismus	3 2,1%	1 0,7%	8 3,5%	6 4,9%	18 2,8%
Tibetpolitik China	4 2,9%	4 2,9%	4 1,7%	0 0,0%	12 1,9%
Menschenrechte China	8 5,7%	9 6,4%	7 3,0%	2 1,6%	26 4,1%
Verkehr/Infrastruktur-problem Peking	1 0,7%	0 0,0%	6 2,6%	0 0,0%	7 1,1%
Chinas Medien und Berichterstattung	2 1,4%	4 2,9%	13 5,6%	1 0,8%	20 3,2%
Anderes Thema	10 7,1%	8 5,7%	5 2,2%	1 0,8%	24 3,8%
Gesamt	140 100,0%	140 100,0%	231 100,0%	123 100,0%	634 100,0%

Größter Themenschwerpunkt aller Tageszeitungen mit Ausnahme der Shanghai Daily sind die ‚Geschichten rund um Beijing 2008', die mehr als ein Viertel der Berichterstattung ausmachen (FAZ 27,1%, SZ 27,1% und China Daily 28,6%). Diese Themenkategorie ist sehr offen gewählt worden und umfasst etwa Berichte über helfende Volunteers oder den Pekinger Alltag in Zusammenhang mit den Olympischen Spielen 2008. Die deutschen und chinesischen Zeitungen finden dabei innerhalb des Themas eine überwiegend lobende Bewertung Chinas. FAZ und SZ berichten in ihren ‚Geschichten rund um Beijing 2008 ‚eher lobend' (32,3%) bzw. ‚sehr lobend' (3,1%) über China (vgl. Tabelle 9 in Anhang I). Auch CD und SD berichten zu diesem Thema ‚eher lobend' (32,9%) bzw. ‚sehr lobend' (15,2%) über China (vgl. Tabelle 10 in Anhang I).

Zweitgrößter Themenschwerpunkt ist die Portraitierung chinesischer Sportler, die über ein Fünftel der FAZ und Shanghai Daily Berichterstattung (21,4% bzw. 26,8%) und ein Zehntel der SZ und China Daily Berichterstattung (10,7% bzw. 11,7%) ausmacht. Während dieses Thema für die chinesischen Zeitungen Anlass ist, China überwiegend zu loben (‚eher lobend' 36,4% und ‚sehr lobend' 16,4%), mischen sich in die deutsche Berichterstattung der FAZ und SZ deutlich kritischere Bewertungen Chinas mit ein (‚eher kritisch' 14,0% und ‚sehr kritisch' 14,0% bei 34,9% ‚eher lobend'). Neben den Erfolgsgeschichten der chinesischen Sportstars werden hier beispielsweise auch die harten Trainingsmethoden bei Nachwuchssportlern portraitiert. Neben diesen gemeinsamen Schwerpunkten in der Themenwahl setzen FAZ und SZ aber grundsätzlich andere Themenschwerpunkte als China Daily und Shanghai Daily.

Ausführlich berichteten FAZ und SZ über die Internetzensierung des Media Press Center in der Woche vor Olympia, die die internationale Presse betraf und weltweit thematisiert wurde. Die SZ berichtete mit 20 Artikeln (14,3%) und FAZ mit 12 Artikeln (8,6%), die neben der Internetzensur auch die allgemeine Pressefreiheit in China thematisieren. In der chinesischen Berichterstattung findet dieses Thema kaum Erwähnung. China Daily berichtet mit drei Artikeln (1,6%), Shanghai Daily mit zwei Artikeln (1,6%). Neben den deutschen Zeitungen, die sehr kritisch auf die Internetzensur reagieren und berichten (‚eher kritisch' 34,4% und ‚sehr kritisch' 21,9%), finden ebenso CD und SD in ihren wenigen Artikeln kritische Töne (‚eher kritisch' 40,0% und ‚sehr kritisch' 20,0%).

Auch die Thematisierung der Menschenrechte und der Tibetpolitik[90] Chinas finden überwiegend in den deutschen Zeitungen statt, wenn auch der Anteil an der gesamten Olympiaberichterstattung gering ausfällt. Die medialen Debatten um die Ausschreitungen in Tibet und damit verbunden die allgemeine Menschenrechtslage in Tibet und Gesamtchina wurden besonders im Frühjahr vor dem Beginn dieser Untersuchung geführt. Die FAZ berichtet in 12 Artikeln (8,6%) und die SZ in 13 Artikeln (9,3%) über beide Themen, während China

90 Die Tibetproblematik mit den Autonomiebestrebungen der Tibetaner kann auch als Teil der Menschenrechtsfrage in China angesehen werden. In der Codierung wurde hier dennoch unterschieden und alle Menschenrechtsthemen in China neben Tibet unter ‚Menschenrechte' codiert (vgl. Codebuch in Anhang III – Anhangsliste V18 Hauptthemen).

Daily auf 11 Artikel (4,7%) und Shanghai Daily auf zwei Artikel (1,6%) kommen. Während die beiden deutschen Zeitungen China sehr kritisch bewerten (Tibetpolitik: ‚sehr kritisch' 42,9% und Menschenrechte: ‚eher kritisch' 41,2% bzw. ‚sehr kritisch' 23,5%), finden die chinesischen Zeitungen mehrheitlich lobende Bewertungen Chinas (Tibetpolitik: ‚eher lobend' 25,0% und ‚sehr lobend' 25,0% bzw. Menschenrechte ‚eher lobend' 25%) (vgl. Tabellen 6 und 7 im Anhang I).

Gründe für die kritische Bewertung von FAZ und SZ liegen in der thematischen Ausrichtung und dem Aufzeigen der Menschenrechtsverletzung und der chinesischen Okkupation in Tibet, während China Daily und Shanghai Daily vor allem über die Fortschritte in der Infrastruktur und der Wirtschaft von Tibet durch die Regierung in Peking berichten.

Die Luftqualität von Peking ist wiederum ein Themenschwerpunkt der beiden chinesischen Tageszeitungen, den FAZ und SZ für ihre Olympiaberichterstattung kaum aufgreifen. CD berichtete mit 21 Artikeln (9,1%) und Shanghai Daily mit 16 Artikeln (13,0%) deutlich häufiger über dieses Thema als FAZ und SZ mit jeweils 4 Artikeln (2,9%). Im Gegensatz zu den deutschen Zeitungen, die China in diesem Zusammenhang ‚eher kritisch' (71,4%) bewerten, wird China in Bewertung von CD und SD ‚eher gelobt' (55,6%) bzw. ‚sehr gelobt' (2,8%). Während FAZ und SZ die Missstände aufzeigen und den häufigen Smog in der chinesischen Hauptstadt kritisieren, berichten CD und SD über Maßnahmen der KPCh zur Reduzierung des Smogs und loben die erklärten Fortschritte.

Die große Eröffnungs-/Schlussfeier war für China die Möglichkeit, sich der Welt zu präsentieren und wurde auch in der Berichterstattung der vier untersuchten Zeitungen thematisiert. CD und SD berichten mit einem prozentualen Anteil von 10,8% (n=25) bzw. 13,0% (n=16) häufiger als FAZ und SZ mit 5,7% (n=8) bzw. 10,7% (n= 15). Die Bewertung Chinas bei der Eröffnungs-/Schlussfeier durch CD und SD fällt fast ausschließlich lobend aus (‚eher lobend' 40,0% und ‚sehr lobend' 28,6%), FAZ und SZ bewerten China in der Eröffnungs-/Schlussfeier hingegen unterschiedlich (‚eher kritisch' 20,0% und ‚eher lobend' 20,0%). Auch die Olympische Architektur mit dem Nationalstadion als sichtbares Symbol von Peking 2008 findet eine umfangreichere Thematisierung in den chinesischen Zeitungen (CD 8,2% und SD 8,9%) sowie in FAZ (5,0%) und SZ (5,0%). Dafür fiel die Bewertung Chinas auf beiden Seiten überwiegend lobend aus[91].

[91] Im Text wurden nur ausgewählte und aussagekräftige Ergebnisse präsentiert. Die weiteren Themen finden sich in Tabelle 3 im Text und die dazugehörigen themenspezifischen Bewertungen Chinas in Tabelle 9 (FAZ

Die Bewertung Chinas in der Berichterstattung beider Seiten war somit themenabhängig und variierte mitunter stark. Generell ist jedoch festzuhalten, dass die deutschen Zeitungen China kritischer in ihrer Berichterstattung bewerten als China Daily und Shanghai Daily. Während jedoch FAZ und SZ China auch lobend darstellen, kritisieren CD und SD mit Ausnahme des Randthemas ‚Internetzensur/Pressefreiheit' China fast überhaupt nicht.

Im folgenden Kapitel soll mit der Analyse der Nebenthemen zusätzlich untersucht werden, ob sich diese erste Einschätzung bestätigen oder ergänzen lässt. Mit der Analyse des thematischen Erscheinungsverlaufs soll zudem in einem weiteren Unterkapitel untersucht werden, ob sich das vermittelte Chinabild durch eine Änderung der Themenschwerpunkte im Verlauf der Olympischen Spiele ändert.

6.2.1.1 Nebenthemen der Olympiaberichterstattung

Bei der inhaltsanalytischen Untersuchung wurden neben den Hauptthemen der Olympiaberichterstattung auch bis zu zwei Nebenthemen codiert, um zusätzliche thematische Informationen für die Untersuchung zu erfassen, die ebenso zur Ermittlung des gesuchten Chinabildes beitragen können und so eine Verzerrung der Ergebnisse verhindern[92].

Neben den Hauptthemen, die alle 634 codierten Artikel der Inhaltsanalyse aufweisen, konnte in 157 Artikeln (24,7%) ein erstes Nebenthema und in 34 Artikeln (5,3%) zusätzlich ein zweites Nebenthema codiert werden (vgl. Tabelle 8 und 9 in Anhang I). Insgesamt wurden so 825 Themen als Haupt- und Nebenthemen codiert. Die deutschen FAZ und SZ berichten dabei mit einer größeren Anzahl von Nebenthemen über die Olympischen Spiele als China Daily und Shanghai Daily. 38,6% der FAZ-Artikel beinhalten ein Nebenthema (n=54), davon entfallen auf 17 Artikel noch ein zweites Nebenthema (12,1%). Die SZ berichtet in 26,4% ihrer Artikel über ein Nebenthema (n=37), davon beinhalten 7 Artikel (5%) ein zweites Nebenthema. Auf der chinesischen Seite ist neben der China Daily, die mit 21,2% (n=49) und 4,3% (n=10) über ein bzw. zwei Nebenthemen berichten, besonders die Shanghai Daily mit einer niedrigen Anzahl von Nebenthemen auffällig. Gerade 13,8% der Olympiaartikel enthalten ein Nebenthema, ein zweites Nebenthema ist in

und SZ) und Tabelle 10 (CD und SD) im Anhang I.

92 Die genauen Codieranweisungen für Haupt- und Nebenthemen befinden sich im Codierbuch im Anhang III. Im Kapitel wird wie folgt abgekürzt: Hauptthema = HT, Nebenthema I = NT1 und Nebenthema II = NT2.

der gesamten Olympiaberichterstattung von Shanghai Daily nicht zu identifizieren (vgl. Tabelle 9 in Anhang I). Gründe sind in ihrer Erscheinungsform als Regionalzeitung und dem hohen Anteil fremdproduzierter Berichterstattung (etwa durch Xinhua vgl. Kapitel 6.1.5) zu sehen.

Auffällig bei den Nebenthemen der deutschen Berichterstattung ist der hohe Anteil von kontroversen Themen für China (vgl. Kapitel 6.2.2). Den 54 Artikeln der FAZ, die ein Nebenthema beinhalten, lassen sich allein 29 Artikel (53%) zuordnen, die das ‚Chinesische Dopingsystem' (n=5), die ‚Internetzensur/Pressefreiheit' (n=3), die ‚Luftqualität Pekings' (n=4), ‚Tibetpolitik Chinas' (n=6) und ‚Menschenrechte' (n=11) thematisieren (vgl. Tabelle 8 in Anhang I). Die SZ berichtet in 16 von 37 Artikeln (43%) nebenthematisch über die genannten kontroversen Themen[93]. Ausgehend von einem ähnlich hohen Anteil in den zweiten Nebenthemen (FAZ: n=10 von 17 [58,8%] und SZ: n=3 von 7 [42,8%]) und einer weitgehend kritischen Bewertung Chinas in diesen Themen (vgl. Kapitel 6.2.1), korrigieren die Nebenthemen die Hauptthemenschwerpunkte und verstärken die mehrheitlich kritische Bewertung Chinas durch FAZ und SZ.

Umgekehrt stützen die untersuchten Nebenthemen von China Daily und Shanghai Daily durch ähnlich geringe Darstellung von kontroversen Themen (CD bei NT1: n=17 [34,2%] und SD bei NT1: n=2 [11,7%]) bei gleichzeitig hoher Anzahl von China lobenden Themen wie die ‚Olympische Architektur' oder die ‚Eröffnungs-/Schlussfeier' (vgl. Kapitel 6.2.1) die Ergebnisse der Hauptthemenanalyse mit ähnlichen Themenschwerpunkten und einer durchweg lobenden Bewertung Chinas.

6.2.1.2 Erscheinungsverlauf der Themen in der Olympiaberichterstattung

Die Untersuchung des thematischen Erscheinungsverlaufes soll Aufschluss über die Veränderung der Themenschwerpunkte in der Olympiaberichterstattung der vier Tageszeitungen geben und damit Rückschlüsse auf eine mögliche Veränderung des Chinabildes durch die Olympischen Spiele 2008 zulassen, nach der explizit in der zweiten forschungsleitenden Frage gefragt wird (vgl. Kapitel 5.1).

Hierfür wurde die Stichprobe in drei zeitliche Abschnitte unterteilt, die sich in die vorolympische Berichtererstattung (01.07.-07.08.08), die Berichterstattung während der Austragung (08.08.-24.08.08) und die Berichterstattung der

93 In ihren Hauptthemen berichten FAZ und SZ nur mit einem prozentualen Anteil von 21,4% (n=30) bzw. 32,1% (n=45) über die genannten Themen.

nacholympischen Woche (25.08.-31.08.08) untergliedert (vgl. Tabellen 10-12 in Anhang I).

Die olympische Vorberichterstattung aller vier Zeitungen zeichnet sich durch die größte Themenvielfalt der drei Zeitabschnitte aus. Die Berichterstattung während und nach den Olympischen Spielen fokussiert sich hingegen deutlicher auf einzelne Themenschwerpunkte. Dieses erste Ergebnis soll im Folgenden genauer für die chinesischen und deutschen Tageszeitungen analysiert werden.

Größter Themenschwerpunkt in der chinesischen Vorberichterstattung von China Daily und Shanghai Daily waren die ‚Geschichten rund um Beijing 2008' (CD 26,0% und SD 22,7%), gefolgt vom ‚Fackellauf' (CD 14,6% und SD 9,1%), der ‚Olympischen Architektur' (CD 8,1% und SD 16,7%) und der ‚Luftqualität Peking' (CD 8,9% und SD 13,6%). Diese Themenschwerpunkte tragen allesamt zu einem positiven Bild von China bei, indem sie die Olympiabegeisterung und Gastfreundschaft der Chinesen, den Fackellauf als Triumphmarsch und die architektonisch beeindruckenden Stadien als Symbole des technischen Fortschrittes Chinas thematisieren. Mit der Luftqualität Pekings greifen die Zeitungen zwar ein kontroverses Thema auf, fokussieren dieses jedoch auf die Fortschritte und Verbesserungsmaßnahmen der Luftqualität (vgl. Kapitel 6.2.1). Die Schwerpunkte der Berichterstattung während der Olympischen Spiele ändern sich in beiden chinesischen Zeitungen in Richtung von ‚Portraits chinesischer Sportler' (CD 18,5% und SD 54,2%) und der ‚Eröffnungs-/Schlussfeier' (CD 13,0% und SD 12,5%) bzw. bleiben mit den ‚Geschichten rund um Beijing 2008' (CD 29,3% und SD 18,8%) und der ‚Luftqualität Pekings' (CD 10,9% und SD 12,5%) unverändert (vgl. Tabelle 11 in Anhang I). Die aufwändige Eröffnungs- und Abschlussfeier sowie die Portraitierung chinesischer Sportler, die mit 51 gewonnenen Goldmedaillen bei Olympia überaus erfolgreich abschnitten, tragen als Themen ebenfalls zu einer positiven Darstellung Chinas in den Medien bei. Kontroverse Themen wie die ‚Internetzensur/Pressefreiheit', ‚Tibetpolitik' oder ‚Menschenrechte', die noch in der vorolympischen Berichterstattung vereinzelt angesprochen wurden, fehlen während Olympia mit lediglich vier Artikeln in beiden Zeitungen nahezu gänzlich. Die Themenschwerpunkte der Berichterstattung während Olympia prägen auch die ausklingende Berichterstattung in der nacholympischen Woche (vgl. Tabelle 12 in Anhang I). Neben den ‚Geschichten rund um Beijing' (CD 43,8% und SD 11,1%) und den ‚Portraits chinesischer Sportler' (CD 6,3% und SD 22,2%) dominiert die Berichterstattung zur Abschlussfeier von Peking 2008 (CD 25,0% und SD 55,6%).

Im thematischen Erscheinungsverlauf der deutschen Tageszeitungen FAZ und SZ lassen sich andere Themenschwerpunkte ausmachen. Dominierendes Thema in der Vorberichterstattung ist die ‚Internetzensur/Pressefreiheit' (FAZ 18,2% und SZ 24,3%) gefolgt von ‚Geschichten rund um Beijing 2008' (FAZ 13,6% und SZ 21,4%), den ‚Portraits chinesischer Sportler' (FAZ 16,7% und 5,7%) und ‚IOC-China' (FAZ 9,1% und SZ 5,7%) (vgl. Tabelle 10 in Anhang I). Mit der Internetzensur des internationalen Mediencenters und dem Konflikt zwischen dem IOC und China[94] bestimmen auch zwei kontroverse Themen die Vorberichterstattung von FAZ und SZ. Anders als die „klassischen" langwierigen Konfliktthemen wie Tibet, Menschenrechte oder Umweltverschmutzung haben diese beiden Themenschwerpunkte jedoch einen aktuellen Olympiabezug.

Die Schwerpunkte der deutschen Berichterstattung während der Olympischen Spiele ändern sich thematisch wie in der chinesischen Berichterstattung in Richtung von ‚Portraits chinesischer Sportler' (FAZ 27,7% und SZ 16,7%) und der ‚Eröffnungsfeier-/Schlussfeier' (FAZ 9,2% und SZ 11,7%). Die Portraitierung der chinesischen Sportler kann als Teilbereich der Sportberichterstattung gesehen werden, die während Olympia den überwiegenden Teil der Berichterstattung aller untersuchten Zeitungen ausmacht und so die Bedeutung dieses Themenschwerpunktes erklärt[95]. Dominierendes Thema der Berichterstattung während Olympia sind die ‚Geschichten rund um Beijing 2008', die über ein Drittel der gesamten Berichterstattung in diesem Zeitraum ausmachen (FAZ 40,0% und SZ 33,3%). Themen wie die ‚Internetzensur/Pressefreiheit' (FAZ 0,0% und SZ 5,0%), ‚IOC-China' (FAZ 1,5% und SZ 3,3%) oder die ‚Tibetpolitik Chinas' (FAZ 1,5% und SZ 1,7%) rücken dagegen während Olympia in den Hintergrund.

Auch nach dem Ende der Olympischen Spiele bestimmen die Themen ‚Geschichten rund um Beijing' (FAZ 33,3% und SZ 30,0%), ‚Portraits chinesischer Sportler' (FAZ 11,1% und SZ 11,0%) sowie Berichte über die Abschlussfeier (SZ 30,0%) die auslaufende Olympiaberichterstattung von FAZ und SZ (vgl. Tabelle 12 in Anhang I). Kontroverse Themen werden in der nacholympischen

94 Mit der Vergabe der Olympischen Spiele an China forderte das Internationale Olympische Komitee (IOC) innenpolitische Veränderungen in China wie eine Ausweitung der Pressefreiheit oder Verbesserung der Menschenrechtslage. Gerade aus der westlichen Presse wie auch der FAZ und SZ wurde vor den Spielen von Peking die Kritik laut, dass sich das IOC zu sehr von China und seinen mündlichen Versprechen habe blenden lassen und von der KPCh für ihre Interessen instrumentalisiert wurde.

95 Die reine Sportberichterstattung wird nicht in die inhaltsanalytische Untersuchung mit einbezogen, da sie wenige direkte Hinweise auf das gesuchte Nationenbild Chinas enthält. Die Portraitierung chinesischer Sportler ist zwar auch der Sportberichterstattung zuzurechnen, erklärt jedoch mit seiner Darstellungsform Portrait bzw. Reportage häufig Hintergründe und zeigt für die Untersuchung relevante Zusammenhänge auf.

Berichterstattung von FAZ und SZ nur noch selten berücksichtigt. So beinhalten zwei Artikel der FAZ die Menschenrechtslage in China (22,2%) und ein Bericht der SZ die Tibetproblematik (10,0%).

6.2.2 Konflikt/ Kontroverse

Auf die Erfassung der Themen und ihres Erscheinungsverlaufs während der Olympiaberichterstattung folgt ergänzend eine Überprüfung des Nachrichtenfaktors ‚Negativität' (Galtung/Ruge 1965) bzw. des Nachrichtenfaktors ‚Konflikt' aus der Faktorendimension ‚Valenz' (Schulz 1976/1990), um einen genaueren Eindruck von der Positivität bzw. Negativität der Olympiaberichterstattung zu erhalten und so weitere Rückschlüsse auf das medial vermittelte Nationenbild von China zu erhalten.

Um den Nachrichtenfaktor ‚Konflikt/Kontroverse' präzise in dieser Studie zu ermitteln, wurden folgende inhaltliche Merkmale definiert, die im speziellen China betreffen und die codiert wurden: 1. Tibetpolitik Chinas, 2. Menschenrechte in China, 3. Tian'anmen-Massaker 1989, 4. Umweltverschmutzung, 5. Politische Intransparenz/ Korruption, 6. Pressefreiheit/Internetzensur, 7. Chinesischer Dopingmissbrauch im Sport (vgl. ausführliche Codieranweisung im Codebuch im Anhang III).

Bei der Erwähnung konflikthaltiger Themen bzw. dem Anteil konflikthaltiger Themen an der Gesamtberichterstattung unterscheidet sich die Olympiaberichterstattung von FAZ und SZ deutlich zu den chinesischen Zeitungen China Daily und Shanghai Daily. FAZ und SZ berichten mit 60 Artikeln (49,2%) bzw. 61 Artikeln (46,2%) in beinahe der Hälfte ihrer gesamten Olympiaberichterstattung über konflikthaltige Themen. Die Berichterstattung von China Daily und Shanghai Daily beinhaltet mit 54 Artikeln (27,1%) bzw. 29 Artikeln (27,4%) einen deutlich geringeren Anteil an kontroversen Themen (vgl. Tabelle 13 in Anhang I). Das Verhältnis von konflikthaltigen und nicht konflikthaltigen Themen kann so im Falle von FAZ und SZ mit 1:1 angegeben werden, im chinesischen Fall bei CD und SD mit 1:3. Gerade im chinesischen Fall ist dennoch erstaunlich, dass jeder vierte Artikel in der Olympiaberichterstattung ein für China konflikthaltiges Thema enthält.

> *"It's possible to report on controversial subjects. […] We're doing it because we think it's the right thing to do. So generally it's possible to write about controversial subjects but you have*

to be careful and find out the truth. The facts have to be proved and can't be mixed with guesswork or doubts." (Ma 2009: 5. Interview in Anhang IV)

Im folgenden Abschnitt soll untersucht werden, auf welche Themen sich der Anteil von Konflikt/Kontroverse verteilt und mittels der thematischen Bewertung Chinas aus Kapitel 6.2.1 analysiert werden, inwiefern – besonders im chinesischen Fall – ein hoher Anteil konflikthaltiger Themen wirklich zu einer kritischen Berichterstattung und damit auch negativen Nationenbilddarstellung Chinas führt.

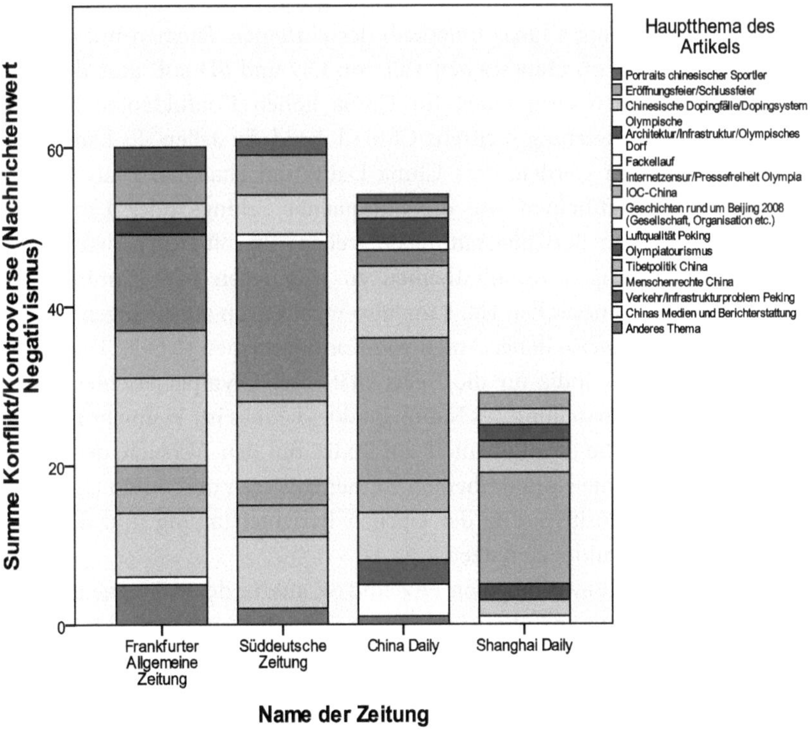

Grafik 2: Themen mit Konflikt/ Kontroverse in der Olympiaberichterstattung

Den größten Anteil in der deutschen Berichterstattung von FAZ und SZ hatte das Thema ‚Internetzensur/ Pressefreiheit mit 30 konflikthaltigen Artikeln (von insgesamt 32 Artikeln zum Thema), während in der Berichterstattung von CD und SD das Thema ‚Luftqualität Peking' mit 32 konflikthaltigen Artikeln (von insgesamt 36 Artikeln zum Thema) dominiert (vgl. Grafik 2 und Tabelle 14 in Anhang I). Weitere konflikthaltige Themen bei FAZ und SZ sind ‚Menschenrechte' mit 17 Artikeln (von insgesamt 17 Artikeln zum Thema), aber auch vermeintlich nicht kontroverse Themen wie die ‚Geschichten rund um Beijing 2008' mit 21 Artikeln (von insgesamt 65 Artikeln) und die ‚Eröffnungs-/Schlussfeier' mit 9 Artikeln (von insgesamt 20 Artikeln). Schwerpunkte bei den konflikthaltigen Artikeln von CD und SD sind die Themen ‚Geschichten rund um Beijing 2008' mit 11 Artikeln (von insgesamt 79 Artikeln) und ‚Menschenrechte' mit 8 Artikeln (von insgesamt 8 Artikeln). Bezieht man jedoch die Bewertung Chinas innerhalb der einzelnen Themen mit ein (vgl. Kapitel 6.2.1), fällt im chinesischen Fall von CD und SD auf, dass die angesprochenen Themen zwar einen für China hohen Konfliktanteil besitzen, jedoch in ihrer Bewertung meistens China lobend darstellen. Es kann daher davon ausgegangen werden, dass China Daily und Shanghai Daily bewusst bestimmte Konfliktthemen wie die Luftqualität Pekings oder Umweltverschmutzung in ihrer Berichterstattung aufgreifen, um mit Gegendarstellungen und Erfolgsmeldungen Konfliktthemen zu widerlegen bzw. zumindest zu entschärfen. Im chinesischen Fall kann also nicht davon ausgegangen werden, dass ein vergleichsweise hoher Anteil von Konfliktthemen (CD 27,1% und SD 27,4%) ein sicheres Indiz für die Negativität ihrer Olympiaberichterstattung und letztlich der Darstellung des Nationenbildes Chinas ist. Vielmehr ist dieser vergleichsweise hohe Konfliktanteil ein Indiz für den Versuch der beiden Zeitungen, bestimmte Konfliktthemen zu thematisieren und durch Gegendarstellung für eine Positivierung der eigenen Berichterstattung und des darin vermittelten Chinabildes zu nutzen.

Anders fällt die Bewertung von FAZ und SZ aus, in deren Themen mit hohem Konfliktanteil China überwiegend kritisiert wird (vgl. Kapitel 6.2.1) und so der hohe Anteil von kontroversen Themen mit einer hohen Negativität der Olympiaberichterstattung und des Nationenbildes Chinas einhergeht.

> *„In der Olympia-Berichterstattung der FAZ wurden grundsätzlich alle Themen mit Bezug zu Olympia behandelt und das hat natürlich auch nicht vor konflikthaltigen Themen halt gemacht. Besonders unsere erfahrenen Korrespondenten haben im politischen Teil und im Feuilleton über die Tibet-*

politik, Menschenrechtsfragen oder das politische System berichtet. In unserem Sportteil haben wir uns auch kritisch mit den Spielen in Peking auseinandergesetzt.“ (Simeoni 2009: 4. Interview im Anhang IV)

Vor diesem Hintergrund ist auch der zeitliche Erscheinungsverlauf von konflikthaltigen Artikeln von Bedeutung, da hier Rückschlüsse auf eine mögliche Veränderung des Chinabildes in der Olympiaberichterstattung gezogen werden können, nach der in der zweiten forschungsleitenden Frage explizit gefragt wird.

Auffällig ist die niedrige Anzahl konflikthaltiger Artikel in der vorolympischen Berichterstattung und der starke Anstieg in den beiden Wochen vor der Eröffnungsfeier am 08.08.08 (vgl. Abbildung 8 Erhebungstag/Datum 26 – 38). Die hohe Anzahl von Konflikt/ Kontroverse in FAZ und SZ deutet einerseits auf die erhöhte Nachrichtenrelevanz Olympias kurz vor Beginn der Spiele, andererseits auf eine erhöhte Negativität ihrer Berichterstattung und Chinadarstellung hin. Auch in der Berichterstattung von CD und SD steigt die Anzahl konflikthaltiger Artikel kurz vor Olympia moderat an. Gemäß den vorangegangenen Ergebnissen führt dies bei CD und SD aber nicht zu einer Negativierung der Berichterstattung und des Chinabildes.

Mit dem Verlauf der Olympischen Spiele nimmt auch die Anzahl konflikthaltiger Artikel stark ab, die reine Sportberichterstattung steht im Vordergrund. Erst mit der Schlussfeier und in den Tagen nach Olympia steigt der Anteil konflikthaltiger Artikel in allen Zeitungen mit Ausnahme der China Daily wieder kurzfristig an, erreicht jedoch nicht die hohe Anzahl konflikthaltiger Artikel kurz vor Beginn der Olympischen Spiele (vgl. Abbildung 8 Erhebungstag/Datum 55-61). Der Rückgang des Faktors Konflikt/ Kontroverse während und nach Olympia 2008 kann im Falle der deutschen Zeitungen erste Hinweise auf eine Veränderung des vermittelten Chinabildes liefern, das nicht mehr so stark von den klassischen Konfliktthemen wie Tibet und Menschenrechtsfragen geprägt ist, sondern vermehrt andere Themen integriert und sich somit ausdifferenziert hat.

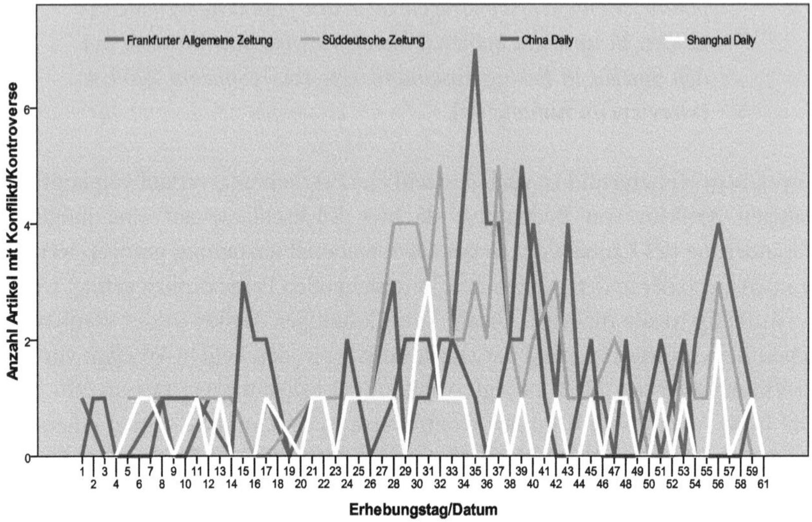

Abb. 8: Zeitlicher Verlauf Konflikt/ Kontroverse

6.2.3 Chinesische Handlungsträger

Als Handlungsträger gelten nicht nur einzelne Personen. Auch Gruppen, öffentliche Einrichtungen oder Parteien können Handlungsträger darstellen und werden in dieser Untersuchung erfasst und codiert (vgl. Merten 1995: 321). Handlungsträger können die Auslöser von Ereignissen sein, sie können an ihnen beteiligt oder von ihnen betroffen sein. Im Unterschied zu den untersuchten Aussageträgern (vgl. Kapitel 6.2.4.2 und 6.2.4.3) treffen sie keine Aussage und Bewertung über China, ihre Erwähnung und Darstellung lässt allerdings Rückschlüsse auf die Selektionsmechanismen der Olympiaberichterstattung und damit auch indirekt auf die beabsichtigte Darstellung des vermittelten Chinabilds zu.

Auf beiden Seiten, sowohl bei FAZ und SZ wie auch bei CD und SD, ist ein hoher Anteil von Handlungsträgern auszumachen. Nur jeder zehnte Artikel in der gesamten Berichterstattung kommt ohne direkten Handlungsträger aus (vgl. Tabelle 6). Auch die Schwerpunkte bei den Handlungsträgern ähneln sich in den beiden deutschen und chinesischen Zeitungen häufig. So waren die chinesische Regierung und die Kommunistische Partei in allen vier Zeitungen der häufigste Handlungsträger (FAZ 34,4%, SZ 39,4%, CD 36,2% und SD 34,9%). Dies ist ein Indiz für eine hohe Politisierung der Olympiaberichterstattung, sowohl in den untersuchten chinesischen als auch in den deutschen

Tageszeitungen. In der Berichterstattung von CD und SD werden die Regierung und KPCh häufig mit Erfolgsmeldungen rund um Olympia in Verbindung gebracht, was letztlich dem Ziel einer weiteren Legitimierung und Manifestierung von Machtansprüchen der KPCh gedient haben kann. In der Berichterstattung von FAZ und SZ waren die chinesische Regierung bzw. KPCh häufig in konflikthaltigen Themen Handlungsträger, etwa bei Menschenrechtsfragen oder der Internetzensur und Pressefreiheit. Diese politisierte und regierungskritische Berichterstattung von FAZ und SZ verdeutlichen auch die Handlungsträger ‚Chinesische Dissidenten/Kritiker von Chinas Regierung'. Während diese Handlungsträger in der chinesischen Berichterstattung keine Erwähnung finden (lediglich die CD berichtet in einem Artikel ihrer gesamten Berichterstattung über Regierungskritiker, vgl. Tabelle 6), berichteten SZ und FAZ mit 6,8% (n=9) bzw. 2,5% (n=3) über regierungskritische Handlungsträger wie Exiltibeter oder Menschenrechtsaktivisten.

> *„Ich selbst habe Konfliktthemen im Rahmen meiner olympischen Vorberichterstattung und Ereignisberichterstattung aufgegriffen, es gab etwa ein Porträt über die Auslandstibeter, welche den Protest gegen den Fackellauf orchestrierten[...]." (Hahn 2009: 4)*

Eine weitere wichtige Gruppe von Handlungsträgern sind chinesische Sportler, da es sich bei den Olympischen Spielen um ein Sportgroßereignis handelt[96]. FAZ und Shanghai Daily berichten mit 31 Artikeln (25,4%) bzw. 34 Artikeln (32,1%) deutlich häufiger über chinesische Sportler als SZ und China Daily mit 19 Artikeln (14,4%) bzw. 27 Artikeln (13,6%), da FAZ und SD ihre Olympiaberichterstattung deutlich häufiger mit Portraits chinesischer Sportler ergänzen (vgl. Tabelle 5 in Kapitel 6.2.1).

Auch die Bevölkerung Chinas taucht in den untersuchten Zeitungen als häufiger Handlungsträger in der Berichterstattung auf. Quantitative Unterschiede sind zwischen den deutschen und chinesischen Zeitungen gering, FAZ und SZ stellen die chinesische Bevölkerung mit einem prozentualen Anteil von 13,9% bzw. 14,4% als Handlungsträger dar, CD und SD mit 16,1% bzw. 12,3% (vgl. Tabelle 6).

96 Deutsche Sportler sowie Sportler anderer Nationen wurden im Codebuch nicht erfasst, da sie keine bzw. nur geringe Hinweise auf das in der Berichterstattung vermittelte Chinabild liefern. Bei einer theoretischen Codierung hätten deutsche Sportler wie auch die Olympiateilnehmer anderer Nationen eine ähnlich große Gruppe von Handlungsträgern in der untersuchten Berichterstattung gebildet.

Tab. 6: Haupthandlungsträger

Chinesische Handlungsträger/Akteur	Frankfurter Allgemeine Zeitung	Süddeutsche Zeitung	China Daily	Shanghai Daily	
kein Handlungsträger	13 10,7%	11 8,3%	23 11,6%	6 5,7%	53 9,5%
Chinesische Sportler	31 25,4%	19 14,4%	27 13,6%	34 32,1%	111 19,9%
Regierung, Regierungschef, Kommunistische Partei	42 34,4%	52 39,4%	72 36,2%	37 34,9%	203 36,3%
Chinesische Dissidenten/ Kritiker von Chinas Regierung	3 2,5%	9 6,8%	1 0,5%	0 0,0%	13 2,3%
Mitwirkende der Eröffnungsfeier/ Schlussfeier	4 3,3%	10 7,6%	20 10,1%	11 10,4%	45 8,1%
Volunteers/ Freiwillige Helfer	7 5,7%	2 1,5%	10 5,0%	4 3,8%	23 4,1%
Chinesische Medien	4 3,3%	5 3,8%	6 3,0%	0 0,0%	15 2,7%
Bevölkerung Chinas rund um Olympia und Peking	17 13,9%	19 14,4%	32 16,1%	13 12,3%	81 14,5%
Chinesische Sponsoren/Unternehmen	0 0,0%	1 0,8%	3 1,5%	0 0,0%	4 ,7%
Chinesische Trainer/ Betreuer	0 0,0%	0 0,0%	0 0,0%	1 0,9%	1 ,2%
Andere	1 0,8%	4 3,0%	5 2,5%	0 0,0%	10 1,8%

Gesamt	122 100,0%	132 100,0%	199 100,0%	106 100,0%	559 100,0%

Die Handlungsträgerschwerpunkte ähneln sich so auf beiden Seiten, mit der entscheidenden Ausnahme der Handlungsträger ‚Chinesische Dissidenten/ Kritiker von Chinas Regierung'. Ein Ergebnis, das durch die weiterführende Analyse der Nebenhandlungsträger I und II, die im Rahmen dieser Untersuchung ebenfalls codiert wurden, gestärkt wird. Neben den gemeinsamen Handlungsträgern ‚Chinesische Sportler', der ‚Bevölkerung Chinas' und ‚Regierung, Regierungschef, Kommunistische Partei', die sich auch als häufige Nebenhandlungsträger in der Berichterstattung identifizieren lassen, ist besonders die vergleichsweise häufige Darstellung von chinesischen Dissidenten und Regierungskritikern als Nebenhandlungsträger in der Berichterstattung von FAZ und SZ auffällig (vgl. Tabelle 15 und 16 in Anhang I). Die FAZ berichtete in 6 Artikeln und SZ in 4 Artikeln über regierungskritische Nebenhandlungsträger. So lässt die vergleichsweise häufige Darstellung von Regierungskritikern Chinas als Haupthandlungsträger bzw. Nebenhandlungsträger in Kombination mit Haupthandlungsträgern wie etwa der chinesischen Regierung/ KPCh auf eine kritische Berichterstattung von FAZ und SZ hindeuten, was sich letztlich auch auf das vermittelte Bild Chinas auswirken kann.

6.2.4 Bewertungen Chinas

Mit der Bewertung Chinas, die im Rahmen dieser Untersuchung getrennt in explizite Bewertung, also direkt vom Verfasser/Autor des Artikels geäußert und implizite Bewertung und der Darstellung von Aussageträgern und ihrer Aussagen in der Berichterstattung codiert wurde (vgl. Codebuch in Anhang III), können direkte Hinweise auf das in der Olympiaberichterstattung vermittelte Nationenbild Chinas erfasst werden[97]. In Kombination mit der Themenkategorie (Ergebnisse in Kapitel 6.2.1) und Quellenkategorie (vgl. Kapitel 6.1.5) konnte bereits genauer untersucht werden, in welchen Themenbereichen und von welchen Quellen China lobend oder kritisch bewertet wird. Mit

[97] Die Bewertung Chinas – ob explizit oder implizit – wird aus der Analyse der Textmerkmale abgeleitet und in die drei Tendenzen `negativ – neutral – positiv`unterschieden. So geben z.B. bestimmte Adjektive, Worthäufungen oder Textfragmente, die als konflikthaltig eingeordnet werden können (Definition vgl. Kapitel 6.2.2) Hinweise auf die Bewertungsrichtung. Noch genauere Unterscheidungen würde nur eine qualitative Inhaltsanalsye ermöglichen, auf die in dieser Analyse aufgrund des umfangreichen Untersuchungsmaterials verzichtet werden musste.

der Analyse der Bewertung Chinas vor, während und kurz nach den Olympischen Spielen kann zudem eine Bewertungsänderung oder Bewertungsmanifestierung des Chinabildes in den untersuchten Zeitungen überprüft werden und so Ergebnisse für die Beantwortung der zweiten forschungsleitenden Frage geliefert werden.

6.2.4.1 Explizite Bewertungen

Mit einer expliziten Bewertung, in diesem Fall zum Bild Chinas in der Berichterstattung der Olympischen Spiele, steuern die Verfasser/Autoren die Sichtweise und Meinungsbildung der Rezipienten in entscheidender Weise mit. Andere Faktoren wie die Auswahl von Themen, Handlungsträgern oder die formale Präsentation wirken zusätzlich auf die Darstellung und Vermittlung eines Chinabildes, jedoch in geringerem Maße.

Im Falle der Olympiaberichterstattung der vier untersuchten Tageszeitungen lässt sich ein hoher prozentualer Anteil an expliziter Wertung feststellen, was auf eine mehrheitlich meinungsbildende Berichterstattung hindeutet. Bei der deutschen FAZ und SZ erschienen lediglich 23,0% (n=28) bzw. 19,7% (n=26) der Olympiaartikel ohne explizite Wertung. China Daily und Shanghai Daily weisen eine weniger bewertungsintensive Berichterstattung auf (CD 35,2% ohne explizite Wertung, SD 33,0%) (vgl. Tabelle 7). Entscheidend ist die Ausprägung der Bewertung Chinas, die in der Olympiaberichterstattung von FAZ und SZ deutlich kritischer ausfällt als in CD und SD. Während die chinesischen Zeitungen kaum ‚sehr kritisch' berichten (CD 0,5% und SD 0,0%), bewerteten 14 Artikel der FAZ (11,5%) und 19 Artikel der SZ (14,4%) China sehr kritisch.

Tab. 7: Explizite Bewertungen Chinas

	Name der Zeitung				
Explizite Bewertung Chinas im Kontext	Frankfurter Allgemeine Zeitung	Süddeutsche Zeitung	China Daily	Shanghai Daily	Gesamt
keine explizite Wertung	28 23,0%	26 19,7%	70 35,2%	35 33,0%	159 28,4%
sehr kritisch	14 11,5%	19 14,4%	1 0,5%	0 0,0%	34 6,1%

eher kritisch	23 18,9%	42 31,8%	9 4,5%	5 4,7%	79 14,1%
neutral/ ausgewogen	23 18,9%	25 18,9%	17 8,5%	12 11,3%	77 13,8%
eher lobend	29 23,8%	18 13,6%	67 33,7%	43 40,6%	157 28,1%
sehr lobend	5 4,1%	2 1,5%	35 17,6%	11 10,4%	53 9,5%
Gesamt	122 100,0%	132 100,0%	199 100,0%	106 100,0%	559 100,0%

Auch die abgeschwächte, ‚eher kritische' Bewertung Chinas, die die Volksrepublik nicht so scharf und direkt, sondern eher unterschwellig und vorsichtig kritisiert, ist in den deutschen Zeitung deutlich ausgeprägter. Die FAZ bewertet in 18,9% ihrer wertenden Artikel China ‚eher kritisch' (n=23), die SZ gar in 31,8% ihrer wertenden Artikel (n=42). Auf chinesischer Seite berichten CD und SD mit lediglich 9 Artikeln (4,5%) bzw. 5 Artikeln (4,7%) ‚eher kritisch' über China. Auch die weitgehend neutrale und ausgewogene Bewertung Chinas findet mehrheitlich in der deutschen FAZ und SZ statt (FAZ 18,9%, SZ 18,9%, CD 8,5% und SD 11,3%). Dafür findet die China lobende Bewertung vor allem in der chinesischen CD und SD ihre größte Ausprägung. Mit jedem zweiten Artikel bewerten die beiden Zeitungen China ‚eher lobend' bzw. ‚sehr lobend'. Der Schwerpunkt der Shanghai Daily liegt mit 40,6% (n=43) auf ‚eher lobend' (Vergleich: CD 33,7%), China Daily weist mit 17,6% (n=35) einen hohen Anteil von ‚sehr lobender' Bewertung Chinas aus (Vergleich: SD 10,4%). Werden die Artikel ohne explizite Wertung (CD 35,2% und SD 33,0%) herausgerechnet, enthalten drei von vier wertenden Artikeln in CD und SD eine China lobende Bewertung. Während die deutsche SZ nur einen geringen Anteil lobender Bewertung aufweist (‚eher lobend' 13,6% und ‚sehr lobend' 1,5%), beinhaltet wiederum jeder dritte Artikel in der FAZ eine lobende Bewertung Chinas (‚eher lobend' 23,8% und ‚sehr lobend' 4,1% bei 23,0% ohne explizite Wertung).

So kann insgesamt festgehalten werden, dass die Olympiaberichterstattung der Süddeutschen Zeitung eine überproportional kritische Bewertung Chinas beinhaltet, denn bei Abzug der Artikel ohne explizite Wertung beinhalten 57,7% der Artikel eine kritische Bewertung, während die Berichterstattung der beiden chinesischen Zeitungen mit 79,1% bei CD und 76,1% bei SD einen überproportional hohen Anteil lobender Bewertung Chinas aufweist. Nach Kai Hafez kann bei einem Anteil der Berichterstattung mit einer negativen oder in diesem Fall auch positiven Ausprägung von über 50% davon ausgegangen werden, dass es in der Berichterstattung zu einer Verzerrung der Realität gekommen ist, da die Realität eines jeden Landes komplex genug sein müsste, um nicht ganz oder überwiegend aus Ereignissen mit negativer bzw. positiver Valenz zu bestehen (vgl. Hafez 2002: 59f.). Diese Realitätsverzerrung scheint jedoch im Falle der Berichterstattung von SZ, CD und SD der Fall zu sein. Im Falle der chinesischen Zeitungen unterstützen die deutlichen Ergebnisse die geäußerte Vermutung einer staatlichen und/oder zentral gelenkten Einflussnahme, die neben den journalistischen Selektionsmechanismen wirkt (vgl. Kapitel 4.3, 5.4.3 und 5.4.4). Einzig die FAZ scheint mit ihrer ausgewogenen Bewertung (kritische und lobende Bewertungen Chinas sind mit 30,4% und 27,9% weitgehend ausgeglichen) ein an der Realität orientiertes und weniger verzerrtes Bild von China zu vermitteln.

Relevant ist zusätzlich die Untersuchung des Erscheinungsverlaufs der Bewertung Chinas[98]. Hat es Unterschiede in der Bewertung Chinas vor, während und nach den Olympischen Spielen gegeben? Hatte Olympia somit einen Einfluss auf das vermittelte Bild Chinas in der Berichterstattung der vier Zeitungen?

Im Falle der beiden deutschen Zeitungen FAZ und SZ überwiegt in der vorolympischen Berichterstattung (01.07.-07.08.08) die kritische Bewertung Chinas (‚eher kritisch' und ‚sehr kritisch' bei FAZ 32,7% und bei der SZ 47,3%), wobei die FAZ auch China häufiger lobend bewertet (‚eher lobend' und ‚sehr lobend' 27,2%). In der Berichterstattung während der Olympischen Spiele (08.08.-24.08.08) geht die kritische Bewertung Chinas in der FAZ auf 22,4% deutlich zurück, in der SZ wird die ‚sehr kritische' Bewertung durch eine ‚eher kritische' Bewertung ersetzt und abgemildert (insgesamt 44,8%, davon 37,9% ‚eher kritisch'). Dafür steigt die lobende Bewertung Chinas in

98 Die Tabellen zum Erscheinungsverlauf der Bewertung sind aus Platzmangel nicht im Anhang enthalten. Die wichtigsten Daten werden hier im Text präsentiert und interpretiert.

FAZ und SZ während der Spiele moderat an (FAZ 31,1% und SZ 19,0%). Ein Grund dafür kann die Fokussierung auf die sportlichen Ereignisse während der Olympischen Spiele und Berichte über erfolgreiche chinesische Athleten sein (vgl. Kapitel 6.2.1.2). In der Woche nach den Spielen findet eine gemischte Bewertung der FAZ und SZ statt, die China mehrheitlich kritisiert, aber auch lobend bewertet. Aufgrund der niedrigen Fallzahl und des kurzen Zeitraums (25.08.-31.08.08) der Nachberichterstattung müssen die Ergebnisse aber unter Vorbehalt interpretiert werden und können eine nachhaltige Veränderung des vorolympischen Chinabildes nicht eindeutig beweisen. Die Interviewauswertung und die Artikelanalyse werden aussagekräftige Ergebnisse ergänzen können (vgl. Kapitel 6.2.6.1 und 6.2.6.2).

Ausgehend von einer bereits sehr positiven und lobenden Bewertung Chinas in der vorolympischen Berichterstattung, kann bei CD und SD eine weitere Verstärkung dieser Bewertungsausprägung während und nach den Olympischen Spielen beobachtet werden. Fanden vor Beginn der Spiele noch 5,9% und 5,4% der Artikel von CD und SD eine kritische Bewertung von China, sinkt dieser prozentuale Anteil während der Spiele geringfügig auf 4,8% bzw. 4,7% und verschwindet ganz aus der Nachberichterstattung. Umgekehrt steigt die lobende Bewertung Chinas vor den Spielen von 41,7% bei CD und 46,4% bei SD auf 63% bei CD und 48,8% bei SD während der Olympischen Spiele an. Ein Grund für diese Bewertung ist das sehr gute Abschneiden chinesischer Sportler während der Spiele und das Ausbleiben negativer Ereignisse wie Protestaktionen, Dopingskandale oder Terroranschläge. Dies veranlasst CD und SD schließlich, auch China in ihrer nacholympischen Berichterstattung fast ausschließlich lobend zu bewerten (CD 50% lobend bei 33% Artikeln ohne explizite Bewertung, SD 100,0% lobend).

6.2.4.2 Implizite Bewertungen chinesischer Aussageträger

Neben der expliziten Bewertung Chinas durch die Autoren und Verfasser der vier untersuchten Zeitungen spielen auch die impliziten Bewertungen der in der Berichterstattung dargestellten und zitierten Aussageträger eine gewichtende Rolle für die mediale Vermittlung und Etablierung eines Nationenbildes von China. Dabei werden in der Untersuchung chinesische und nicht-chinesischen Aussageträger getrennt untersucht, da ein Unterschied zwischen Selbst- und Fremdbewertung Chinas und seines Nationenbildes vermutet wird (vgl. Hypothese 4 in Kapitel 5.2). Zudem kann davon ausgegangen werden, dass chinesische bzw. nicht-chinesische Aussageträger in den deutschen

Zeitungen anders ausgewählt und zitiert werden als in den beiden chinesischen Zeitungen und so auch China und sein Nationenbild in der Olympiaberichterstattung unterschiedlich bewerten. Auch dies soll in der genaueren Untersuchung mit berücksichtigt werden.

Erwartungsgemäß integrieren und zitieren die beiden chinesischen Zeitungen China Daily und Shanghai Daily als Teil ihrer Inlandsberichterstattung eine höhere Anzahl chinesischer Aussageträger in ihrer Olympiaberichterstattung als die deutschen Zeitungen FAZ und SZ. In den 305 codierten Artikeln[99] von CD und SD enthielten 182 Artikel einen chinesischen Aussageträger (59,6%).[100] Zusätzlich finden sich 48 zweite bzw. dritte Aussageträger in der Berichterstattung von CD und SD wieder (15,7%). Die deutsche Berichterstattung von FAZ und SZ enthielt bei insgesamt 254 Artikeln[101] 115 Artikel mit einem chinesischen Aussageträger (45,2%) sowie weitere 40 zweite bzw. dritte chinesische Aussageträger in der Berichterstattung (15,7%).

Die Bewertung Chinas durch chinesische Aussageträger in der Berichterstattung von CD und SD fällt sehr positiv und lobend aus. Dies ist bei allen erfassten Aussageträgergruppen zu beobachten. Gründe können in den journalistischen Selektionsmechanismen von CD und SD gesehen werden, die chinakritische Aussageträger wie Dissidenten oder Exilchinesen und ihre Bewertung Chinas ganz aus der Olympiaberichterstattung ausschließen (vgl. Kapitel 6.2.3).

Die beiden größten Aussageträgergruppen ‚Chinesische Sportler' und die ‚Regierung/KPCh' bewerten China in 82,4% (n=28) bzw. 81,9% (n=59) ihrer Aussagen lobend. Eine kritische Bewertung Chinas findet sich in den beiden Gruppen bei einer Ausnahme gar nicht. Eine kritische Bewertung Chinas durch die Regierung/ KPCh ist jedoch nicht zu erwarten, da grundlegende Kritik an China die eigene Legitimität in Frage stellen würde[102]. Auch die ‚Bevölkerung Chinas' bewertet China mit 81,6% (n=31) lobend. Es lassen sich jedoch mit 5,3% (n=2) vereinzelt kritische Bewertungen beobachten, eine

99 Insgesamt wurden für die beiden chinesischen Zeitungen 354 Artikel codiert, von denen 49 Artikel keine Wertung Chinas enthielten und daher nach der Variable 21 des Codebuches aus der Codierung herausfielen.

100 Die Tabellen zur Bewertung Chinas durch die chinesischen Aussageträger I-III (in den chinesischen wie auch deutschen Zeitungen) sind aus Platzmangel nicht im Anhang enthalten. Die wichtigsten Daten werden hier im Text präsentiert und interpretiert.

101 Insgesamt wurden für die beiden deutschen Zeitungen 280 Artikel codiert, von denen 26 Artikel keine Wertung Chinas enthielten und daher nach der Variable 21 des Codebuches aus der Codierung herausfielen.

102 Auch bei den Sportlern, die durch die staatlichen Förderprogramme von der chinesischen Regierung abhängig sind, ist eine grundlegende Kritik nicht zu erwarten gewesen.

geringe Anzahl, die jedoch die höchste unter den chinesischen Aussageträgergruppen darstellt. Auch ‚Mitwirkende der Eröffnungs-/Schlussfeier' mit 92,9% (n=13) und ‚Volunteers/Freiwillige Helfer' mit 100,0% (n=8) bewerten China fast bzw. ausschließlich lobend. Gründe liegen neben den journalistischen Selektionsmechanismen in der positiven Bewertung des Großereignisses Olympia, das in den Aussagen eng mit China verknüpft wird.

Auch in der Untersuchung der zweiten und dritten Aussageträger in den Artikeln der Olympiaberichterstattung lassen sich ähnlich lobende Bewertungsmuster erkennen. Allerdings fällt die Ausprägung lobender Bewertung zu Lasten neutraler Bewertung geringer aus als bei den Hauptaussageträgern (bspw. ‚Chinesische Sportler' (71,4% lobend und 28,6% neutral) oder ‚Bevölkerung Chinas' (58,3% lobend, 25,0% neutral). Kritische Bewertungen Chinas sind wie bei den ersten Aussageträgern bis auf vereinzelte Ausnahmen nicht zu finden.

Die in der deutschen Berichterstattung von FAZ und SZ zitierten chinesischen Aussageträger bewerten China hingegen unterschiedlich. Überwiegend lobende Bewertung findet China bei den Aussageträgergruppen ‚Regierung/KPCh' und der ‚Bevölkerung Chinas' mit 54,8% bzw. 66,7%. Gleichzeitig fielen kritische Bewertungen in diesen beiden Gruppen gering aus (‚Regierung/KPCh' 7,1% und ‚Bevölkerung Chinas' 16,7%). Eine gemischte Bewertung erfährt China durch die Aussageträger ‚Chinesische Sportler' (31,6% lobend, 47,4% neutral, 21,1% kritisch), ihre ‚Chinesischen Trainer' (33,3% lobend, 55,6% neutral, 11,1% kritisch) und die ‚Chinesischen Medien (45,5% lobend, 54,5% kritisch). Gründe für diese gemischte Bewertung sind vor allem in Zusammenhang mit der Thematik zu sehen, die in der deutschen Olympiaberichterstattung nicht nur die Erfolgsgeschichten chinesischer Sportler und Vorzüge des Mediensystems thematisiert, sondern auch kritisch über die harten Trainingsmethoden, über Dopingverdacht und Medienzensur berichtet. Ausschließlich kritisch wird China nur durch die in FAZ und SZ zitierten Dissidenten und Regierungskritiker bewertet.

Die zweiten und dritten Aussageträger bewerten China tendenziell kritischer als die Hauptaussageträger. Neben den Dissidenten und Regierungskritikern (100%, n=7) bewertet auch die Bevölkerung Chinas mit 57,1% (n=4) ihr Land kritisch[103]. Die ‚Regierung/KPCh' lobt als Zweitaussageträger nicht so

[103] Die Unterschiede in der Bewertung der chinesischen Bevölkerung als Erst- und Zweitaussageträger sind mit dieser Untersuchung nicht eindeutig erklärbar. Gründe können etwa in der hohen Heterogenität der Gruppe gesehen werden oder der engen Verknüpfung als Zweitaussageträger an chinakritische Erstaussageträger wie Dissidenten und Regierungskritiker.

ausführlich wie als Erstaussageträger und bewertet China mit 71,4% hauptsächlich neutral. Insgesamt müssen die Zweit- und Drittaussageträger wegen ihrer geringen Fallzahl sowohl in den deutschen wie auch den chinesischen Zeitungen unter Vorbehalt in dieser Untersuchung analysiert werden. Sie ermöglichen jedoch eine nahezu vollzählige Erfassung der Aussageträger und bestätigen weitgehend die Bewertungsergebnisse der Erstaussageträger.

6.2.4.3 Implizite Bewertungen nicht-chinesischer Aussageträger

Während China Daily und Shanghai Daily überwiegend chinesische Aussageträger in ihrer Olympiaberichterstattung zitieren, ist der Anteil chinesischer und nicht-chinesischer Aussageträger[104] in der Berichterstattung von FAZ und SZ ausgeglichen[105]. Wie auch bei den chinesischen Aussageträgern enthalten 115 der insgesamt 254 Artikeln (45,2%) in FAZ und SZ nicht-chinesische Aussageträger. Zusätzlich finden sich in 46 Artikeln Zweit- bzw. Drittaussageträger (18,1%). Die Berichterstattung der chinesischen CD und SD enthält nur in 29,5% (n=90) ihrer insgesamt 305 Artikeln nicht-chinesische Aussageträger. Weitere 26 Artikel (8,5%) beinhalten Zweit- bzw. Drittaussageträger, die nicht aus China kommen. Die internationale Ausrichtung der Auslandsberichterstattung und die journalistische Ausrichtung auf die Olympischen Spiele in Peking sind Gründe für die ausgeglichene Erwähnung chinesischer und nicht-chinesischer Aussageträger in FAZ und SZ. Umgekehrt können die Inlandsberichterstattung und eine vergleichsweise hohe ethnozentrierte Fokussierung als Gründe für die ungleiche Darstellung und Zitierung chinesischer und nicht-chinesischer Aussageträger in China Daily und Shanghai Daily gesehen werden.

Die Bewertung Chinas durch nicht-chinesische Aussageträger fällt in FAZ und SZ mit wenigen Ausnahmen kritisch aus. ‚Wissenschaftler/Forscher' (83,3%), ‚Journalisten/Medienvertreter' (76,9%) und ‚Politiker/Regierungschefs' (72,7%) bewerten China in hohem Maße kritisch, gefolgt von prominenten Personen (70,0%) und internationalen Sportfunktionären (66,7%). Sportler bewerten China hingegen nur in jeder zweiten Aussage negativ (50,0%). In

[104] Bei den nicht-chinesischen Aussageträgern handelt es sich in FAZ und SZ mehrheitlich um deutsche Aussageträger. Diese Unterscheidung wird in der Untersuchung jedoch aus Relevanzgründen nicht getroffen, da nur die Bewertung Chinas aus Eigen- und Fremdansicht von Interesse ist. Zudem finden sich bei den zitierten nicht-chinesischen Aussageträgern in CD und SD seltener deutsche Aussageträger.

[105] Die Tabellen zur Bewertung Chinas durch die nicht-chinesischen Aussageträger I-III (in den chinesischen wie auch deutschen Zeitungen) sind aus Platzmangel nicht im Anhang enthalten. Die wichtigsten Daten werden hier im Text präsentiert und interpretiert.

jeder vierten Aussage loben sie China (27,8%). Denn neben den politischen und gesellschaftlichen Problemen bewerten die Sportler China auch häufig in Zusammenhang mit den Sportstätten, dem Olympische Dorf oder den für sie hilfreichen Volunteers. Das IOC bewertet China in seinen Aussagen ausgewogen (30,0% kritisch, 43,3% neutral, 26,7% lobend), auch weil das IOC seine Vergabe Olympias an Peking, die Zusammenarbeit mit der KPCh und die Hoffnung auf innerpolitische Veränderungen rechtfertigen möchte. Die wankende, teils unkritische Haltung des IOCs gegenüber der Regierung und der KPCh wurde selber zu einem Thema in der Olympiaberichterstattung und kritisch in FAZ und SZ dargestellt (vgl. Kapitel 6.2.1).

Die zusätzliche Untersuchung der nicht-chinesischen Zweit- bzw. Drittaussageträger macht eine ähnlich kritische Bewertung Chinas deutlich. Journalisten (100,0%), Politiker und Regierungschefs (83,3%), Sportler (66,7%) und Sport-Funktionäre (66,7%) bewerten China kritisch (vgl. Tabelle 29 in Anhang I). Das IOC, aber auch Wissenschaftler und Forscher hingegen bewerten China sowohl kritisch als auch lobend[106].

Ein gegensätzliches Bewertungsmuster der nicht-chinesischen Aussageträger ergibt sich in der Berichterstattung von CD und SD. Bis auf wenige Ausnahmen bewerten die zitierten nicht-chinesischen Aussageträger China sehr lobend und positiv. ‚Wissenschaftler/Forscher' (100,0%), das ‚IOC' (88,9%) und ‚Touristen/Olympiabesucher' (81,8%) bewerten China in der chinesischen Berichterstattung fast ausschließlich lobend, gefolgt von prominenten Persönlichkeiten (71,4%) und nicht-chinesischen Sportlern (70,0%). Im Falle der großen Gruppen von Wissenschaftlern, Prominenten oder Olympiatouristen greifen Selektionsmechanismen der CD und SD, die nur China lobende Bewertungen in die Berichterstattung integrieren. Im Falle öffentlicher Bewertungen durch namhafte Regierungschefs anderer Länder lassen sich schlechte Bewertungen Chinas schwerer ignorieren. So finden sich in der Berichterstattung neben lobenden Bewertungen (57,1%) auch einige kritische Bewertungen durch Regierungschefs und Politiker (35,7%). Noch kritischer bewerten Journalisten und Medienvertreter China, zeigen aber dennoch ein ausgeglichenes Bewertungsmuster (47,1% kritisch, 5,9% neutral, 47,1% lobend).

106 Bei der Aussageträgergruppe ‚Wissenschaftler/Forscher' muss die Bewertung bei einer sehr niedrigen Fallzahl von n=3 unter Vorbehalt analysiert werden. Eine Interpretation wird deshalb nicht vorgenommen, die Ergebnisse der Vollständigkeit halber aber erwähnt

Auch die Untersuchung der zweiten und dritten Aussageträger in den Artikeln der Olympiaberichterstattung macht ein ähnlich lobendes Bewertungsmuster deutlich. Insgesamt fallen 65,8% (n=17) der Bewertungen aller Aussageträger lobend aus, lediglich 5 Bewertungen Chinas (19,2%) fallen neutral und 4 Bewertungen (15,3%) kritisch aus.

In den beiden chinesischen Zeitungen sind somit keine Unterschiede in der Chinabewertung zwischen chinesischen und nicht-chinesischen Aussageträger erkennbar (vgl. Kapitel 6.2.4.2). Beide Aussageträger bewerten China überwiegend positiv bei nur vereinzelten kritischen Bewertungen. Zusammen mit den expliziten Bewertungen (vgl. Kapitel 6.4.2.1) bestätigt sich die Annahme einer Verzerrung zwischen Realität und Berichterstattung von CD und SD, da selbst bei Ereignissen mit sehr positiver Valenz einige kritische Bewertungen vorhanden sein sollten. Bei FAZ und SZ ist die implizite Bewertung Chinas durch nicht-chinesische Aussageträger deutlich kritischer als die eher ausgewogene Bewertung durch chinesische Aussageträger und somit auch kein optimaler Gradmesser für eine realistische Bewertung der Olympischen Spiele und des Nationenbildes von China. Der Grad der Verzerrung ist aber weit weniger ausgeprägt als bei den impliziten Bewertungen in der Berichterstattung von China Daily und Shanghai Daily.

6.2.5 Das Nationenbild Chinas

Nachdem bereits mit der formalen Struktur, den Themenschwerpunkten und Bewertungen Chinas umfangreiche Hinweise auf das in der Olympiaberichterstattung transportierte Bild von China gesammelt wurden, soll in der folgenden vergleichenden Analyse das Bild von China im Verhältnis zu Deutschland bzw. den westlichen Industrienationen genauer identifiziert und eingeordnet werden. Wie stellen die deutschen und chinesischen Zeitungen China im Vergleich zu Deutschland bzw. den westlichen Ländern dar? Welches Rollenbild Chinas lässt sich im Verhältnis zu den anderen Ländern identifizieren? Abschließend soll genauer festgehalten werden, welche für China geltenden Stereotype in der Berichterstattung von Olympia 2008 verwendet werden. Ausgehend von den Definitionen in Kapitel 2.3.2 kann so untersucht werden, in welchem Maße vereinfachte und klischeehafte Darstellungen die Olympiaberichterstattung und damit das transportierte Nationenbild Chinas verzerren.

6.2.5.1 Vergleich Chinas mit Deutschland/ westlichen Ländern[107]

Mit dem direkten Vergleich Deutschlands und Chinas und einer Gegenüberstellung lassen sich die Bewertungen Chinas und damit das vermittelte Nationenbild besser in Relation einordnen, untersuchen und interpretieren[108]. Ein Vergleich von China mit Deutschland findet häufiger in den chinesischen Zeitungen China Daily und Shanghai Daily als in der deutschen FAZ und SZ statt. Während jeweils 84 Artikel in FAZ (67,9%) und SZ (63,6%) einen Vergleich zwischen China und Deutschland enthalten, vergleichen 142 Artikel der CD (71,4%) und 83 Artikel der SD (78,3%) China mit Deutschland bzw. den westlichen Industrienationen (vgl. Tabelle 8). FAZ und SZ stufen in jedem dritten Artikel ihrer gesamten Berichterstattung Deutschland gegenüber Chinas als überlegen ein (n=41 bzw. n=43). Diese Bewertung kann auf ein moralisches Überlegenheitsgefühl der westlichen Nationen und damit auch der Medien hinweisen, das sich besonders in Fragen der Rechtsstaatlichkeit, Minderheitenpolitik oder dem Umweltschutz zeigt. Ein Fünftel der gesamten Artikel in FAZ und SZ sehen Deutschland und China gleichwertig (n=21 bzw. n=27), nur 18,6% bzw. 10,6% der Artikel in FAZ und SZ sehen China im Vergleich überlegen (vgl. Tabelle 8). Eine chinesische Überlegenheit findet sich bei FAZ und SZ vor allem in Sportberichten über die großen Erfolge und Dominanz chinesischer Sportler während der Olympischen Spiele in Peking wieder.

Tab. 8: Vergleich China mit Deutschland und den westlichen Ländern

	Name der Zeitung				
Vergleich von China mit Deutschland	Frankfurter Allgemeine Zeitung	Süd-deutsche Zeitung	China Daily	Shanghai Daily	Gesamt

[107] Der Vergleich zwischen China und Deutschland wurde unter dem Gesamteindruck des jeweiligen Artikels codiert. Vergleiche zwischen den Ländern konnten dabei in verschiedenen Bereichen wie Sport, Politik, Gesellschaft, Kultur oder Wirtschaft auftreten.

[108] Dieser direkte Vergleich wird sowohl in den deutschen als auch in den chinesischen Tageszeitungen ermittelt. Die deutschen FAZ und SZ ziehen mehrheitlich Vergleiche zwischen Deutschland und China, während die beiden chinesischen Zeitungen China allgemeiner mit den westlichen Industrienationen, besonders den USA und Westeuropa vergleichen. Eine gegenseitige Vergleichbarkeit ist dennoch gegeben, da Deutschlands Grundausrichtung in vielen Bereichen mit denen westlicher Nationen übereinstimmt (bspw. in Menschenrechtsfragen oder der Tibetpolitik Chinas).

kein direkter Vergleich	38 31,1%	48 36,4%	57 28,6%	23 21,7%	166 29,7%
westliche Staaten/ Deutschland sind/ ist im Vergleich überlegen	41 33,6%	43 32,6%	24 12,1%	22 20,8%	130 23,3%
beide sind gleichwertig	21 17,2%	27 20,5%	94 47,2%	39 36,8%	181 32,4%
China ist im Vergleich überlegen	22 18,0%	14 10,6%	24 12,1%	22 20,8%	82 14,7%
Gesamt	122 100,0%	132 100,0%	199 100,0%	106 100,0%	559 100,0%

Umgekehrt stufen CD und SD die westlichen Nationen seltener als überlegen ein (n=24 bzw. n=22), stellen jedoch ebenso wenig eine Überlegenheit des eigenen Landes heraus (n=24 bzw. n=22). In hohem Maße wird China in der chinesischen Berichterstattung als den westlichen Nationen gleichwertig dargestellt (China Daily 47,2%, n=94 und Shanghai Daily 36,8%, n=39). Da China seinen umfassenden Modernisierungsprozess noch lange nicht abgeschlossen hat, kann die gleichwertige Darstellung Chinas in CD und SD auf eine Orientierung an den westlichen Nationen und die Hoffnung auf eine ähnlich einflussreiche Führungsposition und eventuelle Partnerschaft in der Zukunft hindeuten.

Der Erscheinungsverlauf lässt zudem Rückschlüsse auf die Entwicklung dieser vergleichenden Einordnung Chinas und seines Nationenbildes zu[109]. Noch in der vorolympischen Berichterstattung überwiegt in FAZ und SZ mit 40,0% der Artikel die Bewertung einer deutschen Überlegenheit gegenüber China. Gleichzeitig stuft nur eine geringe Anzahl von Artikeln China als überlegen ein (FAZ 12,7% und SZ 6,2%). Diese hohe Bewertung deutscher bzw. westlicher Überlegenheit ist in Zusammenhang mit dem hohen Auf-

[109] Die Tabellen zum Erscheinungsverlauf des Vergleichs China vs. Deutschland/ Westliche Länder sind aus Platzmangel nicht im Anhang enthalten. Die wichtigsten Daten werden hier im Text präsentiert und interpretiert.

kommen von Konfliktthemen wie Menschenrechtsfragen in China, der Luftverschmutzung oder der Internetzensur zu sehen. Während der Olympischen Spiele in Peking geht die Bewertung deutscher Überlegenheit deutlich zurück (24,1% in FAZ und 27,6% in SZ). Dafür steigt die Bewertung chinesischer Überlegenheit (24,1% in FAZ und 12,1% in SZ), die durch die erhöhte Sportberichterstattung unter anderem über dominierende chinesische Sportler und Olympiasieger zu erklären ist. Die Berichterstattung der nacholympischen Woche fällt in FAZ und SZ gemischt aus, da die zahlreichen Resümees über Olympia 2008 zu unterschiedlichen Ergebnissen kommen. Während die FAZ Deutschland im Vergleich zu 55,6% überlegen sieht (bei einer chinesischen Überlegenheit von 11,1%), kommt die SZ in 33,3% ihrer Artikel auf eine Überlegenheit Chinas (bei 11,1% deutscher Überlegenheit).

In der chinesischen China Daily und Shanghai Daily liegt eine durchgängig gleichwertige Darstellung Chinas und der westlichen Länder in der Berichterstattung vor, während und nach den Olympischen Spielen vor. In der vorolympischen Berichterstattung bewerten 43,7% bzw. 37,5% der Artikel in CD uns SD China gleichwertig. Dies ist ein dominantes Bewertungsmuster, das sich in der Berichterstattung während Olympia nur geringfügig ändert (CD 50,0% und SD 27,9%) und in der nacholympischen Berichterstattung weiter steigt (CD 58,3% und SD 85,7%). In der Vor- und Nachberichterstattung bewerten CD und SD die westlichen Länder gegenüber China sogar öfter überlegen als umgekehrt. Nur während der Austragung Olympias wird aufgrund häufiger Vergleiche im Sport China überlegen bewertet (CD 15,5% und SD 41,9%).

6.2.5.2 Rolle Chinas im Verhältnis zu Deutschland[110]

Eng verbunden mit der vergleichenden Einordnung Chinas gegenüber Deutschland bzw. den westlichen Staaten soll die Rolle Chinas im Verhältnis zu Deutschland untersucht werden, um das vermittelte Bild Chinas noch präziser zu erfassen. Auffällig ist der insgesamt hohe Anteil transportierter Rollen bzw. Images Chinas in der Berichtererstattung der deutschen und chinesischen Zeitungen. Nur ungefähr jeder fünfte Artikel enthielt in den vier Tageszeitungen keine transportierte Rolle Chinas (FAZ 24,6%, SZ 16,7%, CD

[110] Wie auch beim Vergleich zwischen China und Deutschland wurde die Rolle Chinas unter dem Gesamteindruck des jeweiligen Artikels codiert. Die Rolle Chinas konnte dabei in verschiedenen Bereichen wie Sport, Politik, Gesellschaft, Kultur oder Wirtschaft auftreten.

23,1% und SD 18,9%). Die Rollenzuweisung fällt jedoch in FAZ und SZ grundlegend anders als bei CD und SD aus. Während CD und SD China in ihrer Berichterstattung häufig als ‚Freund/Partner' und ‚Vorbild/Modell' beschreiben, sehen FAZ und SZ in China mehrheitlich einen ‚Konkurrent/Gegner' und gar ‚Feind' für Deutschland (vgl. Tabelle 9).

Tab. 9: Rolle Chinas im Verhältnis zu Deutschland

Rolle Chinas im Verhältnis zu Deutschland	Name der Zeitung				Gesamt
	Frankfurter Allgemeine Zeitung	Süd-deutsche Zeitung	China Daily	Shanghai Daily	
kein transportiertes Image vorhanden	30 24,6%	22 16,7%	46 23,1%	20 18,9%	118 21,1%
Vorbild, Modell	5 4,1%	1 0,8%	33 16,6%	9 8,5%	48 8,6%
Freund, Partner	29 23,8%	27 20,5%	87 43,7%	34 32,1%	177 31,7%
Konkurrent/ Gegner generell (z.B. wirtschaftlich)	23 18,9%	42 31,8%	14 7,0%	13 12,3%	92 16,5%
Konkurrent/ Gegner im Sport	23 18,9%	15 11,4%	17 8,5%	28 26,4%	83 14,8%
Feind	12 9,8%	25 18,9%	2 1,0%	2 1,9%	41 7,3%
Gesamt	122 100,0%	132 100,0%	199 100,0%	106 100,0%	559 100,0%

Hauptaugenmerk in der Berichterstattung von CD und SD liegt in der Darstellung Chinas als Freund und Partner für westliche Industrienationen (CD 43,7% und SD 32,1%). In Kombination mit den Vergleichen aus Kapitel 6.2.5.1

ergibt sich in der Berichterstattung von CD und SD das überwiegende Bild Chinas als eines gleichwertigen Partners und Freundes für Deutschland und die westlichen Nationen. Vergleichsweise gering fällt dagegen die Darstellung aus, China als Vorbild und Modell für die Welt zu präsentieren (CD 16,6% und SD 8,5%). Führungsambitionen wie zu Zeiten der alten System- und Klassenkämpfe im maoistischen China, das für sich lange eine Vorreiterrolle beanspruchte, können somit durch diese Untersuchung widerlegt werden. Vielmehr bestätigt und stützt die Berichterstattung von CD und SD den von China proklamierten Prozess des „Peaceful Rising" (*heping jueqi*), der China als friedlichen und zuverlässigen Partner in der Welt sieht, mit dem alle Staaten gewinnbringende Beziehungen pflegen können (vgl. Kapitel 2.4/ Cull 2008: 129).

> *„The image China wants to transport to the world is Chinas peaceful and harmonious rising. [...] China wants to be a part of a harmonious world as a peaceful and strong power and everybody was welcomed to the country and Games." (Xie/Zhang 2009: 2).*

Innerhalb der deutschen Zeitungen bewertet die SZ China deutlich kritischer als die FAZ. 43,2% der gesamten SZ-Artikel stufen China als generellen und sportlichen Konkurrenten bzw. Gegner von Deutschland ein. Immerhin 18,9% der Artikel beschreiben China gar als Feind von Deutschland (vgl. Tabelle 9). Die FAZ bewertet die Rolle Chinas zu Deutschland ausgewogener. Zwar beschreiben auch 37,8% der FAZ-Artikel China als generellen und sportlichen Konkurrenten und 9,8% der Artikel als Feind, umgekehrt wird jedoch auch häufig das Bild eines Partners/Freundes (23,8%) und seltener das eines Vorbildes (4,1%) vermittelt. Es kann somit durchaus – in der FAZ mehr, in der SZ weniger – von einer ausdifferenzierten und nicht einseitigen Imagezuschreibung Chinas in der deutschen Olympiaberichterstattung gesprochen werden.

Auch mit dem Erscheinungsverlauf lassen sich ähnliche Rollenmuster Chinas identifizieren[111]. Die vorolympische Berichterstattung von CD und SD beschreibt China besonders häufig als Partner und Freund (CD: 46,6% und SD 37,5%) ein Imageschwerpunkt, der während der Olympischen Spiele bestehen bleibt, sich jedoch auch in Richtung einer sportlichen Konkurrenz Chinas zu

[111] Die Tabellen zum Erscheinungsverlauf der Rolle Chinas im Verhältnis zu Deutschland sind aus Platzmangel nicht im Anhang enthalten. Die wichtigsten Daten werden hier im Text präsentiert und interpretiert.

den westlichen Nationen verschiebt (CD 11,9% und SD 48,8%). Die chinesischer Berichterstattung der nacholympischen Woche prägt schließlich wieder das Bild Chinas als Freund und Partner (CD 33,3% und SD 57,1%) und aufgrund der empfundenen erfolgreichen Austragung Olympias vermehrt auch als Vorbild (CD 25,0% und SD 28,6%).

FAZ und SZ beschreiben China in ihrer vorolympischen Berichterstattung vor allem als Konkurrenten/Gegner (FAZ 41,8% und SZ 44,7%) und Feind (FAZ 10,9% und SZ 24,6%), was besonders auf das umfangreich berichtete Thema der Internetzensur und Pressefreiheit zurückzuführen ist und kurz vor Olympia direkte Auswirkungen auf die Recherche und Berichterstattung beider Zeitungen hatte. In der Berichterstattung während Olympia nimmt diese negative Imagezuweisung deutlich ab. FAZ und SZ beschreiben China mit 32,8% bzw. 27,6% mehrheitlich als Partner und Freund. In der Nachberichterstattung von FAZ und SZ ist wie in der Vorberichterstattung eine mehrheitlich negative Imagedarstellung auszumachen, die China besonders als Konkurrenten und Gegner Deutschlands kennzeichnet (FAZ 44,4% und SZ 55,5%)[112].

6.2.5.3 Nationale Stereotype Chinas[113]

Um das Nationenbild Chinas in der Olympiaberichterstattung der vier Tageszeitungen genau zu bestimmen, bietet sich eine Untersuchung der nationalen Stereotype Chinas an, deren Anteil auf den Grad einer vereinfachten und klischeehaften Darstellung in der Olympiaberichterstattung hinweisen und entsprechend verzerrend auf das transportierte Nationenbild einwirken kann[114]. Da die Realität einer Nation und sein transportiertes Nationenbild immer komplex und vielschichtig sind, bestehen viele Stereotype, die helfen,

112 Wie auch schon in den vorangegangenen Kategorienuntersuchungen muss auf die geringe Fallzahl an Artikeln in der nacholympischen Berichterstattung hingewiesen werden, die nur einen kleinen Zeitrahmen von 7 Tagen umfasst (25.08-31.08.08) und daher nur grobe Tendenzen und keine genauen Analysen zulassen. Von besonderem Interesse in der Inhaltsanalyse ist die Olympiaberichterstattung vor und während der Olympischen Spiele, die über ausreichende Fallzahlen verfügt. Die Nachberichterstattung soll vor allem erste Erkenntnisse auf ein gewandeltes oder manifestiertes Bild Chinas durch die Olympischen Spiele 2008 liefern, dessen Nachhaltigkeit mit einem Abstand von einem Jahr in den ausgewählten Artikeln und Leitfadeninterviews (vgl. Kapitel 6.2.6.1 und 6.2.6.2) noch einmal genauer untersucht wird.

113 Die Codierung der vorher im Codebuch ermittelten und definierten Stereotype erfolgte unter dem Gesamteindruck des jeweiligen Artikels oder bei stereotypen Begriffen bzw. ‚Schlagworten', die direkt den definierten Stereotypen zugeordnet werden können (vgl. Codebuch in Anhang III).

114 Die genauen Definitionen von Stereotypen können in Kapitel 2.3.2 nachgelesen werden. Aufbauend auf diese Definitionen wurde der Stereotypenkatalog für das Codebuch entwickelt. Die Abgrenzungen zu Images/Bildern und Vorurteilen sind in Kapitel 2.2 bzw. 2.3.3 nachlesbar.

diese Komplexität zu vereinfachen und zu strukturieren. Im Falle der Untersuchung wurden daher nur Stereotype über China erfasst, die in engem Zusammenhang mit den Olympischen Spielen zu sehen sind.[115] Populäre, aber unfundierte und nach wie vor präsente Stereotype über kleine Chinesen mit gelber Haut und Vorliebe für Hundefleisch, die eher Vorurteilen ähneln, werden daher nicht in die Untersuchung mit einbezogen.

Insgesamt lässt sich ein deutlich höherer Anteil transportierter Stereotype in der deutschen Olympiaberichterstattung von FAZ und SZ als in den chinesischen Zeitungen China Daily und Shanghai Daily ausmachen. Während nur 29,6% bzw. 42,5% der Artikel in China Daily und Shanghai Daily Stereotype enthalten, ist dies in 63,1% bei FAZ und in 70,5% bei SZ der Fall (vgl. Tabelle 10). Gründe liegen in den allgemeinen Merkmalen von Auslandsberichterstattung, zu der die Berichterstattung von FAZ und SZ über Peking 2008 zählt, und einer durch besonderen Selektionsdruck hohen Stereotypenaffinität (vgl. Kapitel 3.2). Dass auch die Olympiaberichterstattung von CD und SD Stereotype enthält, liegt an dem „Körnchen Wahrheit" (Schäfer 1988: 51), das jedes Stereotyp in sich trägt und je nach Realitätsbezug auch mehr oder weniger zutreffend ist.

Tab. 10: Nationale Stereotype Chinas

Nationale Stereotype China	Name der Zeitung				Gesamt
	Frankfurter Allgemeine Zeitung	Süddeutsche Zeitung	China Daily	Shanghai Daily	
kein Stereotyp erkennbar	45 36,9%	39 29,5%	140 70,4%	61 57,5%	285 51,0%
Das chinesische Volk als Kollektiv („Alle Chinesen sind gleich und die Gemeinschaft ist bedeutender als der Individualismus")	14 11,5%	8 6,1%	21 10,6%	11 10,4%	54 9,7%

115 Es sei angemerkt, dass diese Auflistung von Stereotypen keinen Anspruch auf Vollständigkeit erhebt. Daher muss auch die Prozentuierung unter Vorbehalt gesehen weren und kann nur auf die definierten Stereotype, die in Tabelle 10 aufgelistet sind, angewandt werden.

Chinesen als immer arbeitende und billige Arbeitskräfte	7 5,7%	4 3,0%	6 3,0%	8 7,5%	25 4,5%
Chinesen sind (System-) unkritisch und unkreativ	6 4,9%	0 0,0%	0 0,0%	0 0,0%	6 1,1%
Die Kommunistische Partei als alles kontrollierende Instanz Chinas	18 14,8%	36 27,3%	14 7,0%	15 14,2%	83 14,8%
Alle chinesischen Sportler sind für Olympia systematisch gedopt	5 4,1%	5 3,8%	2 1,0%	2 1,9%	14 2,5%
China nutzt die Olympischen Spiele, um seine politische Macht und den Aufstieg zur kommenden Weltmacht zu demonstrieren	15 12,3%	30 22,7%	13 6,5%	9 8,5%	67 12,0%
Über die Olympischen Spiele berichtet in China eine gleichgeschaltete und unmündige Presse, die von der Zentralregierung vollständig kontrolliert wird	11 9,0%	9 6,8%	3 1,5%	0 0,0%	23 4,1%
Andere Stereotype	1 0,8%	1 0,8%	0 0,0%	0 0,0%	2 0,4%
Gesamt	122 100,0%	132 100,0%	199 100,0%	106 100,0%	559 100,0%

Das dominierende Stereotyp von FAZ und SZ beschreibt mit 14,8% bzw. 27,3% die KPCh als alles kontrollierende Instanz Chinas. Dieses Stereotyp hat einen durchaus hohen Realitätsbezug, da die KPCh umfassende Kontrollen etwa bei der Pressezensur betreibt. Dennoch wirkt dieser hohe stereotype Anteil verzerrend in Richtung der Darstellung eines totalen Überwachungsstaates China. Unterstützt wird diese Darstellung der innenpolitischen Kontrolle und außenpolitischen Bedrohung von dem Stereotyp, dass China die Olympischen Spiele einzig dazu nutzt, um seine politische Macht und den Aufstieg zur kommenden Weltmacht zu demonstrieren (FAZ 12,3% und SZ 22,7%). Beide Stereotype sind auch häufig in der Berichterstattung von CD und SD zu finden, scheinen im Gegensatz zur FAZ und SZ jedoch nicht eindeutig negativ behaftet (vgl. Tabelle 10).

Das Stereotyp der Chinesen als Kollektiv und vermeintlich gesichtslose Masse taucht in der Berichterstattung von CD und SD sogar häufiger auf als in FAZ und SZ (CD 10,6%, SD 10,4%, FAZ 11,5% und SZ 6,1%), ein asiatisches Stereotyp, dass nur aus der von Individualismus geprägten westlichen Sicht negativ beurteilt wird. In China ist dieses durchaus realitätsnahe Stereotyp deutlich positiver behaftet. Ein anderes präsentes Stereotyp in der Berichterstattung von FAZ und SZ beschreibt eine vollständige Kontrolle der gleichgeschalteten und unmündigen Presse durch die Zentralregierung (FAZ 9,0% und SZ 6,8%). Ein Stereotyp, das als realistisch eingeschätzt werden kann, jedoch in seiner überspitzten Darstellung in FAZ und SZ verzerrend in Richtung der Darstellung einer totalen Überwachung wirkt und vor dem Hintergrund der Liberalisierung und Modernisierung der chinesischen Medienlandschaft (vgl. Kapitel 4.2) korrigiert werden sollte. Erwartungsgemäß taucht dieses Stereotyp in der chinesischen Berichterstattung nur vereinzelt in CD bzw. gar nicht in SD auf.

6.2.6 Das Nationenbild Chinas ein Jahr nach den Olympischen Spielen von Peking 2008

Die Olympischen Spiele als mediales Großereignis haben das Gastgeberland China für viele Wochen im Sommer 2008 in den Mittelpunkt des weltweiten Medieninteresses gestellt, eine günstige Gelegenheit, das eigene Bild in der Welt zu präsentieren und neu auszurichten. Anhand der Erscheinungsverläufe von Themenschwerpunkten, Bewertungen oder Rollenzuweisungen Chinas konnten bereits mit der Inhaltsanalyse genaue Tendenzen in der Olympiaberichterstattung und der Bewertung Chinas und seines Nationenbildes vor, während und unmittelbar nach den Olympischen Spielen ermittelt werden. Doch welchen nachhaltigen Einfluss hatten die Olympischen Spiele 2008 letztlich auf das vermittelte Nationenbild von China? Wie sieht dieses Nationenbild ein Jahr nach Ende der Olympischen Spiele aus?[116] Erst mit Abstand

116 Eine Analyse ist als Ergänzung sinnvoll und notwendig, da die Berichterstattung zu Olympia durch politische Spannungen enorm aufgeladen war und es auf beiden Seiten – wie in der Analyse bereits nachgewiesen – mehr oder weniger zu Verzerrungen in der Berichterstattung und der Chinadarstellung kam.

von einem Jahr kann eine vergleichsweise realistische und einordnende Einschätzung erfolgen, und sich der komplexen Frage annähern, welchen Einfluss und welches Erbe die Olympischen Spiele wirklich auf das Nationenbild Chinas hatten. Die Einschätzungen stammen von den Olympiakorrespondenten der vier untersuchten Tageszeitungen selber, die ein knappes Jahr nach den Olympischen Spielen 2008 in China und Deutschland im Juni/ Juli 2009 interviewt wurden (vgl. Leitfadeninterviews in Anhang IV). Zusätzlich erfolgt eine Auswertung ausgewählter Artikel, die resümierend in den untersuchten Tageszeitungen anlässlich des ersten Jahrestages nach Olympia im August 2009 veröffentlicht wurden.

6.2.6.1 Einschätzungen der Olympiakorrespondenten

Die interviewten Olympiakorrespondenten können in besonderer Weise einen Beitrag zur Ermittlung des durch Olympia beeinflussten Nationenbildes Chinas leisten, da sie vor Ort in Peking die Atmosphäre der Spiele intensiv miterlebt haben und mit ihrem Beitrag zur Olympiaberichterstattung auch zu einem kleinen Teil selbst das medial vermittelte Nationenbild Chinas mitbestimmt haben. An dieser Stelle muss auf den subjektiven Charakter der Aussagen hingewiesen werden, die – wie auch von den Journalisten angemerkt – keine Allgemeingültigkeit besitzen und die Forschungsergebnisse besonders um persönliche Eindrücke erweitern. Nach der inhaltsanalytischen Untersuchung der Olympiaberichterstattung und den direkten Auswirkungen Olympias auf das medial vermittelte Nationenbild Chinas ist von besonderem Forschungsinteresse, wie sich das heutige Chinabild ein Jahr nach Olympia darstellt und was sich gegenüber dem bisherigen Nationenbild Chinas durch Peking 2008 geändert hat (vgl. Frage 1.5 in den Leitfadeninterviews in Anhang IV).

Evi Simeoni, die für die FAZ als Olympia-Korrespondentin in Peking vor Ort war, geht davon aus, dass „[…] sich das Nationenbild Chinas nicht grundlegend geändert hat“ (Simeoni 2009: 2). Auch Simeonis Kollege und FAZ-Auslandskorrespondent Mark Siemons, vermutet keinen Imagegewinn für das Land durch Olympia.

> *„Das gegenseitige Misstrauen im vergangenen Jahr war einfach zu stark, westliche Kritik stand chinesischer Propaganda entgegen. […] Chinas eigene Inszenierung und die gesteuerte Vermittlung eines Nationenbildes haben die westlichen Medien immer gereizt, kritisch zu berichten. Umgekehrt hat Chi-*

na der Welt auch nicht die Chance gegeben, sich ein eigenes Bild vom Land zu machen, sondern einen hohen Inszenierungsgrad gehabt und [der Welt] ein eigenes Bild aufgezwungen." (Siemons 2009: 2)

Thomas Hahn, Olympia-Korrespondent der Süddeutschen Zeitung, relativiert jedoch, dass auch viele ausländische Journalisten und Touristen vor Ort eine Begeisterung für Peking entwickelt und daher ein positives Bild von China gewonnen hätten.

„Ich glaube schon, dass viele hinterher ganz begeistert waren von China und sich gefragt haben, was diese ganzen Menschenrechtskritiker und demokratischen Moralisten an China denn auszusetzen hätten." (Hahn 2009: 2).

Die beiden chinesischen Olympiakorrespondenten Xie Yu und Zhang Haizhou von China Daily gehen zwar von einer Verbesserung des Erscheinungsbildes Chinas durch die Olympischen Spiel aus, bezweifeln jedoch, dass ein Sportereignis allein in der Lage ist, ein Nationenbild so umfassend und nachhaltig zu beeinflussen. „I don't think a sports event can change so much" (Xie/Zhang 2009: 3). Shanghai Daily Korrespondentin Ma Yue sieht keine grundlegende Imageänderung durch Olympia, glaubt jedoch an einen äußerlichen olympischen Einfluss, der positiv auf das Bild Chinas wirkte. „The changes from the outside are the Olympic decorations along the streets, the architecture, the stadiums, the buildings" (Ma 2009: 3).

Welches Bild von China sollte dabei vermittelt werden (vgl. Frage 1.2 in den Leitfadeninterviews in Anhang IV)? Beide deutschen Olympiakorrespondenten Evi Simeoni und Thomas Hahn gehen davon aus, dass ein modernes, starkes und vor allem perfekt organisiertes China präsentiert werden sollte, „das mit seiner Architektur, seiner Wirtschaftskraft und seinem technologischen Fortschritt berechtigterweise einen Platz als Großmacht in der Welt beansprucht" (Hahn 2009: 1). Dieses selbstbewusste und aufstrebende Bild von China ruft aber auch kritische Töne bei den deutschen Korrespondenten hervor[117].

[117] Dieses selbstbewusste und aufstrebende Bild, das China selbst von sich zeichnet, kann man auch aus den inhaltsanalytischen Ergebnissen ableiten. Die expliziten und impliziten Bewertungen (vgl. Kapitel 6.2.4.1 – 6.2.4.2) mit einer durchgehend lobenden Bewertung Chinas liefern zu dieser Annahme der Olympiakorrespondenten wissenschaftliche Ergebnisse.

> *„Man kann das alles schon als Potenzgehabe bezeichnen, vor allem gegenüber den asiatischen Nachbarländern. China als Reich der Mitte war lange dank seines Fortschrittes das Zentrum der Welt. Dorthin möchte China wieder zurück und es hat dies auch in seinem vermittelten Bild bei Olympia angedeutet." (Simeoni 2009: 2)*

Die chinesischen Olympiakorrespondenten glauben, dass China neben seinem Bild einer alten und traditionsreichen Kulturnation nach außen besonders als verlässlicher, friedlicher und starker Partner bzw. Verbündeter gesehen werden möchte (vgl. Xie/Zhang 2009: 2)[118]. Für die Olympischen Spiele von Peking wollte China jedoch vor allem das Bild eines freundlichen und begeisterten Gastgebers präsentieren.

> *„[...], the most important image which should be conveyed was the human Olympics—the People's Olympics for People. It was a gathering for everyone to get together. The Olympics should become a big party and celebration" (Ma 2009: 2).*

Obwohl sich das vermittelte Nationenbild Chinas durch die Olympischen Spiele nach Aussagen aller Olympiakorrespondenten nur bedingt geändert hat, hatte Peking 2008 nach ihrer Meinung doch auch einen nachhaltigen Einfluss auf das Land und seine Entwicklungen und so die Voraussetzung geschaffen, zukünftig ein neues Chinabild zu etablieren (vgl. Frage 1.6 in den Leitfadeninterviews in Anhang IV).

> *„Ich glaube, dass es eine gewisse Nachhaltigkeit gegeben hat. Aber eigentlich haben sich höchstens die Entwicklungen in China verstärkt und keine neuen Einflüsse hervorgebracht. Etwa der Weg zum Kapitalismus oder die Orientierung der chinesischen Menschen an den materiellen Errungenschaften der westlichen Länder." (Simeoni 2009: 3)*

[118] Zu ähnlichen Ergebnissen kommt auch die inhaltsanalytische Untersuchung des Rollenverhältnisses Chinas zu Deutschland/den westlichen Ländern, bei der die deutsche Olympiaberichterstattung von FAZ und SZ China mehrheitlich kritisch als Konkurrenten einstuft, während China Daily und Shanghai Daily China häufig als gleichberechtigten Freund und Partner bewerten (vgl. Kapitel 6.2.5.2).

Auch Thomas Hahn sieht in den Olympischen Spielen 2008 nicht den Auslöser neuer Entwicklungen und Tendenzen in China, denn „grundsätzlich hat China seinen Ruck Richtung Westen schon früher vollzogen, Olympia war […] nur das weltweit sichtbarste Zeichen dafür, wie entschlossen die chinesischen Kommunisten den kapitalistischen Weg einschlagen" (Hahn 2009: 2).

Zhang Haizhou von China Daily sieht im weltweit gestiegenen Interesse an China durch die Olympischen Spiele auch die Chance für ein verstärktes Tourismusinteresse an seinem Heimatland. Fernab vom medial vermittelten Image Chinas könnten sich die Besucher so vor Ort ein persönliches Bild von dem Land machen.

> *„I think the desire of people from other countries to visit China has increased. I studied abroad and some of my friends there tell me to visit China, and next to other attractions, they want to see the Olympic stadium." (Xie/Zhang 2009: 3)*

Ma Yue von Shanghai Daily sieht auch für die chinesische Bevölkerung selbst einen nachhaltigen Einfluss durch die Olympischen Spiele und den Austausch mit Olympiabesuchern verschiedenster Nationen.

> *„[…] yes it was an eye-opener for China. For us Chinese reporters, we could see how the media from other countries performed their job. […] Another lasting influence could be the better manners of [Chinese] people (e.g. spitting on the ground) as well as the better infrastructure with bigger roads." (Ma 2009: 3)*

Letztlich stellt sich die Frage, ob die Olympischen Spiele von 2008 das Potenzial eines historischen Ereignisses für China hatten und den Beginn eines neuen Chinas und seines Bildes in der Welt einleiten konnten (vgl. Frage 1.7 in den Leitfrageninterviews in Anhang IV). Gelten diese Spiele von Peking zukünftig als Fixpunkt oder gar weltweit sichtbare Initialzündung Chinas auf dem Weg zur politischen und wirtschaftlichen Weltmacht der Zukunft?

FAZ-Auslandskorrespondent Mark Siemons sieht in den „Olympischen Spiele von 2008 […] kein[en] Fixpunkt oder Initialzündung chinesischen Wachstums und Entwicklung, sondern vielmehr nur einen Teil des bedeutenden chinesischen Aufstiegs." (Siemons 2009: 2). Letztlich waren die Olympischen Spiele von Peking nach Einschätzung von Evi Simeoni und Mark Siemons „nicht so berauschend und atmosphärisch dicht wie etwa in Barcelona 1992 oder in Sydney 2000“ (Simeoni 2009: 3), um ein neues Nationenbild dieses großen und heterogenen Landes zu etablieren.

> *„Es war schon auffallend, dass bereits kurz nach den Olympischen Spielen der Eindruck bei mir entstanden ist, hier haben nie Olympische Spiele stattgefunden. Bei all der Propaganda, die im Vorfeld stattgefunden hat, war dies schon überraschend.“ (Siemons 2009: 2)*

Thomas Hahn sieht jedoch auch in der intensiven Auseinandersetzung mit China und der ausführlichen Berichterstattung anlässlich der Olympischen Spiele, dass „ein differenziertes Bild von China entstanden ist, das sich langsam von Klischees entfernt und dennoch die Probleme dieses Riesenreichs nicht übergeht.“ (Hahn 2009: 2)[119].

Die chinesischen Korrespondenten wie Xie Yu von China Daily bewerten die Olympischen Spiele 2008 zwar nicht als Initialzündung oder sichtbares Symbol einer neuen und bedeutenden chinesischen Ära, betonen jedoch die enorme Bedeutung der Spiele für Chinas Entwicklung und Aufstieg.

> *„China is in a continuous process of building its national image, and the Olympics were a very important step, but I don't think it was a kind of starting point. Because of the Olympic Games, the Chinese people are more confident now, since we won 51 gold medals and the top medal ranking. We know we are strong now, at least in sports. But we've always been proud before the Olympic Games" (Xie/Zhang 2009: 3)*

Ma Yue von Shanghai Daily geht hingegen auch davon aus, dass sich erst in näherer Zukunft die historischen Dimensionen der Olympischen Spiele von

119 Die inhaltsanalytische Untersuchung der Themenkategorie (vgl. Kapitel 6.2.1) kommt zu einem ähnlichen Ergebnis. Aufgrund der hohen Varianz von Themen in der Olympiaberichterstattung, dem Erscheinungsverlauf und den integrierten konflikthaltigen Themen sowohl auf deutscher als auch auf chinesischer Seite kann von einem zunehmend ausdifferenzierten Bild Chinas ausgegangen werden. Dass sich die deutsche Berichterstattung „langsam von Klischees entfernt“ konnte mit der Erfassung einer hohen Anzahl von nationalen Stereotypen Chinas (vgl. Kapitel 6.2.5.3) in der Berichterstattung von SZ und FAZ nicht ganz bestätigt werden.

Peking 2008 einordnen lassen und ihr nachhaltiger Einfluss auf China bewertet werden kann.

> *„Historically, these Olympics probably have the potential to be a starting point for China as an important member of the world order because of the historical dimension of the Olympics. I can't say it now, but maybe twenty years later you can say that Olympics were a kind of historical starting point." (Ma 2009: 4)*

6.2.6.2 Berichte von FAZ, SZ und China Daily zum ersten Jahrestag von Peking 2008

Ergänzend zu den Einschätzungen der interviewten Olympiakorrespondenten soll mit einer abschließenden Analyse von drei ausgewählten Berichten, die anlässlich des ersten Jahrestages von ‚Peking 2008' im August 2009 in FAZ, SZ, und China Daily erschienen sind, untersucht werden, welches Erbe die Olympischen Spiele inChina hinterlassen haben und wie sich das heutige Chinabild ein Jahr nach Olympia darstellt[120]. Nur Shanghai Daily schrieb anlässlich des Jahrestages keinen gesonderten Bericht über das Erbe und den nachhaltigen Nutzen Olympias für China[121].

Henrik Bork, Auslandskorrespondent der Süddeutschen Zeitung in Peking, berichtet in seiner Reportage „Im post-olympischen Blues" vom 04.08.09 von einem fragwürdigen sichtbaren Erbe Olympias für China.

> *„Ein Jahr nach den pompösen Spielen veröden in China Hotels, Bürotürme, Stadien […]. Das größte verlassene Vogelnest der Erde steht in Peking. Das Olympiastadion wird kaum noch genutzt. […] Genau ein Jahr nach den Olympischen Spielen in Peking symbolisiert das Vogelnest das zweifelhafte Erbe dieser Mega-Party." (Bork 2009)*

---

120 Aus rechtlichen Gründen war es nicht möglich, die vollständigen Artikel dem Buch im Anhang beizufügen.

121 Auf E-Mail Anfrage schrieb Ma Yue aus Shanghai: "I'm afraid we didn't really carry any kind of summary articles around August 8th, not on Sports pages at least, as there were not many sports events went on in those venues and we didn't really write any analysis. Best Regards Natalie (Ma Yue)" Auch die Durchsicht der Shanghai Daily Ausgaben von August 2009 im Online-Archiv der Zeitung brachte kein Ergebnis.

FAZ-Korrespondent Till Fähnders[122] berichtet in seiner Reportage „Der Grauschleier ist zurück“ vom 07.08.09 ebenfalls, dass die „Begeisterung [...] ein Jahr danach auch einer gewissen Nüchternheit gewichen [ist]“ (Fähnders 2009). Die unbenutzten Olympiastätten sind zu einem sichtbaren Symbol geworden, dass China sein olympisches Erbe kaum genutzt hat und so bislang auch keinen Imagegewinn aus ihnen ziehen konnte. Noch immer sind die für China bekannten Probleme im Land präsent. So hängt wieder ein „Grauschleier aus Dreck und Dunst über Peking“ (Fähnders 2009), die Macht der KPCh hat sich durch die Olympischen Spiele weiter gefestigt und ausgeweitet und „die Wunschträume des Auslands, die Olympiade könnte auch die Lage der Menschenrechte in China verbessern, haben sich [...] in Luft aufgelöst.“ (Bork 2009). Auch einige Pekinger äußern sich in der FAZ-Reportage kritisch zu diesem ausbleibenden Wandel in China.

> *„China tritt der Welt offener gegenüber. Aber in unserem täglichen Leben gibt es keine offensichtlichen Verbesserungen bei der Gerechtigkeit oder den Menschenrechten“, sagt der Rentner Han Xiuling.“ (Fähnders 2009)*

Keine guten Voraussetzungen für einen Imagegewinn Chinas durch die Olympiade und eine nachhaltige Änderung seines Nationenbildes in der Welt, dennoch stellen beide Auslandskorrespondenten anerkennend fest, dass sich in China auch einiges durch die Olympischen Spiele bewegt hat.

> *„Chinas 1,3 Milliarden wollten der Welt beweisen, dass sie kein rückständiges Land mehr sind. Es galt, einen Minderwertigkeitskomplex zu überwinden, der vor allem darauf beruht, dass das einst mächtige Riesenreich vor mehr als 150 Jahren zum Spielplatz europäischer Kolonialmächte werden konnte.“ (Fähnders 2009)*

Peking selbst ist grüner geworden, die Behörden pflanzten 30 Millionen Bäume, verlegten viele Fabriken aus dem Stadtzentrum und musterten alte

[122] Till Fähnders ist seit Januar 2009 neben Mark Siemons der zweite FAZ-Korrespondent vor Ort in Peking und hat die langjährige China-Korrespondentin Petra Kolonko abgelöst. Während Mark Siemons über kulturelle und gesellschaftliche Themen aus China berichtet, sind Politik und Wirtschaft die Arbeitsschwerpunkte von Till Fähnders (vgl. Kapitel 5.4.1).

Busse und Taxis aus (vgl. Fähnders 2009). Die neuen U-Bahn-Linien im Süden der Stadt und die weiterhin geltenden Fahrverbote von Autos führen zu weniger Staus in der Stadt und einer insgesamt verbesserten Luftqualität (vgl. Bork 2009).

> *„[Auch] die meisten Pekinger sagen, dass ihr Leben durch die Austragung der Olympischen Spiele [...] angenehmer geworden ist. „Es ist schöner, die Luft ist besser, und die Leute achten mehr auf Umweltschutz", sagt Rentner Han Xiuling. Die Einwohner benehmen sich angeblich „zivilisierter"– sie spucken seltener auf den Boden, und die Männer laufen nicht mehr so oft mit nacktem Oberkörper herum. Auch die Lebensqualität hat sich verbessert." (Fähnders 2009: 2).*

Die Olympischen Spiele haben Peking geholfen, in der Welt als eine moderne Weltmetropole wahrgenommen zu werden und das neue, moderne und vor allem wirtschaftlich und politisch einflussreiche China zu symbolisieren.

> *„Vor allem ausländische Beobachter sahen die Spiele als Chinas „coming out party". Zwölf Monate später ist in der globalen Politik und Wirtschaft nun kaum etwas ohne China möglich. Allerdings dürfte dies noch mehr durch die Wirtschaftskrise beschleunigt worden sein als durch die Olympischen Spiele vor einem Jahr." (Fähnders 2009)*

Noch bedeutsamer wird das Erbe Olympias auf chinesischer Seite eingeschätzt. In dem Gastkommentar „Beijing embodies power, spirit of Games" in China Daily vom 05.08.09 beschreibt Jiang Xiaoyu, stellvertretender Präsident des BOCOG (Beijing Organizing Committee for the Olympic Games):

> *„The successful holding of the Beijing Olympics and Paralympics was a landmark in the three-decades of reform and opening up and a great experience for the Chinese people on their road of building a relatively better-off society" (Xiaoyu 2009)*

Anders als die deutschen Auslandskorrespondenten geht Xiaoyu von einem deutlichen Imagegewinn Chinas durch die Olympiade aus, verbunden mit der

Forderung an die Kommunistische Regierung, eine Institutionalisierung des olympischen Erbes etwa durch eine intensive Nutzung der Olympiastätten zu erreichen und den olympischen Effekt lange für China nutzen zu können.

> *„The Olympics has played a positive role in establishing a democratic, open, civilized and prosperous image of china. […] Some Olympic cities staged very successful Olympics, but their image suffered after the Games because they failed to use the sport venues effectively. […] we need policy support […] to use of the sport facilities in the best way possible so that more people can use them" (Xiaoyu 2009)*

Ein bereits sichtbares Erbe Olympias sieht Xiaoyu in der Verringerung der Luftverschmutzung und beginnende Umweltauflagen für Fabriken und Industrien.

> *„Beijing is one of the top cities in the country in terms of energy conservation and emission reduction. The Olympics, though grand, was a one-off sports gala for Beijing, but its scientific concept will have a lasting impact on its sustainable development" (Xiaoyu 2009).*

Die Meinungen zum nachhaltigen Einfluss der Olympischen Spiele auf China gehen also in den Reportagen und Kommentaren auf deutscher und chinesischer Seite deutlich auseinander. Die deutschen Auslandskorrespondenten Fähnders und Bork sehen anders als BOCOG-Vizepräsident Xiaoyu keinen Imagegewinn für das Land, da zentrale Probleme wie die Menschenrechtsfrage nicht angegangen worden seien. Übereinstimmend stellen sie ein aufkeimendes chinesisches Umweltbewusstsein durch die Olympiade fest, kritisieren jedoch die mangelhafte Nutzung der Olympiastätten und damit die Pflege des sichtbaren olympischen Erbes.

6.3 Diskussion der Hypothesen und forschungsleitenden Annahmen

Im folgenden Abschnitt sollen die in Kapitel 5.2 aufgestellten Hypothesen und forschungsleitenden Annahmen diskutiert und mit Hilfe der aus der Detailanalyse gewonnenen Ergebnisse beantwortet werden.

> **Hypothese 1**: Der Umfang und die formale Präsentation der Olympiaberichterstattung sind in den beiden chinesischen Tageszeitungen deutlich höher bzw. aufwendiger als in den beiden deutschen Tageszeitungen

Hypothese 1 ist zutreffend. China Daily berichtete in ihrer Olympiaberichterstattung mit der höchsten Anzahl an Artikeln und dem größten Umfang über Peking 2008. Die Shanghai Daily verfügte als Regionalzeitung über eine ähnlich umfangreiche Berichterstattung wie die überregionalen Zeitungen FAZ und SZ. Auch die formale Präsentation der chinesischen Tageszeitungen kann als aufwendiger betrachtet werden. Shanghai Daily berichtet doppelt so häufig wie die drei anderen Zeitungen von der Titelseite über Olympia, China Daily positionierte wiederum ihre Olympiaberichterstattung auf den Seiten zentraler und weiter oben als die deutschen FAZ und SZ. Die Anzahl der Abbildungen war in den deutschen und chinesischen Tageszeitungen gleichmäßig hoch verteilt. Der bereitgestellte Platz und die formale Präsentation, die Voraussetzung für eine ausdifferenzierte Olympiaberichterstattung sind und damit erst die mediale Vermittlung eines Chinabildes ermöglichen, waren in den chinesischen Tageszeitungen größer bzw. aufwendiger. Der Unterschied zu den deutschen Tageszeitungen fiel allerdings geringer aus als angenommen, was auch auf eine weltweit ähnlich hohe Bedeutung und Beachtung des Mediengroßereignisses Olympia hindeutet.

Hypothese 2: Die Themenschwerpunkte anlässlich der Olympiaberichterstattung unterscheiden sich deutlich in den ausgewählten deutschen und chinesischen Tageszeitungen. Die Themenschwerpunkte anlässlich der Olympiaberichterstattung ähneln sich hingegen in beiden Tageszeitungen des jeweiligen Landes.

Forschungsleitende Annahme I zu Hypothese 2: Die deutschen Tageszeitungen sprechen verschiedene, auch für China konflikthaltige Themenbereiche in ihrer Olympiaberichterstattung an und berichten thematisch ausgewogen über China.

Forschungsleitende Annahme II zu Hypothese 2: Die Berichterstattung der beiden chinesischen Tageszeitungen über die Olympischen Spiele ist auf bestimmte, für China günstige Themenfelder beschränkt und vermeidet konflikthaltige Themenbereiche.

Hypothese 2 ist zutreffend. Die thematische Schwerpunktsetzung unterscheidet sich in der Olympiaberichterstattung der deutschen Tageszeitungen FAZ und SZ mehrheitlich von den Themenschwerpunkten der chinesischen China Daily und Shanghai Daily. Trotz übereinstimmender allgemeiner Themenschwerpunkte wie den ‚Geschichten rund um Beijing 2008' oder ‚Portraits chinesischer Sportler' setzten FAZ und SZ mit der ‚Internetzensur', ‚Tibetpolitik' und ‚Menschenrechten' Themenschwerpunkte, die in China Daily und Shanghai Daily nicht bzw. kaum thematisiert werden. Umgekehrt berichten die chinesischen Zeitungen ausführlich über die Themen ‚Luftqualität Peking', ‚Eröffnungs-/Schlussfeier' und ‚Olympische Architektur', die deutlich weniger Beachtung in der deutschen Olympiaberichterstattung finden. Bis auf geringe Abweichungen ist so auch in den beiden Tageszeitungen des jeweiligen Landes ein ähnliches Themenmuster identifizierbar.

Forschungsleitende Annahme I ist zutreffend. Die deutschen Tageszeitungen sprechen verschiedene Themenbereiche in ihrer Olympiaberichterstattung an und zeigen eine ausgewogene Valenz-Bilanz der ermittelten Themen rund um Olympia und Peking 2008. Auch die Darstellung konflikthaltiger Themenbereiche war Bestandteil einer kritischen Auseinandersetzung von FAZ und SZ mit China und den Olympischen Spielen.

> *„In der Olympia-Berichterstattung der FAZ wurden grundsätzlich alle Themen mit Bezug zu Olympia behandelt und das hat natürlich auch nicht vor konflikthaltigen Themen halt gemacht." (Simeoni 2009: 4)*

Forschungsleitende Annahme II ist nicht zutreffend. Wie auch die deutsche FAZ und SZ berichteten China Daily und Shanghai Daily thematisch vielfältig und umfangreich von den Olympischen Spielen 2008. Dabei berichten CD und SD in jedem vierten Olympiaartikel auch über Themen, die als für China konflikthaltig identifiziert wurden. Die beiden Zeitungen beschränken ihre eigene Berichterstattung also nicht auf bestimmte, ausgewählte Themen. Bei der zusätzlichen Untersuchung der thematischen Bewertung fiel jedoch in CD und SD ein durchweg lobendes Bewertungsmuster bei den Konfliktthemen auf. Dies legt die Vermutung nahe, dass die beiden Zeitungen zwar konflikthaltige Themen aufgreifen und ansprechen, jedoch nicht um Missstände aufzuzeigen und anzuprangern, sondern durch Gegendarstellungen und Erfolgsmeldungen Konfliktthemen widerlegen oder entschärfen zu wollen.

Hypothese 3: Die Quellenschwerpunkte in der deutschen Olympiaberichterstattung ähneln sich zwischen FAZ und SZ. Auch auf der chinesischen Seite verwenden China Daily und Shanghai Daily ähnliche Quellenschwerpunkte. Zwischen den beiden deutschen und chinesischen Tageszeitungen unterscheiden sich die Quellenschwerpunkte jedoch grundlegend.

Forschungsleitende Annahme I zu Hypothese 3: Als Quellen der Olympiaberichterstattung greifen beide deutschen Tageszeitungen vor allem auf ihre Olympiakorrespondenten zurück, die in ihrer Berichterstattung China eher kritisch bewerten.

Forschungsleitende Annahme II zu Hypothese 3: Als Quellen der Olympiaberichterstattung dient den beiden chinesischen Tageszeitungen vor allem die staatliche Nachrichtenagentur Xinhua, die eine positive und China lobende Bewertung in die chinesische Berichterstattung einfließen lässt.

Hypothese 3 ist zutreffend. Die deutschen Tageszeitungen FAZ und SZ nutzen in ihrer Olympiaberichterstattung ähnliche Quellenschwerpunkte, die durch Olympia- und Auslandskorrespondenten sowie den heimatlichen Redaktionen eine hohe eigenredaktionelle Produktion aufweisen[123]. Auch die chinesischen Zeitungen China Daily und Shanghai Daily weisen untereinander ähnliche Quellenschwerpunkte auf, die neben der eigenredaktionellen Produktion auch durch die Nachrichtenagentur Xinhua und Gastautoren einen hohen Anteil fremdproduzierter Olympiaberichterstattung beinhalten. Die Quellenschwerpunkte unterscheiden sich daher zwischen den deutschen und chinesischen Tageszeitungen deutlich.

Forschungsleitende Annahme I ist nur bedingt zutreffend. Die deutschen Tageszeitungen FAZ und SZ greifen zwar häufig in ihrer Olympiaberichterstattung auf die Olympiakorrespondenten in Peking zurück, nutzen jedoch in ähnlichem Umfang ihre Auslandskorrespondenten für politisch und gesellschaftliche Hintergrundberichte sowie die heimatliche Redaktion für die reine Sportberichterstattung und Ergebnisdarstellung. In der Tendenz bewerten die Olympiakorrespondenten China in ihrer Berichterstattung zwar eher kritisch, jedoch nicht so ausgeprägt wie die heimatliche Redaktion oder die Auslandskorrespondenten:

> *„Wir sind es gewohnt, kritisch zu berichten. Ich habe aber gespürt, dass kritische Töne zuhause sehr gut angekommen sind. Trotzdem war ich hinterher überrascht, wie kritisch und negativ die Stimmung in Deutschland gewesen sein muss. Das hat man vor allem anhand von Kommentaren erkennen können, die Kollegen zuhause geschrieben haben. Ich war ja in Peking und habe auch die Begeisterung für die sportlichen Leistungen, die Sportstätten und die Perfektion mitbekommen." (Simeoni 2009: 5)*

123 Der hohe Eigenrecherche-Anteil der deutschen Zeitungen muss genau eingeordnet werden, da die Olympischen Spiele als Ausnahmeereignis ohnehin eine verstärkte journalistische Auseinandersetzung erforderten. Der hohe Anteil an Eigenrecherche lässt sich in der genauen Analyse am Anteil der Olympiakorrespondenten an der Gesamtberichterstattung ausmachen, der bei FAZ 32,1% und bei SZ 27,1% betrug (vgl. Kapitel 6.1.5).

Forschungsleitende Annahme II ist zutreffend. Neben der eigenredaktionellen Olympiaberichterstattung durch die Redaktion und Olympiakorrespondenten vor Ort, nutzen China Daily und vor allem Shanghai Daily die Nachrichtenagentur Xinhua als Quellenschwerpunkt. Auch die Bewertung Chinas fällt in den Berichten von Xinhua überwiegend lobend bis sehr lobend aus. Sie ist jedoch nicht die einzige Quelle, die China überwiegend lobend und positiv bewertet. Quellen wie Gastautoren oder die Olympiakorrespondenten der beiden Zeitungen bewerten China noch positiver. Eine Beeinflussung der Chinabewertung durch Xinhua ist somit nur bedingt gegeben, da alle verwandten Quellen in der Berichterstattung von CD und SD China loben und positiv bewerten.

Hypothese 4: Die in der Olympiaberichterstattung zitierten chinesischen Aussageträger bewerten China in ihrer Aussage deutlich positiver als die zitierten nicht-chinesischen Aussageträger.

Forschungsleitende Annahme I zu Hypothese 4: In der Olympiaberichterstattung der beiden deutschen Tageszeitungen werden überwiegend nicht-chinesische Aussageträger zitiert, die China in der Tendenz negativer bewerten.

Forschungsleitende Annahme II zu Hypothese 4: Die beiden chinesischen Tageszeitungen zitieren in ihrer Olympiaberichterstattung mehrheitlich chinesische Aussageträger, die China in der Tendenz positiver bewerten als nicht-chinesische Aussageträger.

Hypothese 4 ist nur bedingt zutreffend. In den chinesischen Zeitungen China Daily und Shanghai Daily sind keine Unterschiede in der Bewertung der Aussageträger erkennbar. Chinesische Aussageträger bewerten China genauso lobend und positiv wie die nicht-chinesischen Aussageträger. Kleinere Unterschiede werden nur im Detail deutlich. Gründe können in den journalistischen Selektionsmechanismen und direkter oder indirekter Zensur gesehen werden, die jedoch im Rahmen dieser Untersuchung nicht erfasst werden konnten. Im Falle der deutschen Zeitungen FAZ und SZ bewerten die chinesischen Aussageträger China positiver als die nicht-chinesischen Aussageträger. Dabei bewerten chinesische Aussageträger China in FAZ und SZ kritisch wie auch lobend ausgewogen, während nicht-chinesische Aussageträger China überwiegend kritisch bewerten.

Forschungsleitende Annahme I ist nur bedingt zutreffend. Die beiden deutschen Tageszeitungen FAZ und SZ zitieren in ihrer Olympiaberichterstattung nicht überwiegend nicht-chinesische Aussageträger. Die Anzahl beider Aussageträgergruppen ist mit 115 Artikeln (45,2%) identisch. Die nicht-chinesischen Aussageträger bewerten China in ihrer Aussage jedoch deutlicher kritischer als die zitierten chinesischen Aussageträger und beeinflussen so die Olympiaberichterstattung und die mediale Vermittlung des Chinabildes mit.

Forschungsleitende Annahme II ist zutreffend. In den beiden chinesischen Tageszeitungen finden sich doppelt so viele chinesische Aussageträger (n=182) wie nicht-chinesische Aussageträger (n=90). Auch das Bewertungsmuster der chinesischen Aussageträger ist für China lobend. Ebenso positiv fällt die Bewertung Chinas durch nicht-chinesische Aussageträger aus. Kritische Bewertungen Chinas durch chinesische oder nicht-chinesische Aussageträger wurden generell kaum in der chinesischen Berichterstattung berücksichtigt. Beide zitierten Gruppen tragen zu einer positiven Darstellung Chinas in der Berichterstattung von China Daily und Shanghai Daily bei.

Hypothese 5: Während die beiden deutschen Tageszeitungen durch die vorolympischen Konflikte China kritisch und als eine Bedrohung beschreiben, nutzen die beiden chinesischen Tageszeitungen die Olympiaberichterstattung zur Propaganda für die sich anbahnende Vorreiterrolle Chinas in der Welt.

Hypothese 5 ist nicht zutreffend. Weder nutzen die deutschen Tageszeitungen FAZ und SZ ihre Olympiaberichterstattung, um China ausschließlich als Bedrohung darzustellen, noch nutzen die chinesischen Tageszeitungen CD und SD ihre Berichterstattung, um eine künftige Vorreiterrolle Chinas in der Welt zu propagieren. Dabei trägt die deutsche Berichterstattung, besonders in der Süddeutschen Zeitung, durchaus auch Züge einer Darstellung, die China als Feind und Bedrohung deutet. In der insgesamt kritischen, aber keinesfalls undifferenzierten Chinadarstellung bewerten die beiden deutschen Zeitungen

China jedoch auch häufiger als Partner und Freund und in seltenen Fällen gar als Vorbild für Deutschland.

In der chinesischen Olympiaberichterstattung wird nur selten eine Überlegenheit und Vorbildfunktion Chinas gegenüber den westlichen Industrienationen beschrieben. Stattdessen überwiegt die Darstellung Chinas als gleichwertiger Partner und Freund der westlichen Länder, was eher auf eine kooperative Haltung Chinas als auf eigennützige Führungsansprüche hindeutet. Welche Ansprüche China nach seinem umfangreichen Wandel und einem erfolgreichen „Peaceful Rise" stellt, bleibt hingegen abzuwarten.

Hypothese 6: Die Olympiaberichterstattung der beiden deutschen Tageszeitungen enthält mehr Stereotype über China als die Olympiaberichterstattung der chinesischen Tageszeitungen, was zu einem in der Tendenz verzerrten und negativen Bild Chinas führt.

Hypothese 6 ist zutreffend. Die Olympiaberichterstattung von FAZ und SZ enthält eine deutlich höhere Anzahl an Stereotypen als die beiden chinesischen Tageszeitungen CD und SD. Die Süddeutsche Zeitung integriert in über 70% ihrer Olympiaberichte die größte Anzahl an Stereotypen, die China Daily mit unter 30% ihrer Artikel zu Peking 2008 die wenigsten Stereotype. Der hohe Anteil an Stereotypen trägt in der Berichterstattung von FAZ und SZ auch zu einem leicht verzerrten und eher negativen Bild Chinas bei. Zwar orientieren sich fast alle ausgewählten und codierten Stereotype eng an der Realität und sind sogar häufig zutreffend, ihre häufige und überspitzte Darstellung verzerrt jedoch das Bild Chinas in bestimmten Bereichen und verstellt den Blick auf die tatsächlichen Prozesse, Entwicklungen und Fortschritte im Land.

Annahme I zur forschungsleitenden Frage 2: Das tendenziell negativ geprägte Nationenbild Chinas vor den Olympischen Spielen wandelt sich in der Berichterstattung der beiden deutschen Tageszeitungen durch eine Verlagerung der Themenschwerpunkte, durch eine positivere explizite Bewertung Chinas und durch ein geändertes Rollenverhältnis zu Deutschland in der Berichterstattung während Olympia in ein ausdifferenziertes und leicht positives Nationenbild nach den Olympischen Spielen 2008.

Annahme I zur forschungsleitenden Frage 2 ist zutreffend. Vor den Olympischen Spielen wird ein Negativbild Chinas in der deutschen Berichterstattung von FAZ und SZ deutlich, das auf die gewählten Themenschwerpunkte wie die IOC-China-Problematik oder die Internetzensur sowie den hohen Anteil konflikthaltiger und kontroverser Themen zurückzuführen ist. Während der Olympischen Spiele verlagern sich die Themenschwerpunkte weg von Konfliktthemen hin zu günstigeren Themenfeldern wie ‚Portraits chinesischer Sportler' oder ‚Geschichten rund um Beijing 2008', und drängen das Negativbild Chinas in der deutschen Berichterstattung temporär in den Hintergrund. Die Rollendarstellung Chinas wandelt sich von einem potenziellen Konkurrenten und Gegner eher hin zu einem gleichwertigen Partner und Freund. Die Nachberichterstattung in FAZ und SZ, die Bewertung des Chinabildes und ihre Rollenzuordnung fällt gemischt aus. Das Negativbild Chinas, das noch vor den Spielen von Peking deutlich sichtbar war, ist einem ausdifferenzierten und einem weniger negativen Chinabild gewichen. Ein Ergebnis, das die Annahme von SZ-Olympiakorrespondent Thomas Hahn bestätigt:

> *„Aber man kann wohl sagen, dass durch die Diskussionen und die Medienberichterstattung – vor allem die kritische – aus Anlass Olympias ein differenziertes Bild von China entstanden ist, das sich langsam von Klischees entfernt und dennoch die Probleme dieses Riesenreichs nicht übergeht." (Hahn 2009: 2)*

Annahme II zur forschungsleitenden Frage 2: Das in der chinesischen Berichterstattung vermittelte Nationenbild Chinas erfährt keinen großen Wandel durch die Olympischen Spiele. Vor den Olympischen Spielen steht durch die Themenwahl, durch explizit positive Bewertung und ebenbürtige Rollendarstellung zu den westlichen Ländern ein positives Nationenbild Chinas in den beiden chinesischen Tageszeitungen, das auch nach den Olympischen Spielen 2008 positiv behaftet bleibt bzw. tendenziell noch positiver dargestellt wird.

Annahme II zur forschungsleitenden Frage 2 ist zutreffend. Das vermittelte Nationenbild Chinas wird in der vorolympischen Berichterstattung von China

Daily und Shanghai Daily durch eine günstige Themenwahl wie den ‚Geschichten rund um Beijing 2008' und dem ‚Fackellauf' sowie einem moderaten Anteil konfliktthaltiger Themen, die vor allem für eine positive Gegendarstellung Chinas und nicht zum Aufzeigen von Missständen genutzt werden, überwiegend positiv dargestellt. Die chinesische Berichterstattung während Olympia beschränkt sich thematisch weitgehend auf die sportlichen Triumphe chinesischer Sportler und Erfolgsmeldungen rund um Olympia und verstärkt die lobende und positive Bewertung des Chinabildes. In der Rollenzuweisung beschreiben China Daily und Shanghai Daily China überwiegend als gleichwertigen Partner und Freund der westlichen Industrienationen. Das positive Chinabild bleibt in der chinesischen Berichterstattung insgesamt bestehen und erhält durch die Olympischen Spiele ein tendenziell noch positiveres Nationenbild.

7 Schlussbetrachtung und Ausblick

Es waren bemerkenswerteste Spiele, die Peking im Jahr 2008 erlebte. Bemerkenswert im sportlichen Sinne mit einem chinesischen Gastgeber, der zum ersten Mal in der Geschichte Olympias die Medaillenwertung gewann oder einem Michael Phelps, der mit acht Goldmedaillen zum erfolgreichsten Olympioniken aller Zeiten aufstieg. Bemerkenswert aber auch im politischen Sinne. Denn Chinas hoher Inszenierungsgrad und die angestrebte Profilierung führten zu weltweiten Protesten und umfangreicher Kritik an China. Gerade in diesem besonderen Spannungsverhältnis, das auch in den Medien und ihrer Olympiaberichterstattung transportiert wurde, ergab sich für die vorliegende Arbeit die Möglichkeit, das medial vermittelte Nationenbild Chinas präzise und umfassend zu analysieren sowie eine mögliche Änderung des Chinaimages durch das Großereignis Olympia zu erfassen.

Mit der inhaltsanalytischen Untersuchung der vier ausgewählten Tageszeitungen FAZ, SZ, China Daily und Shanghai Daily und ihrer Olympiaberichterstattung aus dem Zeitraum vom 1. Juli bis 31. August 2008 konnten so umfangreiche Ergebnisse für die abschließende Beantwortung der beiden zentralen Forschungsfragen gesammelt werden[124].

Welches Nationenbild von China wird anlässlich der Olympischen Spiele 2008 in der Berichterstattung der ausgewählten deutschen und chinesischen Tageszeitungen gezeichnet?

Die ermittelten Nationenbilder Chinas unterscheiden sich erwartungsgemäß deutlich in der Olympiaberichterstattung der deutschen FAZ und SZ sowie der chinesischen China Daily und Shanghai Daily.

Die beiden deutschen Tageszeitungen FAZ und SZ transportierten ein Negativbild Chinas, das mal mehr und mal weniger deutlich hervortrat, im Erscheinungsverlauf jedoch insgesamt leicht nachließ. Durch die thematische

[124] Anstatt die Ergebnisse der Detailanalyse (vgl. Kapitel 6) zu wiederholen, sollen die zentralen Ergebnisse einfließen in die abschließende Beantwortung der beiden forschungsleitenden Fragen, die im Untersuchungsdesign vorgestellt wurden und die den Leitfaden dieser Arbeit bilden (vgl. Kapitel 5.1).

Fokussierung auf konflikthaltige Themen wie die Menschenrechtsfrage, Tibetpolitik oder Umweltproblematik fiel die Bewertung Chinas sowohl explizit als auch implizit überwiegend negativ aus. Fast jeder zweite Artikel thematisierte chinesische Konfliktthemen und trug so zu einem insgesamt negativen China-Image bei[125].

Eine allzu einseitige und damit stark verzerrende Berichterstattung konnte im Rahmen dieser Untersuchung jedoch nicht festgestellt werden. Die thematische Vielfalt der Berichterstattung in FAZ und SZ führte auch in vielen Fällen zu einer positiven expliziten und impliziten Bewertung Chinas, die etwa die sportlichen Leistungen Chinas oder die Gastfreundschaft der Bevölkerung würdigten. Dennoch bewerteten FAZ und SZ China in vielen Bereichen gegenüber den westlichen Staaten als unterlegen, was unter anderem auf ein historisches und moralisches Überlegenheitsgefühl der westlichen Länder und ihrer Medien gegenüber China zurückzuführen werden kann[126]. China wird in der deutschen Olympiaberichterstattung weniger als Freund und Partner gesehen, eine Rolle, die dem Gastgeberland der Olympischen Spiele normalerweise zufallen sollte, sondern mehr als Konkurrent und in seltenen Fällen gar als Feind eingestuft. Der hohe Anteil transportierter nationaler Stereotype Chinas weist zudem eine leichte Verzerrung der deutschen Olympiaberichterstattung auf, die die negative Tendenz des vermittelten Nationenbildes von China verstärkt.

Das Nationenbild Chinas wird in der Olympiaberichterstattung von China Daily und Shanghai Daily hingegen überaus positiv dargestellt. Die explizite Bewertung Chinas fällt ausschließlich lobend bis sehr lobend aus, Kritik an China ist bis auf geringe Ausnahmen nicht vorhanden. Dabei berichten die beiden chinesischen Tageszeitungen thematisch sehr ausgewogen und meiden etwa nicht die Berichterstattung konflikthaltiger und kontroverser Themen wie die Luftverschmutzung Pekings oder die Menschenrechtsfrage. Auch hier

125 Anlässlich Olympischer Spiele werden häufig Konfliktthemen mit Bezug zu den gastgebenden Ländern in den Medien thematisiert. Bei den Spielen von Sydney 2000 wurde etwa über die australische Minderheitenpolitik der Aborigines und in Athen 2004 über Korruption in der griechischen Wirtschaft berichtet. Vor Peking 2008 erfuhr die Thematisierung konflikthaltiger Themen jedoch einen hohen Bedeutungszuwachs, was auf die real existierenden Probleme in China aber auch – wie in dieser Untersuchung nachgewiesen – auf die mediale Fokussierung der deutschen Zeitungen auf kontroverse und für China unvorteilhafte Themen zurückzuführen ist.

126 Im Rahmen der Arbeit wurde dieses vermutete Überlegenheitsgefühl westlicher Nationen nicht untersucht oder methodisch analysiert. Die Annahme beruht auf der häufigen Erwähnung in der relevanten Literatur. Eine Folgeuntersuchung bietet sich hier an, interdisziplinär diesem vermuteten Überlegenheitsgefühl nachzugehen und seine Wirkung auf die westliche Chinaberichterstattung aber auch auf die jeweiligen persönlichen Einstellungen gegenüber China zu analysieren.

wurde ein lobendes Bewertungsmuster Chinas analysiert, was die Vermutung nahe legt, dass China Daily und Shanghai Daily keine Missstände aufzeigen und anprangern wollen, sondern versuchen Konfliktthemen durch Gegendarstellungen und Erfolgsmeldungen zu widerlegen bzw. zu entschärfen. Auch die implizite Bewertung Chinas ist sowohl bei den chinesischen als auch bei den nicht-chinesischen Aussageträgern fast ausschließlich lobend und positiv[127]. Trotz dieser durchgängig positiven Bewertung des eigenen Landes sehen China Daily und Shanghai Daily China nicht als überlegene Vorreiternation für die Welt, sondern verorten China als gleichwertigen Partner und Freund der internationalen Staaten.

Beide medialen Nationenbilder von China, sowohl in FAZ und SZ als auch in CD und SD, kommen letztlich beide nicht an die objektive Realität Chinas heran, was nach Theorie des Konstruktivismus auch nicht möglich ist. Da die chinesischen Tageszeitungen jedoch einseitiger und damit realitätsverzerrender berichten, befindet sich das in der deutschen Berichterstattung vermittelte Chinabild nach Ergebnis der inhaltsanalytischen Untersuchung näher an der objektiven Realität Chinas.

Das zweite zentrale Forschungsanliegen ging der Frage nach, welchen kurzfristigen Effekt und welche nachhaltige Wirkung die Olympischen Spiele auf das mediale Chinabild hatten.

Welches Nationenbild von China wird in der Olympiaberichterstattung der ausgewählten Tageszeitungen vor, während und nach den Olympischen Spielen 2008 vermittelt und welches Nationenbild existiert von China ein knappes Jahr nach den Spielen von Peking?

Das Nationenbild Chinas erfährt in der deutschen Olympiaberichterstattung von FAZ und SZ eine merkliche Änderung. Noch vor Beginn der Spiele dominiert eine kritische und auf Konfliktthemen fokussierte Berichterstattung, die sich während und nach Olympia in eine vorsichtig lobende und vielschichtige Berichterstattung wandelt. Ein nachhaltiger Imagegewinn Chinas ein Jahr nach Peking 2008 kann von den interviewten deutschen Olympiakorrespon-

[127] Mit der Erfassung dieser ungewöhnlich positiven expliziten wie auch impliziten Bewertung Chinas ermöglicht die Untersuchung zusätzlich Rückschlüsse auf die hohen Selektionsmechanismen bzw. Selbstzensur der Zeitungsredaktionen sowie die allgemeine Zensur, die auf die beiden Zeitungen und das gesamte chinesische Mediensystem wirkt.

denten nicht ausgemacht werden, wohl aber hat sich das Nationenbild Chinas durch die umfangreiche Olympiaberichterstattung ausdifferenziert und somit geholfen, hierzulande Vorurteile und Unwissenheit gegenüber China abzubauen. Es bleibt in der deutschen Berichterstattung nach Olympia ein weiterhin kritisches, aber auch „differenziertes Bild von China [...], das sich langsam von Klischees entfernt und dennoch die Probleme dieses Riesenreichs nicht übergeht." (Hahn 2009: 2).

In der chinesischen Berichterstattung von China Daily und Shanghai Daily erfährt das mediale Bild von China keine große Änderung. Bereits vor den Olympischen Spielen dominiert eine China lobende Berichterstattung, die während der Spiele durch sportliche Erfolge und die glamouröse Ausrichtung der Spiele noch weiter verstärkt wird. Die interviewten Olympiakorrespondenten glauben hingegen nur bedingt an einen nachhaltigen Imagegewinn für ihr Land. Viele Chinesen hatten schon vor Peking 2008 ein gutes Bild von ihrem Land und sind sehr stolz auf seinen Aufstieg. Ausländer, die zur Zielgruppe der beiden englischsprachigen Zeitungen gehören, konnten nicht wesentlich von ihrer kritischen Haltung gegenüber China abgebracht werden. In China und seiner medialen Berichterstattung findet sich auch nach den Olympischen Spielen ein äußerst positives, aber auch – bedingt durch die chinesische Zensur – unkritisches und unreflektiertes Nationenbild.

Für den wissenschaftlichen Diskurs der Nationenbildforschung liefert die vorliegende Arbeit so einen wichtigen Beitrag für die Erfassung und Verortung des medial vermittelten Nationenbildes Chinas in Eigen- und Fremddarstellung. Folgestudien mit verschiedenen Untersuchungsansätzen könnten das künftige China-Image weiter erforschen und so den rasanten Aufstieg des Landes zur wirtschaftlichen und politischen Großmacht mit begleiten. Dies könnte zu einem besseren Verständnis des noch immer fremd und exotisch erscheinenden Landes führen und einen kleinen Beitrag für das künftige Funktionieren der Weltgemeinschaft leisten. Ein weiteres Großereignis in China findet mit der EXPO 2010 in Shanghai statt. Hier könnte eine Studie mit ähnlichem Untersuchungsdesign noch einmal das Nationenbild Chinas in der medialen Berichterstattung und einen evtl. nachwirkenden ‚Olympischen Effekt' auf das Chinabild analysieren.

Eine weitere zentrale Erkenntnis der Arbeit war die teils realitätsverzerrende Olympiaberichterstattung der deutschten und chinesischen Tageszeitungen, die ein chinesisches Nationenbild transportierten, das mehr oder weniger stark von der Realität abwich. Auch hier ergeben sich zahlreiche

Ansätze für Praxis und Forschung. In der Praxis könnte etwa die Journalistenausbildung optimiert werden und vermitteln, welche Bedeutung Journalisten bei der massenmedialen Konstruktion von Nationenbildern haben, die letztlich auch mit aller Konsequenz auf die nationalstaatliche Politik und internationale Wirtschaft wirken können. Die Vermittlung von medientheoretischem Wissen wie aus den Bereichen der Wirkungsforschung oder der Selektionsmechanismen in der medialen Berichterstattung könnte ein erster Ansatz sein. In der Forschung bietet die Arbeit Anregungen etwa im Bereich der internationalen bzw. interkulturellen Kommunikation und liefert einen kleinen Beitrag zur Herstellung oder Pflege zwischenstaatlicher Beziehungen mit China. Auch für die Einstellungsforschung, Nationenbildforschung oder die Auslandsberichterstattung ergeben sich verschiedene Ansätze für eine weiterführende Auseinandersetzung und für fruchtbare Diskussionen.

Mit dem endgültigen Erlöschen der olympischen Flamme am 24. August bei der Abschlussfeier endete auch für China die Austragung seiner ersten Olympischen Spiele. Der von China erhoffte Imagegewinn ist letztlich ausgeblieben, aber dennoch hat die Welt China unterhalb dieser direkten Wirkungsebene besser kennen gelernt und das Bild von China zunehmend realistischere Züge gewonnen. Die Olympischen Spiele haben dem modernen China so geholfen, sich der Welt vorzustellen und für künftige Aufgaben in der Weltgemeinschaft zu empfehlen. Vielleicht ein erster Schritt hin zum Olympischen Motto von Peking 2008: „One World – One Dream."

Literaturverzeichnis

ABELS, SIGRUN (2006): *Medien, Markt und politische Kontrolle in der Volksrepublik China.* Dissertation an der Fakultät für Sozialwissenschaft der Ruhr-Universität Bochum. Näher einzusehen unter: http://deposit.ddb.de/cgi-bin/dokserv?idn=988770504 (Stand: 16.08.09)

ABELS, SIGRUN (2005): Das Mediensystem der Volksrepublik China. In: HANS-BREDOW-INSTITUT (HRSG.): *Internationales Medienhandbuch.* Baden-Baden 2005, S. 828-857.

ABELS, SIGRUN/ HEIN, MATTHIAS VON (2004): *Oberflächliche Vielfalt bei zentraler Kontrolle - Die Medien in der Volksrepublik China zwischen Propaganda und Kommerz.* Tagungspapier anlässlich der Tagung „Medien und Entwicklung - Neue Impulse für die deutsche Entwicklungszusammenarbeit" der Friedrich-Ebert Stiftung im Oktober 2004. Näher einzusehen unter: http://www.cameco.org/mez/pdf/12abels-hein.pdf (Stand: 15.08.09)

BASSEWITZ, SUSANNE V. (1990): *Stereotypen und Massenmedien.* Zum Deutschlandbild in französischen Tageszeitungen. Wiesbaden: Deutscher Universitäts-Verlag.

BBC/ PIPA POLL (2005): *Attitudes towards Countries.* http://www.globescan.com/news_archives/bbc06-3/index.html (Stand: 17.05.09)

BENTELE, GÜNTHER (1995): Der Entstehungsprozess von Nationalimages. Informationsquellen und Verzerrungen. In: MAHLE, WALTER A. (HRSG.): *Deutschland in der internationalen Kommunikation.* München: Ölschläger Verlag, S. 59-73.

BERELSON, BERNARD (1952): *Content Analysis in Communication Research.* Glencoe: The Free Press.

BERGLER, REINHOLD (1991): Standort als Imagefaktor. In: DEUTSCHE PUBLICRELATIONS GESELLSCHAFT E.V. (HRSG.): *Führung und Kommunikation.* Erfolg durch Partnerschaft. Standort als Imagefaktor. DPRG-Jahrestagung 9-11.5.1991. Bonn: DPRG.

BERKOWITZ, PERE ET AL. (2007): Brand China: Using the 2008 Olympic Games to enhance China's image. In: *Place Branding and Public Diplomacy* 3, S. 164-178.

BORK, HENRIK (2009): Im post-olympischen Blues. In: *Süddeutsche Zeitung,* 04.08.2009.

BOULDING, KENNETH E. (1969): National Images and International Systems. In: ROSENAU, JAMES N.: *International Politics and Foreign Policy.* New York: Free Press, S. 422-431.

BOULDING, KENNETH (1956/1971): *The Image.* Knowledge in Life and Society. Ann Arbor: The University of Michigan Press .

BRÄUNER, HARALD (1990): Gewissermaßen eine neu entdeckte Welt. China in Reiseberichten, Kompilationen, und Missionsschriften des 17. und 18. Jahrhunderts. In: LEUTNER, MECHTHILD/ YÜ-DEMBSKI, DAGMAR (Hrsg.): *Exotik und Wirklichkeit.* China in Reiseberichten vom 17. Jahrhundert bis zur Gegenwart. München: Saur Verlag, S. 15-25.

BRÄUNER, HARALD/ LEUTNER, MECHTHILD (1990): Im Namen einer höheren Gesittung. Die Kolonialperiode, 1897-1914. In: LEUTNER, MECHTHILD/ YÜ-DEMBSKI, DAGMAR (HRSG.): *Exotik und Wirklichkeit.* China in Reiseberichten vom 17. Jahrhundert bis zur Gegenwart. München: Saur Verlag, S. 41-52.

BREUING, CHRISTIAN (1996): Internationale Kommunikationspolitik im Wandel. Alte und neue Initiativen der UNESCO. In: MECKEL, MIRIAM/ KRIENER, MARKUS (HRSG.): *Internationale Kommunikation*. Opladen: Westdeutscher Verlag. S. 67-84.

BROSIUS, HANS-BERND (2005): Agenda Setting und Framing als Konzepte der Wirkungsforschung. In: WILKE, JÜRGEN (HRSG.): *Die Aktualität der Anfänge*. 40 Jahre Publizistikwissenschaft an der Johannes Gutenberg-Universität Mainz. Köln: Van Halem Verlag, S. 125-143.

BROSIUS, HANS-BERND (2001): *Methoden der empirischen Kommunikationsforschung*. Wiesbaden: Westdeutscher Verlag.

CECC, CONGRESSIONAL-EXECUTIVE COMMISSION ON CHINA (2008): *Annual Report 2008*. CECC (online), http://www.cecc.gov/pages/annualRpt/annualRpt08/CECCannRpt2008.pdf. (Stand 17.08.09)

CHAN, JOSEPH MAN/ QIU, JACK LINCHUAN (2002): China. Media liberalization under authoritarianism. In: PRICE, MONROE E. ET AL (EDS.): *Media Reform - Democratizing the media, democratizing the state*. London: Routledge, S. 27-46.

CHINA DAILY (2009): *About China Daily*. Näher einzusehen unter: http://www.chinadaily.com.cn/english/static/aboutchinadaily.html (Stand: 01.09.09)

CHINESE OLYMPIC COMMITTEE (2004): Deutsche UNESCO-Kommission, http://en.olympic.cn/china_oly/ history/2004-03-27/121838.html (Stand: 24.05.09)

CHINOY, MIKE (1999): *China Live: People Power and the Television Revolution*. Lanham: Rowman & Littlefield Publishers Inc.

CLAUSSEN, BERNHARD (1989): Politische Sozialisation durch Massenmedien und die Vermittlung von Vorstellungen über fremde Völker, Gesellschaften, und Nationen. In: SCHMIDT-SINNS, DIETER (Hrsg.): *Völker und Nationen im Spiegel der Medien*. Bonn: Bundeszentrale für politische Bildung, S. 67-97.

CONRAD, BJÖRN (2004): China im Zeichen der fünf Ringe: Ein Überblick über die chinesische Olympiageschichte von 1896-2004. In: HEILMANN, SEBASTIAN (2004): *China Analysis* 40, Nov. 2004, Universität Trier, S. 3-17. http://www.chinapolitik.de/studien/china_analysis/no_40.pdf (Stand 22.05.09)

Country Brand Index 2008 http://www.countrybrandindex.com (Stand: 23.05.09)

CULL, NICHOLAS J. (2008): The Public Diplomacy of the Modern Olympic Games and China's Soft Power Strategy. In: PRICE, MONROE E. / DAYAN, DANIEL (EDS.): *Owning the Olympics*. Narratives of the New China. Ann Arbor: University of Michigan Press, S. 117-145.

DEUTSCH, KARL W. / MERRIT, RICHARD L. (1965): Effects of Events on National and International Images. In: KELMAN, HERBERT C. (Hrsg): *International Behaviour*. A Social-Psychological Analysis. New York, u.a., S. 183, Zit. Nach Wilke, Jürgen (1989): Imagebildung durch Massenmedien. In: Schmidt-Sinns, Dieter (Hrsg.) (1989): Völker und Nationen im Spiegel der Medien. Bonn: Bundeszentrale für politische Bildung, S. 11-22.

DIEKMANN, ANDREAS (2002): *Empirische Sozialforschung*. Grundlagen, Methoden, Anwendungen. Hamburg: Rowohlt.

DILL, RICHARD W. (1977): Wie viel Welt braucht der Mensch? In: NEUDECK, RUPERT (Hrsg.): *Den Dschungel im Wohnzimmer*. Auslandsberichterstattung im bundesdeutschen Fernsehen. Frankfurt a. M.: Haus der Evangelischen Publizistik, S. 144-151.

D'HOOGHE, INGRID (2007): *The Rise of Chinas Public Diplomacy*. Clingendael Diplomacy Papers No.12. The Hague: Institute of International Relations. http://www.clingendael.nl/publications/2007/20070700_cdsp_paper_hooghe.pdf (Stand: 19.05.09)

D'HOOGHE, INGRID (2005): Public Diplomacy in the People's Republic of China. In: MELISSEN, JAN (2005): *The new Public Diplomacy: Soft Power and International Relations*. London: Palgrave, S. 88-105.

DONALD, STEPHANIE (HEMELRYK)/ KEANE, MICHAEL (2002): Media in China. New Convergences, new approaches. In: DONALD, STEPHANIE (HEMELRYK)/ KEANE, MICHAEL/ YIN HONG: *Media in China*. Consumption, Content and Crisis. London: Routledge Curzon, S. 1-17.

DORSCH-JUNGSBERGER, PETRA (1995): Nationenbildforschung und PR – Streuverluste vermeiden. In: MAHLE, WALTER A. (HRSG.): *Deutschland in der internationalen Kommunikation*. München: Ölschläger Verlag, S. 83-93.

ESCHENBACH, JUTTA (2000): *Ola Nordmann im deutschen Blätterwald* – Sprachliche Konstituierung nationaler Stereotype und ihre Verwendung in der deutschen Presse – am Beispiel der Kategorie der Norweger. Göteborg: Acta Universität Verlag.

FÄHNDERS, TILL (2009): Der Grausschleier ist zurück. In: *Frankfurter Allgemeine Zeitung*, 07.08.2009.

FANG, WEIGUI (1992): *Das Chinabild in der deutschen Literatur 1871–1933*. Frankfurt a.M.: Verlag Peter Lang.

FAUL, ERWIN (1990): Europäische Sichtweisen und Neue Medien – Neuorientierung oder Desorientierung der Fernsehpolitik. In: *Zeitschrift für Kulturaustausch* 2, S. 139-153.

FESTINGER, LEON (1957): *A theory of cognitive dissonance*. Stanford: Stanford Univ. Press.

FISCHER, HEINZ-DIETRICH (1982): Akkreditierte Journalisten als Vermittler der Weltpolitik. Entwicklungen, Funktionen und Problematik von Auslandsberichterstattung im internationalen Kommunikationssystem. In: FISCHER, HEINZ-DIETRICH (HRSG.): *Auslandskorrespondenten in der Bundesrepublik Deutschland*. Status, Aufgaben, Arbeitsprobleme professioneller Berichterstatter in Bonn. Düsseldorf: Droste Verlag, S. 15-53.

FRANKFURTER ALLGEMEINE ZEITUNG (2006): *Die Redaktion stellt sich vor*. Frankfurt a.M.: F.A.Z-Institut.

FRÜH, WERNER (2004): *Inhaltsanalyse*. Theorie und Praxis. 5. Auflage. Konstanz: UVK Verlag.

FRÜH, WERNER (1994): *Realitätsvermittlung durch Massenmedien*. Die permanente Transformation der Wirklichkeit. Opladen: Westdeutscher Verlag.

FUKUYAMA, FRANCIS (1992): *Das Ende der Geschichte*. München: Kindler Verlag.

GALTUNG, JOHAN/ RUGE, MARIE HOLMBOE (1965): The Structure of Foreign News. In: *Journal of Peace Research* 2, S. 64-91.

GEHLEN, ARNOLD (1960): *Die Seele im technischen Zeitalter*. Sozialpsychologische Probleme in der industrialisierten Gesellschaft. Hamburg: Rowohlt Verlag.

GERRIG, RICHARD J./ ZIMBARGO, PHILIP G. (2004): *Psychologie.* 16. Auflage. München: Pearson Studium Verlag.

GIZYCKI, RENATE VON (1977): Eingeschränktes Weltbild. In: NEUDECK, RUPERT (HRSG.): *Den Dschungel im Wohnzimmer.* Auslandsberichterstattung im bundesdeutschen Fernsehen. Frankfurt a. M.: Haus der Evangelischen Publizistik, S. 134-142.

GLASS, DANIEL (1979): *Die Dritte Welt in der Presse der Bundesrepublik Deutschland.* Eine ideologiekritische Fallstudie. Frankfurt a.M.: Haag & Herchen.

GOTTSCHLICH, MAXIMILIAN/ OBERMAIR, KARL (1989): Das Image Österreichs in den ausländischen Medien. Theoretische Perspektiven und empirische Ergebnisse kommunikationswissenschaftlicher Imageforschung. In: SCHMIDT-SINNS, DIETER (HRSG.): *Völker und Nationen im Spiegel der Medien.* Bonn: Bundeszentrale für politische Bildung, S. 54-66.

HAFEZ, KAI (2005): Auslandsberichterstattung. In: KLEINSTEUBER, HANS J./ PÖRKSEN, BERNHARD/ WEISCHENBERG, SIEGFRIED (HRSG.): *Handbuch Journalismus und Medien.* Konstanz: UVK-Verlag, S. 22-26.

HAFEZ, KAI (2002): *Die politische Dimension der Auslandsberichterstattung.* Baden-Baden: Nomos-Verlag.

HAHN, THOMAS (2009): *Leitfadeninterview vom 10.07.09.* Vollständiges Interview im Anhang IV.

HALLIN, DANIEL C. / MANCINI, PAOLO (2005): *Comparing Media Systems - Three Models of Models and Politics.* Cambridge: Cambridge University Press.

HARTMANN, ULRIKE (1988): *Öffentliche Diplomatie.* Interdependenz von politischen Akteuren, Medien und Öffentlichkeit. Salzburg: Dissertation Univ. Salzburg.

HE ZHOU (2003): How do the Chinese media reduce organizational incongruence? Bureaucratic capitalism in the name of Communism. In: LEE CHIN-CHUAN (2003): *Chinese Media, Global Contexts.* Asia Transformations Series. London and New York: Routledge Curzon, S.196-214.

HEBERER, THOMAS (2008a): *Der stetige Abstieg.* Das Chinabild in den westlichen Medien. Manuskript der Radiosendung SWP2 Aula des Südwestrundfunks vom 03.08.08. Näher einzusehen unter: www.swr.de/swr2/programm/.../swr2-wissen-20080803.rtf (Stand: 26.08.09)

HEBERER, THOMAS (2008b). *Vierzehn Thesen zu der Verteufelung Chinas und der Haltung westlicher Medien vor Olympia.* Näher einzusehen unter: http://www.asienhaus.de/public/archiv/heberer-14thesen.pdf (Stand: 27.08.09)

HEILMANN, SEBASTIAN (2004): *Das politische System der Volksrepublik China.* Wiesbaden: VS Verlag für Sozialwissenschaften.

HEMELRYK-DONALD, STEPHANIE (2002): *Media in China*: Consumption, Content, and Crisis. London: Routledge Curzon.

HOFFMANN, JOHANNES J. (1991): Public Relations in internationalen Beziehungen. Zum Instrumentarium außenpolitischer Öffentlichkeitsarbeit in der frühen Adenauer-Ära. In: *Publizistik* 4, S. 454-480.

HORISBERGER, MARC (2002): *Entstehung und Gestaltung von Nationenimages.* Eine theoretische und empirische Analyse staatlicher Imagepflege im Ausland aus kommunikationswissenschaftlicher Perspektive (Diss.). Freiburg (Schweiz): Universitäts-Verlag Freiburg.

HUG, HEINER (1998): *Wir die Geier*. Das knallharte Geschäft mit den Fernsehnews. Zürich: Orell Füssli.

HUMAN RIGHTS WATCH (2007): *China*: Angriffe auf die Pressefreiheit im Vorfeld der Olympischen Spiele 2008. Bericht vom 30.05.2007. Näher einzusehen unter: http://www.hrw.org/de/news/2007/05/30/china-angriffe-auf-die-pressefreiheit-im-vorfeld-der-olympischen-spiele-2008 (Stand: 30.08.09)

INTERNATIONAL OLYMPIC COMMITTEE (2001): *Report of the IOC Evaluation Commission for the Games of the XXIX Olympiad in 2008*. Näher einzusehen unter: http://multimedia.olympic.org/pdf/en_report_299.pdf (Stand: 30.08.09)

IWAND, MICHAEL W. (1976): Nationenbilder als Gegenstand der Massenkommunikation. Imageanalytische Ergebnisse am Beispiel USA. In: *Communications* 2, S. 167-185.

JUCHENG, XU (2006): *Main Press Center (MPC)*. Präsentation der MPC Division im September 2006 zur offiziellen Vorstellung des MPC. Näher einzusehen unter: http://www.dif.dk/ForPressen/Forside/OL/Beijing2008.pdf (Stand: 20.08.09)

KATZ, ELIHU/ DAYAN, DANIEL (1992): *Media Events*: the live broadcasting of history. Cambridge: Harvard University Press

KAYSER, JAQUES (1953): *One week's news*. Paris: UNESCO.

KINDERMANN, GOTTFRIED-KARL (1981): *Grundelemente der Weltpolitik*. München: Verlag Piper.

KLEIN, MALCOLM W. / MACCOBBY, NATHAN (1954): Newspaper Objectivity in the 1952 Campaign. In: *Journalism Quarterly* 31, S. 285-296.

KLEINSTEUBER, HANS J. (1991): Stereotype, Images und Vorurteile. Die Bilder in den Köpfen der Menschen. In: TRAUTMANN, GÜNTHER (HRSG.): *Die hässlichen Deutschen*. Deutschland im Spiegel der westlichen und östlichen Nachbarn. Darmstadt: Wissenschaftliche Buchgesellschaft, S. 60-68.

KOSCHWITZ, HANS-JÜRGEN (1979): Internationale Publizistik und Massenkommunikation. In: *Publizistik* 24, S. 458-483.

KUNCZIK, MICHAEL (2002): *Public Relations*. Konzepte und Theorien. Stuttgart: UTB-Verlag.

KUNCZIK, MICHAEL (1990): *Die manipulierte Meinung*. Nationale Image-Politik und internationale Public Relations. Köln: Böhlau-Verlag.

KUNCZIK, MICHAEL (1985): *Massenmedien und Entwicklungsländer*. Köln: Böhlau Verlag.

KURLANTZICK, JOSHUA (2007): *Charm Offensive*: How China's Soft Power is transforming the world. New Haven: Yale University Press.

LEUTNER, MECHTHILD/ YÜ-DEMBSKI, DAGMAR (1990a): Kraftäußerung und Ausbreitung im Raum. Die Öffnung Chinas im 19. Jahrhundert. In: LEUTNER, MECHTHILD/ YÜ-DEMBSKI, DAGMAR (HRSG.): *Exotik und Wirklichkeit*. China in Reiseberichten vom 17. Jahrhundert bis zur Gegenwart. München: Saur Verlag, S.27-40.

LEUTNER, MECHTHILD/ YÜ-DEMBSKI, DAGMAR (1990b): Die gelbe Gefahr hat rote Hände. Rotchina 1949-1972. In: LEUTNER, MECHTHILD/ YÜ-DEMBSKI, DAGMAR (HRSG.): *Exotik und Wirklichkeit*. China in Reiseberichten vom 17. Jahrhundert bis zur Gegenwart. München: Saur Verlag, S. 89-100.

LIPPMANN, WALTER (1964): *Die öffentliche Meinung*. München: Rütten und Loening Verlag.

LIPPMANN, WALTER/ MERZ, CHARLES (1920): *A test of the news*. The New Republic 04/1920.

LORENZ, ANDREAS (2006): *China lockert Regeln für Olympia*. Erschienen bei Spiegel-Online am 01.12.06. http://www.spiegel.de/kultur/gesellschaft/0,1518,451816,00.html (Stand: 20.08.09)

LUHMANN, NIKLAS (1984): *Soziale Systeme*. Frankfurt am Main: Suhrkamp.

MA YUE (2009): *Leitfadeninterview vom 09. Juni 2009 in Shanghai*. Vollständiges Interview im Anhang IV.

MARTEN, ECKHARD (1989): *Das Deutschlandbild in der amerikanischen Auslandsberichterstattung – ein kommunikationswissenschaftlicher Beitrag zur Nationenbildorschung*. Wiesbaden: DTV.

MAST, CLAUDIA (2000): *ABC des Journalismus*. Ein Leitfaden für die Redaktionsarbeit. Konstanz: UVK Verlag.

MAYRING, PHILLIP (2003): *Qualitative Inhaltsanalyse*. Weinheim: Beltz-Verlag.

MECKEL, MIRIAM/ KRIENER, MARKUS (HRSG.) (1996): *Internationale Kommunikation*. Opladen: Westdeutscher Verlag.

MEIER, WERNER A. (1984): *Ungleicher Nachrichtenaustausch und fragmentarische Weltbilder*. Eine empirische Studie über Strukturmerkmale in der Auslandsberichterstattung. Bern: Lang-Verlag.

MERKEL, WOLFGANG (1999): *Systemtransformation*. Eine Einführung in die Theorie und Empirie der Transformationsforschung. Schriftenreihe Uni-Taschenbücher Band 2076. Opladen: Leske und Budrich Verlag.

MERTEN, KLAUS (1995): *Inhaltsanalyse*. Einführung in Theorie, Methode und Praxis. Opladen: Westdeutscher Verlag.

MEUSER, MICHAEL / NAGEL, ULRIKE (1997): Das ExpertInneninterview. Wissenssoziologische Voraussetzungen und methodische Durchführung. In: FRIEBERTSHÄUSER, BARBARA / PRENGEL, ANNEDORE (HRSG.): *Handbuch Qualitative Forschungsmethoden in der Erziehungswissenschaft*. Weinheim und Basel: Juventa, S. 481-491.

MEYN, HERMANN (1994): *Massenmedien in der Bundesrepublik Deutschland*. Berlin: Colloquium Verlag.

MIKICH, SONIA (2003): Geistige Provinzialisierung – eine Zustandsbeschreibung. In: CIPITELLI, CLAUDIA / SCHWANEBECK, AXEL (Hrsg.): *Nur Krisen, Kriege, Katastrophen?* Auslandsberichterstattung im deutschen Fernsehen. Dokumentation der 21. Tutzinger Medientage. München: Verlag Reinhard Fischer, S. 117-127.

NAFROTH, KATJA (2002): *Zur Konstruktion von Nationenbildern in der Auslandsberichterstattung – Das Japanbild der deutschen Medien im Wandel*. Münster: LIT-Verlag.

Narciß, Georg Adolf (1983): *Im Fernen Osten.* Forscher und Entdecker in Tibet, China, Japan und Korea 1689-1911. Frankfurt a.M.: Insel-Verlag.

Ohde, Christina (1994): *Der Irre von Bagdad.* Zur Konstruktion von Feindbildern in überregionalen deutschen Tageszeitungen während der Golfkrise 1990/91. Frankfurt a.M.: Lang-Verlag.

OpenNet Initiative (2005): *Internet filtering in China in 2004-2005*: A country study. Näher einzusehen unter: http://opennet.net/research/profiles/china (Stand: 19.08.09)

Ostermann, Änne/ Nicklas, Hans (1982): *Vorurteile und Feindbilder.* München: Urban & Schwarzenberg Verlag.

Östgard, Einar (1965): Factors Influencing the Flow of News. In: *Journal of Peace Research* 2, S. 39-63.

Otten, Sabine (2006): Vorurteil. In: Bierhoff, Hans-Werner/ Frey, Dieter (Hrsg.): *Handbuch der Sozialpsychologie und Kommunikationspsychologie.* Göttingen: Hogrefe-Verlag, S. 437-443.

Parsons, Talcott (1969): Evolutionäre Universalien der Gesellschaft. In: Zapf, Wolfgang (Hrsg.) (1979): *Theorien des sozialen Wandels.* Königstein/Taunus: Verlagsgruppe Athenäum, Hain, Scriptor, Hanstein, S. 55-74.

Peters, Christoph (1999): *Deutschland und die Deutschen im Spiegel britischer Tageszeitungen.* Die Berichterstattung der überregionalen Presse Großbritanniens 1989-1994. Münster: LIT-Verlag.

Petersen, Lars-Eric/ Six-Materna, Iris (2006): Stereotype. In: Bierhoff, Hans-Werner/ Frey, Dieter (Hrsg.): *Handbuch der Sozialpsychologie und Kommunikationspsychologie.* Göttingen: Hogrefe-Verlag, S. 430-436.

Pressegesetz für das Land Nordrhein-Westfalen von 1966. Näher einzusehen unter: http://88.198.44.111/index.php?option=com_content&task=view&id=29&Itemid=26 (Stand: 24.08.09)

Pürer, Heinz/ Raabe, Johannes/ Stuiber, Heinz-Werner (Hrsg.) (1996): *Medien in Deutschland.* Band 1. München: Ölschläger.

Pütz, Wolfgang (1993): *Das Italienbild in der deutschen Presse.* Eine Untersuchung ausgewählter Tageszeitungen. München: Ölschläger.

Quandt, Siegfried (1989): Zur Wahrnehmung der Deutschen im Ausland. Images als Produkt und Faktor der Geschichte. In: Schmidt-Sinns, Dieter (Hrsg.): *Völker und Nationen im Spiegel der Medien.* Bonn: Bundeszentrale für politische Bildung, S. 36-42.

Reumann, Kurt (2003): Journalistische Darstellungsformen. In: Noelle-Neumann, Elisabeth (Hrsg.): *Fischer Lexikon Publizistik/Massenkommunikation*, 2. aktualisierte, vollständig überarbeitete Auflage. Frankfurt a. M.: Fischer-Taschenbuch-Verlag, S. 126-152.

Richter, Carola/ Gebauer, Sebastian (2010): *Die China-Berichterstattung in den Medien.* Schriftreihe Bildung und Kultur der Heinrich Böll Stiftung. Band 5. Berlin.

RIVENBURGH, NANCY K. (2003): The Olympic Games: Twenty-first Century challenges as a Global Media Event. In: BERNSTEIN, ALINA/ BLAIN, NEIL (HRSG.): *Sport, Media, Culture*. Global and Local Dimensions. London: Frank Class Publishers, S. 31-50.

ROEMELING-KRUTHAUP, SUSANNE VON (1991): *Politik, Wirtschaft und Geschichte Lateinamerikas in der bundesdeutschen Presse*. Frankfurt a. M.: Vervuert Verlag

SCHÄFER, BERND (1988): Entwicklungslinien der Stereotypen- und Vorurteilsforschung. In: SCHÄFER, BERND/ PETERMANN, FRANZ (Hrsg.): *Vorurteile und Einstellungen*. Sozialpsychologische Beiträge zum Problem sozialer Orientierung. Köln: Deutscher Instituts-Verlag, S. 11-65.

SCHELL, ORVILLE (2007): China's post-Olympic challenge. In: *Business Standard*. 27. August 2008. http://www.business-standard.com/india/storypage.php?autono=332686 (Stand: 17.05.09)

SCHENK, BIRGIT (1987): Die Struktur des internationalen Nachrichtenflusses. Analyse der empirischen Studien. In: *Rundfunk und Fernsehen* 35. S. 36-54.

SCHMIDT, DAGMAR/ WILKE, JÜRGEN (1998): Die Darstellung des Auslands in den deutschen Medien. Ergebnisse einer Inhaltsanalyse 1995. In: QUANDT, SIEGFRIED/ GAST, WOLFGANG (HRSG.): *Deutschland im Dialog der Kulturen*. Medien – Images – Verständigung. Konstanz: UVK Verlag, S. 167-184.

SCHMIDT, SIEGFRIED J./ ZURSTIEGE, GUIDO (2000): Ori*entierung Kommunikationswissenschaft*. Was sie kann, was sie will. Reinbek: Rowohlt-Verlag.

SCHNEIDER, BEATE (1984): Vom Friedensfürst zum Brandstifter. Massenmedien und internationale Politik. In: *Publizistik* 29, S. 303-323.

SCHRÖDER, MICHAEL/ SCHWANEBECK, AXÉL (2005): Es war einmal… Die Zeitungslandschaft verändert sich. In: DIES. (Hrsg.): *Zeitungszukunft. Zukunftszeitung*. Der schwierige Gang der Tagespresse in die Informationsgesellschaft des 21. Jahrhunderts. München: Verlag Reinhard Fischer, S. 9-22.

SCHULZ, WINFRIED (1976/1990): *Die Konstruktion von Realität in den Nachrichtenmedien*. Freiburg: Alber-Verlag.

SCHULZ, WINFRIED (1983): Nachrichtengeographie. Untersuchung über die Struktur der internationalen Berichterstattung. In: RÜHL, MANFRED/ STUIBER, HEINZ-WERNER (HRSG.): *Kommunikationspolitik in Forschung und Anwendung*. Düsseldorf: Droste Verlag, S. 281-291.

SCHWANEBECK, AXEL (2003): Die Welt im Wohnzimmer. Was leisten Auslandsberichte im deutschen Fernsehen? In: CIPPITELLI, CLAUDIA/ SCHWANEBECK, AXEL (HRSG.): *Nur Kriege, Krisen, Katastrophen?* Auslandsberichterstattung im deutschen Fernsehen. München: Verlag Reinhard Fischer, S. 13-30.

SEIFERT, KATRIN (2003): *Die Konstruktion Russlands in der Auslandsberichterstattung 1985–1995*. Berlin: Wiss.Verlag Berlin.

SEITZ, KONRAD (2006): *China – Eine Weltmacht kehrt zurück*. München: Goldmann.

SHANGHAI DAILY (2009): *About Shanghai Daily*. Näher einzusehen unter: http://www.shanghaidaily.com/about_daily.asp und http://www.supplychain.cn/en/cms/763 (Stand: 01.09.09)

SIEBERT, FRED S. / PETERSON, THEODORE/ SCHRAMM, WILBUR (1963): *Four theories of the press*: the authoritarian, libertarian, social responsibility and Soviet communist concepts of what the press should be and do. Illinois: University of Illinois Press.

SIEMONS, MARK (2009): *Hintergrundgespräch in Peking vom 21. Juni 2009.*

SIGNITZER, BENNO (1995): Public Relations und Public Diplomacy. In: MAHLE, WALTER A. (HRSG.): *Deutschland in der internationalen Kommunikation*. München: Ölschläger Verlag, S. 73-81.

SIMEONI, EVI (2009): *Leitfadeninterview vom 16. Juli 2009.* Vollständiges Interview im Anhang IV.

SIX, BERND (1988): Einstellungen, Stereotype und Vorurteile. In: KOWEL, SABINE (HRSG.): *Sozialpsychologie als Unterrichtsfach.* Bonn: Dt. Psychologen-Verlag, S.16-51.

SMITH, BRIAR (2008): Journalism and the Beijing Olympics – Liminality with Chinese characteristics. In: PRICE, MONROE E. / DAYAN, DANIEL (Hrsg.): *Owning the Olympics. Narratives of the New China.* Ann Arbor: University of Michigan Press, S. 210-229.

SMITH, CHARLES R. (2002): *The Great Firewall of China.* Näher einzusehen unter: http://archive.newsmax.com/archives/articles/2002/5/17/25858.shtml (Stand: 18.08.09).

SPROULE, MICHEAL J. / WARREN LEWIS (1994): *Channels of Propaganda.* Bloomington: Eric/ Edinfo Press.

STAAB, JOACHIM FRIEDRICH (1990): *Nachrichtenwert-Theorie.* Formale Struktur und empirischer Gehalt. Freiburg: Alber Verlag.

SÜDDEUTSCHE ZEITUNG (2009): *Überblick – Die Süddeutsche Zeitung.* Näher einzusehen unter: http://www.sueddeutsche.de/verlag/922/335772/text (Stand: 01.09.09)

SÜSSMUTH, HANS (1997): Deutschlandbilder im Ausland. Wahrnehmungsmuster und Imagebildung. In: *Deutschlandbilder in Polen und Russland, in der Tschechoslowakei und in Ungarn.* Baden-Baden: Nomos-Verlag, S. 11-28.

SWYSTUN, JEFF (2005): *The strategy of Chinese brands.* Interbrand Institute New York, Strategiepapier 1, Oktober 2005, http://www.brandchannel.com/images/papers/250_ChinaBrandStrategy.pdf (Stand: 26.05.09)

THE STATE ADMINISTRATION OF RADIO FILM AND TELEVISION (1997): *The Regulations on Radio and Television Administration.* Näher einzusehen unter: http://www.chinaculture.org/gb/en_aboutchina/2003-09/24/content_23354.htm (Stand: 18.08.09)

TUCH, HANS N. (1990): *Communicating with the world.* U.S. Public Diplomacy Overseas. New York: St. Martin's Press.

UNESCO, Deutsche UNESCO-Kommission, www.unesco.de/die-unesco.html (Stand: 22.04.09)

VERMEER, MANUEL (2007): *Was Sie wissen müssen, um mit Chinesen erfolgreich Geschäfte zu machen.* Wiesbaden: GWV Fachverlag.

Voglreiter, Sandra (2008): Wenn heute ein Sack Reis in China umfällt, interessiert das jeden. Das Berichtsgebiet China. In: Hahn, Oliver/ Lönnendonker, Julia/ Schröder, Roland (Hrsg.): *Deutsche Auslandskorrespondenten*. Konstanz: UVK-Verlag, S. 373-388.

Wang, Yiwei (2008): Public Diplomacy and the Rise of Chinese Soft Power. In: *The ANNALS of the American Academy and Social Science* 616, S. 257-273.

Weggel, Oskar (1989): *Geschichte Chinas im 20. Jahrhundert*. Stuttgart: Alfred Kröner Verlag.

Weischenberg, Siegfried (2004): *Journalistik - Medienkommunikation*. Theorie und Praxis. Band 1: Mediensysteme - Medienethik - Medieninstitutionen. Wiesbaden: VS Verlag für Sozialwissenschaften.

White, David Manning (1950): The "Gate Keeper". A case study in the selection of news. In: *Journalism Quarterly* 27, S. 383 -390.

Wilke, Jürgen (2003): Presse. In: Noelle-Neumann, Elisabeth/ Schulz, Winfried/ Wilke, Jürgen (Hrsg.): *Fischer Lexikon Publizistik Massenkommunikation*. Frankfurt a. M.: Fischer Verlag, S. 422-459.

Wilke, Jürgen (1996): Internationalisierung der Massenmedien. Auswirkungen auf die internationale Politik. In: *Internationale Politik* Nr. 11, S. 3-10.

Wilke, Jürgen (1989): Imagebildung durch Massenmedien. In: Schmidt-Sinns, Dieter (Hrsg.): *Völker und Nationen im Spiegel der Medien*. Bonn: Bundeszentrale für politische Bildung, S. 11-22.

Wilke, Jürgen (1986): Auslandsberichterstattung und internationaler Nachrichtenfluss im Wandel. In: *Publizistik*. 31, S. 59-90.

Woesler, Martin (2006): *Zwischen Exotismus, Sinozentrismus und Chinoiserie, Europeérie*. 3. Auflage. Bochum : Europäischer Universitäts-Verlag.

Wood, Frances (1996): *Marco Polo kam nicht bis China*. München: Pieper.

World Association of Newspapers (2007): *World Press Trends 2007*. Näher einzusehen unter: http://www.wan-press.org/article14367.html (Stand: 31.08.09)

World Bank (2007): *Poverty Report 2007*. Näher einzusehen unter: www.worldbank.org/poverty/ oder in Auszügen unter: http://www.zeit.de/online/2008/35/weltbank-armut (Stand: 25.08.09)

Xiaoyu Jiang (2009): Beijing embodies power, spirit of Games. In: *China Daily*, 05.08.2009.

Xie Yu/Zhang Haizhou (2009): *Leitfadeninterview in Peking vom 21. Juni 2009*. Vollständiges Interview in Anhang IV.

Xin Xin (2006): A developing market in news: Xinhua News Agency and Chinese newspapers. In: *Media, Culture & Society* 28, S. 45-66.

Zhang Zhenhuan (1994): Chinesen sind Chinesen, und damit war alles gesagt. Die Struktur der China- und Chinesenbilder in der deutschen Unterhaltungsliteratur. In: Harth, Dietrich (Hrsg.): *Fiktion des Fremden*. Erkundung kultureller Grenzen. Frankfurt a. M.: Literatur und Publizistik, S. 224-241.

Zhao Yuezhi (1998): *Media, Market and Democracy in China*: Between the Party Line and the Bottom Line. Chicago: University of Illinois Press.

ANHANG

Anhang I: Weitere Tabellen und Grafiken zur qualitativen Datenauswertung

Anhang II: Reliabilitätstest

Anhang III: Codebuch

Anhang IV: Leitfadeninterviews

Anhang I: Weitere Tabellen und Grafiken zur quantitativen Datenauswertung

Grafik- und Tabellenverzeichnis

Tab. 1: **Platzierung auf der Titelseite**

Platzierung auf der Titelseite	Name der Zeitung				Gesamt
	Frankfurter Allgemeine Zeitung	Süddeutsche Zeitung	China Daily	Shanghai Daily	
nicht auf der Titelseite in voller Länge platziert oder erwähnt	126 90,0%	129 92,1%	206 89,2%	99 80,5%	560 88,3%
in voller Länge auf der Titelseite platziert oder erwähnt	14 10,0%	11 7,9%	25 10,8%	24 19,5%	74 11,7%
Gesamt	140 100,0%	140 100,0%	231 100,0%	123 100,0%	634 100,0%

Tab. 2: **Abbildungen Artikel**

Abbildungen Gesamt	Name der Zeitung			
	Frankfurter Allgemeine Zeitung	Süddeutsche Zeitung	China Daily	Shanghai Daily
0	62 44,3%	43 30,7%	104 45,0%	62 50,4%
1	48 34,3%	64 45,7%	96 41,6%	37 30,1%
2	9 6,4%	17 12,1%	7 3,0%	9 7,3%
3	5 3,6%	4 2,9%	6 2,6%	2 1,6%
4	6 4,3%	2 1,4%	4 1,7%	2 1,6%

5	5 3,6%	5 3,6%	2 0,9%	1 0,8%
6	1 0,7%	3 2,1%	4 1,7%	3 2,4%
7	0 0,0%	1 0,7%	2 0,9%	3 2,4%
8	3 2,1%	0 0,0%	4 1,7%	1 0,8%
9	0 0,0%	1 0,7%	0 0,0%	2 1,6%
10	1 0,7%	0 0,0%	1 0,4%	0 0,0%
13	0 0,0%	0 0,0%	0 0,0%	1 0,8%
24	0 0,0%	0 0,0%	1 0,4%	0 0,0%
Gesamt	140 100,0%	140 100,0%	231 100,0%	123 100,0%

Tab. 3: Bewertung Chinas durch FAZ und SZ Quellen

Explizite Bewertung Chinas im Kontext	Quelle des Artikels					
	Olympia-korrespondent	Redaktion der Zeitung	Auslands-korrespondent der Zeitung	Deutsche Nachrichten-agentur	Gast-autor/ Kommentator	Nicht ersichtlich
keine explizite Wertung	6 7,3%	23 25,8%	8 18,6%	15 93,8%	1 4,5%	1 50,0%
sehr kritisch	10 12,2%	13 14,6%	9 20,9%	0 0,0%	1 4,5%	0 0,0%
eher kritisch	20 24,4%	22 24,7%	14 32,6%	1 6,3%	7 31,8%	1 50,0%
neutral/ ausgewogen	24 29,3%	14 15,7%	7 16,3%	0 0,0%	3 13,6%	0 0,0%
eher lobend	20 24,4%	15 16,9%	5 11,6%	0 0,0%	7 31,8%	0 0,0%
sehr lobend	2 2,4%	2 2,2%	0 0,0%	0 0,0%	3 13,6%	0 0,0%
Gesamt	82 100,0%	89 100,0%	43 100,0%	16 100,0%	22 100,0%	2 100,0%

Tab. 4: Bewertung Chinas durch CD und SD Quellen

Explizite Bewertung Chinas im Kontext	Quelle des Artikels							
	Olympiakorrespondent	Redaktion der Zeitung	Auslandskorrespondent der Zeitung	Deutsche Nachrichtenagentur	Chinesische Nachrichtenagentur Xinhua	Internationale Nachrichtenagentur	Gastautor/ Kommentator	Nicht ersichtlich
keine explizite Wertung	21 43,8%	47 36,7%	0 0,0%	1 100,0%	22 35,5%	8 61,5%	6 13,3%	0 0,0%
sehr kritisch	0 0,0%	0 0,0%	0 0,0%	0 0,0%	0 0,0%	0 0,0%	1 2,2%	0 0,0%
eher kritisch	0 0,0%	6 4,7%	0 0,0%	0 0,0%	2 3,2%	0 0,0%	6 13,3%	0 0,0%
neutral/ ausgewogen	2 4,2%	12 9,4%	0 0,0%	0 0,0%	9 14,5%	1 7,7%	4 8,9%	1 14,3%
eher lobend	18 37,5%	45 35,2%	1 100,0%	0 0,0%	25 40,3%	3 23,1%	14 31,1%	4 57,1%
sehr lobend	7 14,6%	18 14,1%	0 0,0%	0 0,0%	4 6,5%	1 7,7%	14 31,1%	2 28,6%
Gesamt	48 100,0 %	128 100,0 %	1 100,0%	1 100,0%	62 100,0%	13 100,0%	45 100,0 %	7 100,0 %

Tab. 5: Interviewpartner als Quellen der Olympiaberichterstattung

Namen der Olympiakorrespondenten (spätere Interviewpartner)	Name der Zeitung			
	Frankfurter Allgemeine Zeitung	Süddeutsche Zeitung	China Daily	Shanghai Daily
keiner der genannten Olympiakorrespondenten	114 81,4%	133 95,0%	224 97,0%	110 89,4%
Evi Simeoni (FAZ)	26 18,6%	0 0,0%	0 0,0%	0 0,0%
Thomas Hahn (SZ)	0 0,0%	7 5,0%	0 0,0%	0 0,0%
Xie Yu und Zhang Haizhou (China Daily)	0 0,0%	0 0,0%	7 3,0%	0 0,0%
Ma Yue (Shanghai Daily)	0 0,0%	0 0,0%	0 0,0%	13 10,6%
Gesamt	140 100,0%	140 100,0%	231 100,0%	123 100,0%

Grafik 1: Hauptthemen der Olympiaberichterstattung

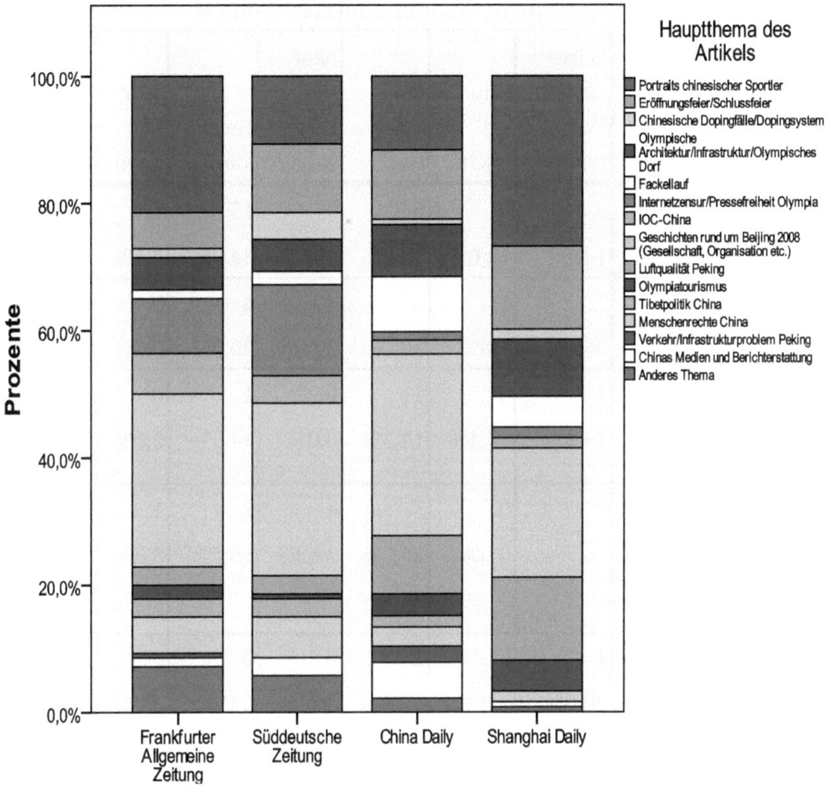

Tab. 6: Hauptthemen und explizite Bewertung Chinas in FAZ und SZ

Hauptthema des Artikels	Explizite Bewertung Chinas im Kontext						Gesamt
	keine explizite Wer-tung	sehr kri-tisch	eher kri-tisch	neut-ral/ ausge-wogen	eher lobend	sehr lo-bend	
Portraits chinesischer Sportler	6 14,0%	6 14,0%	6 14,0%	9 20,9%	15 34,9%	1 2,3%	43 100,0%
Eröffnungsfeier/ Schlussfeier	7 35,0%	1 5,0%	4 20,0%	4 20,0%	4 20,0%	0 0,0%	20 100,0%
Chinesische Dopingfälle/ Dopingsystem	1 14,3%	4 57,1%	1 14,3%	0 0,0%	1 14,3%	0 0,0%	7 100,0%
Olympische Architektur/Infrastruktur/Olympisches Dorf	2 16,7%	0 0,0%	3 25,0%	4 33,3%	2 16,7%	1 8,3%	12 100,0%
Fackellauf	1 20,0%	0 0,0%	2 40,0%	2 40,0%	0 0,0%	0 0,0%	5 100,0%
Internetzensur/ Pressefreiheit Olympia	12 37,5%	7 21,9%	11 34,4%	2 6,3%	0 0,0%	0 0,0%	32 100,0%
IOC-China	5 35,7%	3 21,4%	3 21,4%	2 14,3%	0 0,0%	1 7,1%	14 100,0%
Geschichten rund um Beijing 2008 (Gesellschaft, Organisation etc.)	7 10,8%	3 4,6%	14 21,5%	18 27,7%	21 32,3%	2 3,1%	65 100,0%
Luftqualität Peking	1 14,3%	0 0,0%	5 71,4%	0 0,0%	1 14,3%	0 0,0%	7 100,0%

Olympia-tourismus	1 33,3%	0 0,0%	1 33,3%	0 0,0%	1 33,3%	0 0,0%	3 100,0%
Tibetpolitik China	4 57,1%	3 42,9%	0 0,0%	0 0,0%	0 0,0%	0 0,0%	7 100,0%
Menschenrechte China	3 17,6%	4 23,5%	7 41,2%	1 5,9%	1 5,9%	1 5,9%	17 100,0%
Verkehr/ Infrastruktur-problem Peking	0 0,0%	0 0,0%	0 0,0%	1 100,0%	0 0,0%	0 0,0%	1 100,0%
Chinas Medien und Bericht-erstattung	2 33,3%	0 0,0%	2 33,3%	1 16,7%	0 0,0%	1 16,7%	6 100,0%
Anderes Thema	2 13,3%	2 13,3%	6 40,0%	4 26,7%	1 6,7%	0 0,0%	15 100,0%
Gesamt	54 21,3%	33 13,0%	65 25,6%	48 18,9%	47 18,5%	7 2,8%	254 100,0%

Tab 7: Hauptthemen und explizite Bewertung Chinas in CD und SD

Hauptthema des Artikels	Explizite Bewertung Chinas im Kontext						Gesamt
	keine explizite Wertung	sehr kritisch	eher kritisch	neutral/ ausgewogen	eher lobend	sehr lobend	
Portraits chinesischer Sportler	20 36,4%	0 0,0%	2 3,6%	4 7,3%	20 36,4%	9 16,4%	55 100,0%
Eröffnungsfeier/ Schlussfeier	6 17,1%	0 0,0%	0 0,0%	5 14,3%	14 40,0%	10 28,6%	35 100,0%

Chinesische Dopingfälle/ Dopingsystem	1 25,0%	0 0,0%	1 25,0%	1 25,0%	1 25,0%	0 0,0%	4 100,0%
Olympische Architektur/ Infrastruktur/ Olympisches Dorf	11 44,0%	0 0,0%	0 0,0%	1 4,0%	8 32,0%	5 20,0%	25 100,0%
Fackellauf	6 50,0%	0 0,0%	0 0,0%	0 0,0%	4 33,3%	2 16,7%	12 100,0%
Internetzensur/ Pressefreiheit Olympia	0 0,0%	1 20,0%	2 40,0%	0 0,0%	2 40,0%	0 0,0%	5 100,0%
IOC-China	4 57,1%	0 0,0%	0 0,0%	0 0,0%	1 14,3%	2 28,6%	7 100,0%
Geschichten rund um Beijing 2008 (Gesellschaft, Organisation etc.)	29 36,7%	0 0,0%	4 5,1%	8 10,1%	26 32,9%	12 15,2%	79 100,0%
Luftqualität Peking	9 25,0%	0 0,0%	3 8,3%	3 8,3%	20 55,6%	1 2,8%	36 100,0%
Olympiatourismus	5 45,5%	0 0,0%	0 0,0%	2 18,2%	3 27,3%	1 9,1%	11 100,0%
Tibetpolitik China	1 25,0%	0 0,0%	0 0,0%	1 25,0%	1 25,0%	1 25,0%	4 100,0%
Menschenrechte China	2 25,0%	0 0,0%	1 12,5%	3 37,5%	2 25,0%	0 0,0%	8 100,0%
Verkehr/ Infrastrukturproblem Peking	2 40,0%	0 0,0%	0 0,0%	0 0,0%	2 40,0%	1 20,0%	5 100,0%

Chinas Medien und Bericht-erstattung	6 46,2%	0 0,0%	0 0,0%	1 7,7%	4 30,8%	2 15,4%	13 100,0%
Anderes Thema	3 50,0%	0 0,0%	1 16,7%	0 0,0%	2 33,3%	0 0,0%	6 100,0%
Gesamt	105 34,4%	1 0,3%	14 4,6%	29 9,5%	110 36,1%	46 15,1%	305 100,0%

Tab. 8: Nebenthema I der Olympiaberichterstattung

Nebenthema I	Name der Zeitung				Gesamt
	Frankfur-ter Allge-meine Zeitung	Süddeut-sche Zeitung	China Daily	Shanghai Daily	
kein Nebenthema	86 61,4%	103 73,6%	182 78,8%	106 86,2%	477 75,2%
Portraits chinesischer Sportler	3 2,1%	3 2,1%	4 1,7%	2 1,6%	12 1,9%
Eröffnungsfeier/ Schlussfeier	2 1,4%	2 1,4%	6 2,6%	2 1,6%	12 1,9%
Chinesische Doping-fälle/Dopingsystem	5 3,6%	1 0,7%	0 0,0%	0 0,0%	6 0,9%
Olympische Architek-tur/Infrastruktur/ Olympisches Dorf	1 0,7%	3 2,1%	4 1,7%	2 1,6%	10 1,6%
Fackellauf	0 0,0%	0 0,0%	1 0,4%	0 0,0%	1 0,2%
Internetzensur/ Pressefreiheit Olympia	3 2,1%	4 2,9%	2 0,9%	0 0,0%	9 1,4%

IOC-China	2 1,4%	6 4,3%	0 0,0%	1 0,8%	9 1,4%
Geschichten rund um Beijing 2008 (Gesellschaft, Organisation etc.)	9 6,4%	5 3,6%	14 6,1%	7 5,7%	35 5,5%
Luftqualität Peking	4 2,9%	1 0,7%	8 3,5%	2 1,6%	15 2,4%
Olympiatourismus	0 0,0%	0 0,0%	1 0,4%	0 0,0%	1 0,2%
Tibetpolitik China	6 4,3%	1 0,7%	3 1,3%	0 0,0%	10 1,6%
Menschenrechte China	11 7,9%	9 6,4%	4 1,7%	0 0,0%	24 3,8%
Verkehr/Infrastrukturproblem Peking	1 0,7%	0 0,0%	0 0,0%	0 0,0%	1 0,2%
Chinas Medien und Berichterstattung	2 1,4%	2 1,4%	1 0,4%	0 0,0%	5 0,8%
Sonstiges	5 3,6%	0 0,0%	1 0,4%	1 0,8%	7 1,1%
Gesamt	140 100,0%	140 100,0%	231 100,0%	123 100,0%	634 100,0%

Tab. 9: Nebenthema II der Olympiaberichterstattung

Nebenthema II	Name der Zeitung				Gesamt
	Frankfurter Allgemeine Zeitung	Süddeutsche Zeitung	China Daily	Shanghai Daily	
keine zweites Nebenthema	123 87,9%	133 95,0%	221 95,7%	123 100,0%	600 94,6%
Chinesische Dopingfälle/Dopingsystem	1 0,7%	0 0,0%	0 0,0%	0 0,0%	1 0,2%
Olympische Architektur/Infrastruktur/ Olympisches Dorf	0 0,0%	2 1,4%	1 0,4%	0 0,0%	3 0,5%
Internetzensur/ Pressefreiheit Olympia	3 2,1%	0 0,0%	1 0,4%	0 0,0%	4 0,6%
IOC-China	0 0,0%	1 0,7%	0 0,0%	0 0,0%	1 0,2%
Geschichten rund um Beijing 2008 (Gesellschaft, Organisation etc.)	4 2,9%	2 1,4%	5 2,2%	0 0,0%	11 1,7%
Luftqualität Peking	0 0,0%	1 0,7%	1 0,4%	0 0,0%	2 0,3%
Tibetpolitik China	2 1,4%	0 0,0%	1 0,4%	0 0,0%	3 0,5%
Menschenrechte China	4 2,9%	1 0,7%	1 0,4%	0 0,0%	6 0,9%
Verkehr/Infrastrukturproblem Peking	2 1,4%	0 0,0%	0 0,0%	0 0,0%	2 0,3%
Sonstiges	1 0,7%	0 0,0%	0 0,0%	0 0,0%	1 0,2%

Gesamt	140 100,0%	140 100,0%	231 100,0%	123 100,0%	634 100,0%

Tab. 10: Themen der vorolympischen Berichterstattung (01.07-07.08.08)

Hauptthema des Artikels	Name der Zeitung				Gesamt
	Frankfurter Allgemeine Zeitung	Süd-deutsche Zeitung	China Daily	Shanghai Daily	
Portraits chinesischer Sportler	11 16,7%	4 5,7%	9 7,3%	5 7,6%	29 8,9%
Eröffnungsfeier/ Schlussfeier	2 3,0%	5 7,1%	9 7,3%	5 7,6%	21 6,5%
Chinesische Doping-fälle/Dopingsystem	2 3,0%	4 5,7%	2 1,6%	2 3,0%	10 3,1%
Olympische Archi-tektur/Infrastruktur/ Olympisches Dorf	5 7,6%	3 4,3%	10 8,1%	11 16,7%	29 8,9%
Fackellauf	2 3,0%	3 4,3%	18 14,6%	6 9,1%	29 8,9%
Internetzensur/Presse-freiheit Olympia	12 18,2%	17 24,3%	3 2,4%	1 1,5%	33 10,2%
IOC-China	6 9,1%	4 5,7%	3 2,4%	2 3,0%	15 4,6%
Geschichten rund um Beijing 2008 (Gesell-schaft, Organisation etc.)	9 13,6%	15 21,4%	32 26,0%	15 22,7%	71 21,8%
Luftqualität Peking	2 3,0%	3 4,3%	11 8,9%	9 13,6%	25 7,7%

Olympiatourismus	3 4,5%	1 1,4%	4 3,3%	6 9,1%	14 4,3%
Tibetpolitik China	3 4,5%	2 2,9%	3 2,4%	0 0,0%	8 2,5%
Menschenrechte China	3 4,5%	4 5,7%	5 4,1%	2 3,0%	14 4,3%
Verkehr/Infrastrukturproblem Peking	0 0,0%	0 0,0%	5 4,1%	0 0,0%	5 1,5%
Chinas Medien und Berichterstattung	1 1,5%	0 0,0%	7 5,7%	1 1,5%	9 2,8%
Anderes Thema	5 7,6%	5 7,1%	2 1,6%	1 1,5%	13 4,0%
Gesamt	66 100,0%	70 100,0%	123 100,0%	66 100,0%	325 100,0%

Tab. 11: Themen während der Olympischen Spiele (08.08-24.08.08)

Hauptthema des Artikels	Name der Zeitung				Gesamt
	Frankfurter Allgemeine Zeitung	Süddeutsche Zeitung	China Daily	Shanghai Daily	
Portraits chinesischer Sportler	18 27,7%	10 16,7%	17 18,5%	26 54,2%	71 26,8%
Eröffnungsfeier/ Schlussfeier	6 9,2%	7 11,7%	12 13,0%	6 12,5%	31 11,7%
Chinesische Dopingfälle/Dopingsystem	0 0,0%	1 1,7%	0 0,0%	0 0,0%	1 0,4%

Olympische Architektur/Infrastruktur/ Olympisches Dorf	1 1,5%	3 5,0%	7 7,6%	0 0,0%	11 4,2%
Fackellauf	0 0,0%	0 0,0%	2 2,2%	0 0,0%	2 0,8%
Internetzensur/Pressefreiheit Olympia	0 0,0%	3 5,0%	0 0,0%	1 2,1%	4 1,5%
IOC-China	1 1,5%	2 3,3%	1 1,1%	0 0,0%	4 1,5%
Geschichten rund um Beijing 2008 (Gesellschaft, Organisation etc.)	26 40,0%	20 33,3%	27 29,3%	9 18,8%	82 30,9%
Luftqualität Peking	2 3,1%	1 1,7%	10 10,9%	6 12,5%	19 7,2%
Olympiatourismus	0 0,0%	0 0,0%	4 4,3%	0 0,0%	4 1,5%
Tibetpolitik China	1 1,5%	1 1,7%	1 1,1%	0 0,0%	3 1,1%
Menschenrechte China	3 4,6%	5 8,3%	2 2,2%	0 0,0%	10 3,8%
Verkehr/Infrastrukturproblem Peking	1 1,5%	0 0,0%	1 1,1%	0 0,0%	2 0,8%
Chinas Medien und Berichterstattung	1 1,5%	4 6,7%	5 5,4%	0 0,0%	10 3,8%
Anderes Thema	5 7,7%	3 5,0%	3 3,3%	0 0,0%	11 4,2%
Gesamt	65 100,0%	60 100,0%	92 100,0%	48 100,0%	265 100,0%

Tab. 12: Themen der nacholympischen Woche (25.08-31.08.08)

Hauptthema des Artikels	Name der Zeitung				Gesamt
	Frankfurter Allgemeine Zeitung	Süddeutsche Zeitung	China Daily	Shanghai Daily	
Portraits chinesischer Sportler	1 11,1%	1 10,0%	1 6,3%	2 22,2%	5 11,4%
Eröffnungsfeier/ Schlussfeier	0 0,0%	3 30,0%	4 25,0%	5 55,6%	12 27,3%
Chinesische Dopingfälle/Dopingsystem	0 0,0%	1 10,0%	0 0,0%	0 0,0%	1 2,3%
Olympische Architektur/Infrastruktur/ Olympisches Dorf	1 11,1%	1 10,0%	2 12,5%	0 0,0%	4 9,1%
IOC-China	2 22,2%	0 0,0%	1 6,3%	0 0,0%	3 6,8%
Geschichten rund um Beijing 2008 (Gesellschaft, Organisation etc.)	3 33,3%	3 30,0%	7 43,8%	1 11,1%	14 31,8%
Luftqualität Peking	0 0,0%	0 0,0%	0 0,0%	1 11,1%	1 2,3%
Tibetpolitik China	0 ,0%	1 10,0%	0 0,0%	0 0,0%	1 2,3%
Menschenrechte China	2 22,2%	0 0,0%	0 0,0%	0 0,0%	2 4,5%
Chinas Medien und Berichterstattung	0 0,0%	0 0,0%	1 6,3%	0 0,0%	1 2,3%
Gesamt	9 100,0%	10 100,0%	16 100,0%	9 100,0%	44 100,0%

Tab. 13: Konflikt/ Kontroverse in der Olympiaberichterstattung

Konflikt/ Kontroverse	Name der Zeitung				Gesamt
	Frankfurter Allgemeine Zeitung	Süddeutsche Zeitung	China Daily	Shanghai Daily	
nicht enthalten	62 50,8%	71 53,8%	145 72,9%	77 72,6%	355 63,5%
enthalten	60 49,2%	61 46,2%	54 27,1%	29 27,4%	204 36,5%
Gesamt	122 100,0%	132 100,0%	199 100,0%	106 100,0%	559 100,0%

Tab. 14: Themen mit Konflikt/ Kontroverse

Hauptthema des Artikels	Konflikt/Kontroverse FAZ/ SZ		Konflikt/Kontroverse China Daily/ Shanghai Daily	
	enthalten	nicht enthalten	enthalten	nicht enthalten
Portraits chinesischer Sportler	5	38	1	54
	4,1%	28,6%	1,2%	24,3%
Eröffnungsfeier/ Schlussfeier	9	11	3	32
	7,4%	8,3%	3,6%	14,4%
Chinesische Dopingfälle/Dopingsystem	7	0	3	1
	5,8%	0,0%	3,6%	0,5%
Olympische Architektur/Infrastruktur/	2	10	5	20
	1,7%	7,5%	6,0%	9,0%
Fackellauf	1	4	1	11
	0,8%	3,0%	1,2%	5,0%

Internetzensur/Presse-freiheit Olympia	30	2	4	1
	24,8%	1,5%	4,8%	0,5%
IOC-China	8	6	0	7
	6,6%	4,5%	0,0%	3,2%
‚Geschichten rund um Beijing 2008'	21	44	11	68
	17,4%	33,1%	13,3%	30,6%
Luftqualität Peking	6	1	32	4
	5,0%	0,8%	38,6%	1,8%
Olympiatourismus	0	3	2	9
	0,0%	2,3%	2,4%	4,1%
Tibetpolitik China	7	0	4	0
	5,8%	0,0%	4,8%	0,0%
Menschenrechte China	17	0	8	0
	14,0%	0,0%	9,6%	0,0%
Verkehr/Infrastruktur-problem Peking	0	1	3	2
	0,0%	0,8%	3,6%	0,9%
Chinas Medien und Berichterstattung	1	5	5	8
	0,8%	3,8%	6,0%	3,6%
Anderes Thema	7	8	1	5
	5,8%	6,0%	1,2%	2,3%
Gesamt	121	133	83	222
	100,0%	100,0%	100,0%	100,0%

Tab. 15: Nebenhandlungsträger I

Chinesischer Nebenhandlungsträger I	Name der Zeitung				Gesamt
	Frankfurter Allgemeine Zeitung	Süddeutsche Zeitung	China Daily	Shanghai Daily	
Kein Nebenhandlungsträger	68,9%	53,8%	71,4%	79,2%	68,2%
Chinesische Sportler	1 0,8%	8 6,1%	8 4,0%	4 3,8%	21 3,8%
Regierung, Regierungschef, Kommunistische Partei	7 5,7%	20 15,2%	9 4,5%	7 6,6%	43 7,7%
Chinesische Dissidenten/ Kritiker von Chinas Regierung	6 4,9%	4 3,0%	3 1,5%	0 0,0%	13 2,3%
Mitwirkende der Eröffnungsfeier/ Schlussfeier	4 3,3%	1 0,8%	4 2,0%	0 0,0%	9 1,6%
Volunteers/ Freiwillige Helfer	3 2,5%	0 0,0%	5 2,5%	1 0,9%	9 1,6%
Chinesische Medien	1 0,8%	5 3,8%	3 1,5%	2 1,9%	11 2,0%
Bevölkerung Chinas rund um Olympia und Peking	9 7,4%	13 9,8%	17 8,5%	6 5,7%	45 8,1%
Chinesische Sponsoren/Unternehmen	1 0,8%	3 2,3%	2 1,0%	0 0,0%	6 1,1%
Chinesische Trainer/ Betreuer	5 4,1%	6 4,5%	3 1,5%	2 1,9%	16 2,9%

Andere	1 0,8%	1 0,8%	3 1,5%	0 0,0%	5 0,9%
Gesamt	122 100,0%	132 100,0%	199 100,0%	106 100,0%	559 100,0%

Tab.16: Nebenhandlungsträger II

Chinesischer Nebenhandlungsträger II	Name der Zeitung				Gesamt
	Frankfurter Allgemeine Zeitung	Süddeutsche Zeitung	China Daily	Shanghai Daily	
kein Handlungsträger	111 91,0%	123 93,2%	189 95,0%	103 97,2%	526 94,1%
Chinesische Sportler	0 0,0%	0 0,0%	3 1,5%	0 0,0%	3 0,5%
Regierung, Regierungschef, Kommunistische Partei	2 1,6%	0 0,0%	2 1,0%	1 0,9%	5 0,9%
Chinesische Medien	2 1,6%	1 0,8%	1 0,5%	0 0,0%	4 0,7%
Bevölkerung Chinas rund um Olympia und Peking	5 4,1%	7 5,3%	2 1,0%	2 1,9%	16 2,9%
Chinesische Sponsoren/Unternehmen	1 0,8%	0 0,0%	0 0,0%	0 0,0%	1 0,2%
Chinesische Trainer/Betreuer	1 0,8%	1 0,8%	2 1,0%	0 0,0%	4 0,7%
Gesamt	122 100,0%	132 100,0%	199 100,0%	106 100,0%	559 100,0%

Grafik 2: Explizite Bewertung Chinas in den vier Tageszeitungen

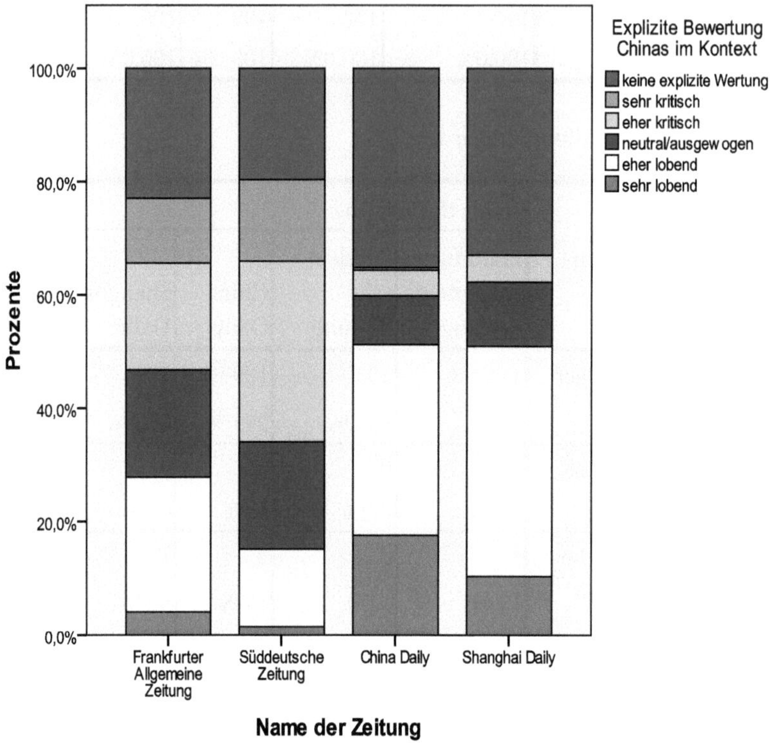

Anhang II: Reliabilitätstest

Kategorien/ Variablen	Anzahl übereinstimmender Codierungen	Gesamtzahl Codierungen	Korrelations-Koeffizient
V4: Ressort	16	16	1
V5: Platzierung Titelseite	16	16	1
V6: Platzierung Seite	15	16	0,9375
V7: Umfang	16	16	1
V8: Abbildung Foto	16	16	1
V9: Abbildung Grafik	16	16	1
V10: Abbildung Landkarte	16	16	1
V11: Abbildung Tabelle	16	16	1
V12: Abbildung Infokasten	16	16	1
V13: Abbildung Karikatur	16	16	1
V14: Abbildung Gesamt	16	16	1
V15: Darstellungsform	14	16	0,875
V16: Quelle des Artikels	15	16	0,9375
V17: Olympiakorrespondent	16	16	1
V18: Hauptthema	15	16	0,9375
V19: Nebenthema I	15	16	0,9375
V20: Nebenthema II	16	16	1
V21: Wertung im Artikel	16	16	1
V22: Explizite Wertung	16	16	1
V23: Explizite Wertung	14	16	0,875
China	16	16	1
V24: Implizite Wertung	13	16	0,8125
V25: Chin. Handlungsträger	14	16	0,875
V26: Chinesische Neben-	15	16	0,9375
handlungsträger I	15	16	0,9375
V27: Chinesische Neben-	15	16	0,9375
handlungsträgerII	15	16	0,9375
V28: Chin. Aussageträger I	15	16	0,9375
V29: Bewertung	16	16	1
V30: Chin. Aussageträger II	15	16	0,9375

V31: Bewertung	14	16	0,9375
V32: Chin. Aussageträger III	16	16	1
V33: Bewertung	15	16	0,9375
V34: Nicht-chinesische	16	16	0,875
Aussageträger I	16	16	
V35: Bewertung	16	16	1
V36: Nicht-chinesische	14	16	0,9375
Aussageträger II	14	16	
V37: Bewertung	15	16	1
V38: Nicht-chinesische	12	16	1
Aussageträger III			
V39: Bewertung	16	16	1
V40: Konflikt/Kontroverse	14	16	0,875
V41: Vergleich China	14	16	0,875
Deutschland			
V42: Rolle Chinas	15	16	0,9375
V43: Nationale Stereotype	12	16	0,75
China			
	Gesamt	Gesamt	Gesamt
	606	640	0,9515

Anhang III: Codebuch

Analyseeinheit und Kriterien für den Zugriff:
Als Analyseeinheit gilt der einzelne Artikel. Grundvorrausetzung für die Einbeziehung in die Analyse ist die Erkennbarkeit des Artikels. Diese ist gegeben, wenn eine Überschrift vorhanden ist oder dieser mit Fett gedrucktem oder groß geschriebenem Wort beginnt. Zur gesamten Analyseeinheit `Artikel` gehört, sofern vorhanden, die Überschrift, ein Untertitel, Fließtext und Abbildungen.

Das Zugriffskriterium ist die Thematisierung der Olympischen Spiele 2008 in Peking. Dabei wird jedoch aus ökonomischen Gründen nicht die reine Sportberichterstattung berücksichtigt, weder die chinesischer noch deutscher Sportler (oder anderer Nationen). Vielmehr werden Artikel als Analyseeinheit ausgewählt, die direkt oder indirekt Rückschlüsse auf das Nationenbild Chinas (in Fremd- und Eigenansicht) liefern. Die Thematisierung kann unterschiedlich stark ausgeprägt sein und muss nicht direkt aus der Überschrift hervorgehen. Neben der Überschrift, können etwa Abbildungen oder Bildzeilen Hinweise auf die Verwendbarkeit des Artikels für diese Studie liefern. Der Artikel wird dann soweit gelesen, bis eine klare inhaltliche Zuordnung erfolgen kann. Andernfalls wird der Artikel für diese Inhaltsanalyse nicht berücksichtigt.

Identifikatoren:

V1 Laufende Nummer
Alle Artikel, die den Kriterien der Auswahl und dem Themenkreis zugeordnet werden können (vgl. Anhangsliste V15 Hauptthema des Artikels), werden mit einer fortlaufenden Nummerierung versehen.

V2 Name der Zeitung
1 = Frankfurter Allgemeine Zeitung
2 = Süddeutsche Zeitung
3 = China Daily
4 = Shanghai Daily

V3 Erhebungstag/Datum

Untersuchungszeitraum der Erhebung sind die beiden Monate Juli und August 2008. Das Datum setzt sich aus den Tagen des Monats 1 bis 31 und den beiden Monaten der Untersuchung Juli und August (07 und 08 als siebter und achter Monat des Jahres) zusammen. Für die Codierung mit SPSS 17 muss das Datum allerdings durch den durchnummerierten Erhebungstag ersetzt werden, um brauchbare Ergebnisse zu erzielen. Bsp: Das Datum 2307 erhält die Zuweisung 23, das Datum 808 erhält die fortlaufende Zuweisung 39. So werden die Erhebungstage von 1 bis 62 durchcodiert gemäß den beiden Monaten. Bei Zeitungsausgaben für mehrere Tage, z.B. Wochenendausgaben am Samstag und Sonntag oder aber auch ggf. Feiertagsausgaben, wird der erste Tag codiert.

Formale Variablen:

V4 Ressort

Es wird codiert, in welchem Ressort sich der Artikel befindet. Dabei werden die einzelnen Ressorts und Bezeichnungen der vier Tageszeitungen berücksichtigt, aber zur besseren Überschaubarkeit und einfacheren Darstellung in folgende Hauptressorts zusammengefasst. Welche Ressorts der einzelnen Tageszeitungen in welches Hauptressort gehören, wird in der `Anhangsliste V4 Ressorts` beschrieben.

1 = Sport
2 = Politik
3 = Feuilleton
4 = Wirtschaft
5 = Reise/ Tourismus
6 = Panorama
99 = andere

V5 Platzierung auf der Titelseite

0 = nicht auf der Titelseite in voller Länge platziert oder erwähnt
1 = In voller Länge auf der Titelseite platziert oder erwähnt (z.B. als Verweis)

V6 Platzierung auf der Seite

Bei der Platzierung wird ermittelt, wo der Artikel (oder der größte Teil des Artikels) auf der Zeitungsseite zu finden ist. Als Aufmacher gilt dabei der prägende Artikel der Zeitungsseite, Umfang und Platzierung können dabei variieren.

1 = Aufmacher
2 = Oben zentral
3 = Mitte zentral
4 = Unten zentral
5 = Oben Rand
6 = Mitte Rand
7 = Unten Rand

V7 Umfang

Der Umfang des Artikels soll als numerische Variable erfasst werden und in cm angegeben werden. Fotos und Text fallen dabei zusammen in die Abmessung. Länge und Breite des Artikels werden mit dem Lineal abgemessen und zum Umfang multipliziert. Ist etwa der Artikel 24 cm groß, wird die Variable mit 24 codiert.

V8 Abbildung – Foto

Variable 8 wird als numerische Variable erfasst. Es werden fotografische Abbildungen jeglicher Art codiert. Ist kein Foto vorhanden wird mit 0 codiert, ansonsten die genaue Anzahl der Fotos. Die folgenden Variablen V9 – V13 werden auch als numerische Variable erfasst.

V9 Abbildung – Grafik

Unter der Variablen Grafik werden Diagramme, Schaubilder und schematische Darstellungen codiert. V9 ist eine numerische Variable.

V10 Abbildung – Landkarte

Unter der Variablen Landkarte werden geografische Darstellungen aller Art codiert. V10 ist eine numerische Variable.

V11 Abbildung – Tabelle

Als Tabellen werden tabellarische Übersichten von Fakten, Zahlen oder Begriffen wie z.B. der Olympiamedaillenspiegel codiert. V11 ist eine numerische Variable

V12 Abbildung – Info-Kasten

Unter der Variablen Info-Kasten werden grafische Kästen mit Zusatzinformationen und Hintergrundfakten codiert. V12 ist eine numerische Variable.

V13 Abbildung – Karikatur

Karikaturen sind überzeichnete Darstellung eines Sachverhaltes und z.B. auf den Seiten `Kommentar/ Meinung` zu finden. V13 ist eine numerische Variable.

V14 Abbildungen Gesamt

Zählt man die Abbildungen von V8 bis V13 zusammen, erhält man für die einzelne Analyseeinheit Artikel die Gesamtzahl der Abbildungen. V14 ist eine numerische Variable

V15 Darstellungsform

Die genauen Beschreibungen der jeweiligen Darstellungsformen sind in der `Anhangsliste V15 Darstellungsformen` zu finden.

1 = Meldung/ Nachricht
2 = Bericht
3 = Reportage/ Feature
4 = Interview
5 = Kommentar
6 = Kolumne
7 = Glosse
8 = Portrait
99 = sonstige

V16 Quelle des Artikels

1 = Olympiakorrespondent (Mitglied der Redaktion und speziell für die Olympischen Spiele 2008 nach Peking entsandt)
2 = Redaktion der Zeitung

3 = Auslandskorrespondent der Zeitung (gilt nur für die FAZ und SZ)
4 = Deutsche Nachrichtenagenturen (z.B. dpa, epd, sid etc.)
5 = Chinesische Nachrichtenagentur Xinhua
6 = Internationale Nachrichtenagenturen (z.B. Reuters, AP etc.)
7 = Gastautor /-kommentator (wenn als solcher kenntlich gemacht)
8 = Sonstiges (Quellen, die nicht in die genannten Kategorien einzuordnen sind)
99 = nicht ersichtlich

V17 Namen der Olympiakorrespondenten (spätere Interviewpartner)

Bei der Codierung, soll ermittelt werden, wie häufig die Namen der Journalisten in der Berichterstattung der vier Tageszeitungen auftauchen, die als Olympia-korrespondenten in Peking waren und als Experten für die Interviews befragt werden.

0 = keiner der genannten Olympiakorrespondenten
1 = Evi Simeoni (FAZ)
2 = Thomas Hahn (SZ)
3 = Xie Yu und Zhang Haizhou (China Daily)
4 = Ma Yue (Shanghai Daily)

Inhaltliche Variablen:

V18 Hauptthema des Artikels

Als Hauptthema wird in V18 das Thema codiert, das den Artikel qualitativ und quantitativ prägt. Erste Hinweise kann die Überschrift oder die Überzeile liefern. Ist dies nicht der Fall, wird das Thema gewählt, das im Textverlauf besonders hervortritt. Die Nummerierung der unten stehenden Themen orientiert sich am Themenkreis, der hierfür erarbeitet worden ist (vgl. Anhangsliste V18 Hauptthema des Artikels). Ausgehend von Olympia als zentralem Ereignis, sind die Themen geordnet von 1 (und stärkerem Bezug zu Olympia) bis 14 (mit stärkerem Bezug zur Nation China)

1 = Portraits chinesischer Sportler
2 = Eröffnungsfeier/ Schlussfeier
3 = Chinesische Dopingfälle/ Dopingsystem
4 = Olympische Architektur/ Infrastruktur/ Olympisches Dorf

5 = Fackellauf
6 = Internetzensur/ Pressefreiheit Olympia
7 = IOC – China
8 = Geschichten rund um „Beijing 2008“ (Gesellschaft, Organisation etc.)
9 = Luftqualität Peking
10 = Olympiatourismus China
11 = Tibetpolitik China
12 = Menschenrechte China
13 = Verkehr/ Infrastrukturproblem Peking
14 = Chinas Medien und Berichtererstattung
99 = Anderes Thema

V19 Nebenthema I (optional)

Die Angabe eines (ersten) Nebenthemas ist optional und wird nur dann erfasst, wenn neben dem Hauptthema klar ein zweites (Neben-)Thema erkennbar ist. Die Themenliste stimmt mit der Themenliste von V18 überein. Wenn kein Nebenthema erkennbar ist, wird mit `0 = kein Nebenthema I` codiert.

V20 Nebenthema II (optional)

Die Angabe des zweiten Nebenthemas ist optional und wird nur dann erfasst, wenn neben dem Haupt- und Nebenthema ein weiteres Thema zu identifizieren ist. Ein zweites Nebenthema wird seltener der Fall sein, etwa bei umfangreichen Reportagen oder größeren Hintergrundberichten. Die Themenliste ist der V18 Themenliste zu entnehmen. Wenn kein zweites Nebenthema erkennbar ist, wird mit `0 = keine Nebenthema II` codiert.

V21 Wertung im Artikel

Mit dieser Codierung soll ermittelt werden, ob der Artikel eine explizite oder implizite Wertung (Richtung der Wertung ist bei dieser Variablen noch nicht relevant) enthält. Die explizite oder implizite Art der Bewertung wird in V22 und V23 codiert. V21 soll als Schleusenvariable für den weiteren Verlauf der Codierung dienen. Liegt keine eindeutige Wertung vor (2 = nein), wird der Artikel an dieser Stelle nicht weiter codiert, da keine Relevanz bei der Ermittlung des Nationenbildes Chinas vorliegt. Liegt eine Bewertung (1 = ja) vor, wird mit der Codierung und den inhaltlichen Variablen fortgefahren.

1 = ja (nur bei dieser Variablenausprägung weiter codieren und mit V22 fortfahren)
2 = nein

V22 Art der Bewertung – Explizite Bewertung
Mit V22 soll codiert werden, ob eine explizite Art der Bewertung im Artikel vorliegt. Eine explizite Bewertung liegt dann vor, wenn der Autor/ Verfasser des Artikels eindeutig und klar nachweisbar eine eigene Meinung äußert bzw. eigene Aussagen/Annahmen in den Artikel mit einfließen lässt. Dies ist etwa oft bei den Darstellungsformen Kommentar oder Kolumne der Fall.

0 = keine explizite Bewertung
1 = explizite Bewertung

V23 Explizite Bewertung Chinas im Artikel
Wenn eine explizite Wertung, also direkte Aussagen/Meinungen des Autors/Verfassers im Artikel vorliegen (Variable 22 ist dann mit 1 codiert worden), soll die Art der expliziten Bewertung codiert werden. Die Art der impliziten Bewertung wird über die chinesischen Handlungsträger (V25 – V27) und die Aussagenträger (V28 – V39) codiert.

0 = keine Wertung, da keine explizite Bewertung vorliegt
1 = sehr kritisch
2 = eher kritisch
3 = neutral/ausgewogen
4 = eher lobend
5 = sehr lobend

V24 Art der Bewertung – Implizite Bewertung
Mit V24 soll codiert werden, ob eine implizite Art der Bewertung im Artikel vorliegt. Eine implizite Bewertung liegt vor, wenn Handlungsträger (V25 – V27) im Artikel beschrieben werden und Meinungen und/oder Aussagen von Aussagenträger (V28 – V39) dieser identifiziert werden können.

0 = keine implizite Bewertung
1 = implizite Bewertung

V25 Chinesischer Handlungsträger/Akteur

Als Handlungsträger werden diejenigen Personen und Institutionen/ Organisationen gewertet, die im Artikel genannt werden und zentral am thematisierten Ereignis oder Sachverhalt passiv oder aktiv beteiligt oder in eine Handlung involviert sind. Bei den Handlungsträgern soll nur die chinesische Seite berücksichtigt werden, da es um die Ermittlung des chinesischen Nationenbildes geht. Der Handlungsträger in V25 wird anders als die Nebenhandlungsträger in V26 und V27 im laufenden Artikel als Hauptakteur zuerst genannt oder generell die größte Bedeutung beigemessen.

0 = kein Handlungsträger
1 = Chinesische Sportler
2 = Regierung, Regierungschefs, Kommunistische Partei
3 = Chinesische Dissidenten/Kritiker von Chinas Regierung
4 = Mitwirkende der Eröffnungsfeier/ Schlussfeier (z.B. Künstler, Sänger, Statisten)
5 = Volunteers/ Freiwillige Helfer
6 = Chinesische Medien (z.B. Medienhäuser, Nachrichtenagenturen, Verlage)
7 = Bevölkerung Chinas rund um Olympia und Peking
8 = Chinesische Sponsoren/Unternehmen
9 = Chinesische Trainer/ Betreuer
99 = Andere

V26 Chinesischer Nebenhandlungsträger I

Als erster Nebenhandlungsträger wird benannt, wer hinter dem Haupthandlungsträger (vgl. V25) qualitativ den zweitgrößten Anteil im Artikel einnimmt oder die zweitgrößte Bedeutung erhält. Es gelten dieselben chinesischen Handlungsträger wie unter V25. Wenn kein Nebenhandlungsträger erkennbar ist, wird mit `0 = kein Nebenhandlungsträger I` codiert.

V27 Chinesischer Nebenhandlungsträger II

Als zweiter Nebenhandlungsträger wird benannt, wer hinter dem Haupthandlungsträger und dem ersten Nebenhandlungsträger in dritter Linie im Artikel genannt wird, bzw. den drittgrößten Anteil hinter den ersten beiden Handlungsträgern einnimmt. Es gelten dieselben chinesischen Handlungsträger wie unter V25. Wenn keine zweiter Nebenhandlungsträger erkennbar ist, wird mit `0 = kein Nebenhandlungsträger II` codiert.

V28 Chinesischer Aussageträger I

Als chinesischer Aussageträger werden die chinesischen Personen und Institutionen/Organisationen gewertet, die im Artikel genannt werden und denen eine Aussage/Meinung zugeordnet werden kann (die in zitierter oder sinngemäßer Wiedergebung im Artikel vermerkt ist). Es gelten dieselben Kategorisierungen wie unter V25 der Handlungsträger.

0 = kein chinesischer Aussageträger
1 = Chinesische Sportler
2 = Regierung, Regierungschefs, Kommunistische Partei
3 = Chinesische Dissidenten/Kritiker von Chinas Regierung
4 = Mitwirkende der Eröffnungsfeier/ Schlussfeier (z.B. Künstler, Sänger, Statisten)
5 = Volunteers/ Freiwillige Helfer
6 = Chinesische Medien (z.B. Medienhäuser, Nachrichtenagenturen, Verlage)
7 = Bevölkerung Chinas rund um Olympia und Peking
8 = Chinesische Sponsoren/Unternehmen
9 = Chinesische Trainer/ Betreuer
99 = Andere

V29 Bewertung Chinas in der Aussage Chinesischer Aussageträger I

Es soll die Bewertung der Aussage/Meinung des Aussagenträgers aus V28 codiert werden und eine einfache Unterscheidung von kritischer, neutraler und lobender Aussage im Bezug auf die Nation China getroffen werden.

0 = keine Bewertung, da kein Aussageträger
1 = kritisch
2 = neutral
3 = lobend

V30 Chinesischer Aussageträger II

Lässt sich in dem Artikel ein weiterer Aussagenträger neben Aussageträger I (Variable 28) identifizieren, wird dieser als zweiter, chinesischer Aussagenträger codiert. Es gelten dieselben Aussagenträger wie in Variable 28. Wie auch beim ersten chinesischen Aussagenträger soll die Bewertung der Aussage codiert werden.

V31 Bewertung Chinas in der Aussage Chinesischer Aussageträger II

0 = keine Bewertung, da kein Aussageträger
1 = kritisch
2 = neutral
3 = lobend

V32 Chinesischer Aussageträger III

Lässt sich in dem Artikel ein dritter chinesischer Aussageträger identifizieren, wird dieser codiert. Es gelten dieselben chinesischen Aussagenträger wie in V28. Zudem wird die Bewertung des dritten chinesischen Aussageträgers in V33 festgehalten.

V33 Bewertung Chinas in der Aussage Chinesischer Aussageträger III

0 = keine Bewertung, da kein Aussageträger
1 = kritisch
2 = neutral
3 = lobend

V34 Nicht-chinesische Aussageträger I

Als Nicht-chinesische Aussagenträger werden Aussagenträger aller anderer Nationen codiert, die nicht unter \`V28 Chinesische Aussageträger I\` fallen würden. Als Kriterium gilt, wenn eine erkennbare Aussage/Meinung dem Aussageträger zugeordnet werden kann (die in zitierter oder sinngemäßer Wiedergabe im Artikel vermerkt ist).

0 = kein Aussageträger
1 = Sportler
2 = Sport-Funktionäre
3 = IOC und Führungspersonen (z.B. IOC-Präsident Jacques Rogge)
4 = Politiker, Regierungschefs
5 = Prominente Künstler, Musiker, Schauspieler etc.
6 = Wissenschaftler/ Forscher
7 = Ausländische Touristen/ Olympiabesucher

8 = Trainer/ Betreuer
9 = Journalisten/ Medienvertreter
99 = Andere

V35 Bewertung Chinas in der Aussage Nicht-chinesische Aussageträger I
Die Bewertung des nicht-chinesischen Aussagenträger I wird in den drei Ausprägungen kritisch – neutral – lobend codiert.

0 = keine Bewertung, da kein Aussageträger
1 = kritisch
2 = neutral
3 = lobend

V36 Nicht-chinesische Aussageträger II
Lässt sich in dem Artikel ein weiterer Aussageträger neben der Aussageträger I (Variable 34) identifizieren, wird dieser als zweiter, nicht-chinesischer Aussageträger codiert. Es gelten dieselben Aussagenträger wie in Variable 34. Wenn ein Aussageträger vorhanden ist, soll die Bewertung der Aussage codiert werden.

V37 Bewertung Chinas in der Aussage Nicht-chinesische Aussageträger II
0 = keine Bewertung, da kein Aussageträger
1 = kritisch
2 = neutral
3 = lobend

V38 Nicht-chinesische Aussageträger III
Lässt sich in dem Artikel ein dritter nicht-chinesischer Aussageträger identifizieren, wird dieser codiert. Es gelten dieselben nicht-chinesischen Aussagenträger wie in V34. Wenn ein dritter Aussageträger vorhanden ist, soll die Bewertung der Aussage codiert werden.

V39 Bewertung Chinas in der Aussage Nicht-chinesische Aussageträger III
0 = keine Bewertung, da kein Aussageträger
1 = kritisch
2 = neutral
3 = lobend

V40 Konflikt/ Kontroverse (Nachrichtenwert Konflikt)[128]

Es soll ermittelt werden, ob im Artikel konflikthaltige Themen und Kontroversen enthalten sind, die im Speziellen China betreffen (Schlagworte, die am chinesischen Beispiel unter den Nachrichtenwert `Negativismus` fallen und bei denen codiert wird: 1. Tibetpolitik Chinas, 2. Menschenrechte in China, 3. Tian'anmen-Massaker 1989, 4. Umweltverschmutzung, 5. Politische Intransparenz/ Korruption, 6. Pressefreiheit/ Internetzensur, 7. Chinesischer Dopingmissbrauch im Sport). Es kann damit erfasst werden, ob der Nachrichtenwert Negativismus in der Berichterstattung besonders präsent ist. Die Olympiakorrespondenteninterviews können zusätzlich nach den Gründen fragen (Unterhaltende oder mahnende Funktion)

0 = nicht enthalten
1 = enthalten
99 = nicht eindeutig identifizierbar

V41 Vergleich von China mit Deutschland

Mit dieser Codierung soll ermittelt werden, ob im Artikel ein Vergleich der beiden Länder China und Deutschland und eine Gegenüberstellung vorliegt. Im sportlichen Wettkampf während der Olympischen Spiele können Gegenüberstellungen beider Länder identifiziert werden, aber auch in anderen Bereichen wie etwa dem politischen System, der Presselandschaft, der Organisation der Olympischen Spiele oder innerhalb der Gesellschaft. In den chinesischen Tageszeitungen werden hauptsächlich Vergleiche zur westlichen Welt (Europa, USA etc.) gezogen, die aber in die Codierung einfließen, wenn im konkreten Fall die Grundausrichtung Deutschlands mit der westlichen Welt weitgehend übereinstimmt.

0 = kein direkter Vergleich
1 = westliche Staaten/Deutschland sind/ist im Vergleich überlegen
2 = beide sind gleichwertig
3 = China ist im Vergleich überlegen

---

[128] Nach Winfried Schulz (1976) sind Konflikt und Kontroverse (wie auch Schaden, Kriminalität und Erfolg, die hier nicht in die Untersuchung einbezogen werden) Ereignismerkmale des Nachrichtenwertes `Konflikt` in der Nachrichtendimension ‚Valenz'. Mit dem Bedienen dieses Nachrichtenwertes können die Medien auf der einen Seite eine Indikatorfunktion einnehmen und warnend und/oder mahnend Einfluss auf die Gesellschaft nehmen. Andererseits bedienen die Medien damit aber auch die Unterhaltungsfunktion und steigern das Erregungspotenzial der Zuschauer und ihre eigene Medienbeachtung.

99 = nicht eindeutig identifizierbar

V42 Rolle Chinas im Verhältnis zu Deutschland

Mit der Codierung dieser Variable soll ermittelt werden, ob im Artikel eine Rolle Chinas im Verhältnis zu Deutschland identifiziert werden kann. In den chinesischen Tageszeitungen wird die Rolle Chinas hauptsächlich zu den westlichen Staaten und nicht zu Deutschland speziell dargestellt (vgl. Variable 41). Da Deutschland aber ein Teil der westlichen Staaten bildet und deren Grundausrichtung weitgehend übereinstimmt, können auch die chinesischen Tageszeitungen unter dieser Variablen codiert werden. Eine grundlegende Kategorisierung (vgl. Anhangsliste V42 Image China) soll dabei helfen, die Rolle Chinas einzuordnen. Diese Variable kann vor allem in Kombination mit den untersuchten Themen(V18 bis V20) ausgewertet werden.

0 = kein transportiertes Image vorhanden
1 = Vorbild, Modell
2 = Freund, Partner
3 = Konkurrent/ Gegner generell (z.B. wirtschaftlich)
4 = Konkurrent/ Gegner im Sport
5 = Feind
99 = Andere

V43 Nationale Stereotype China

Mit der Variablen soll ermittelt werden, ob im Artikel Nationale Stereotype, die für China und/oder dessen Bevölkerung gelten, im Wortlaut oder im Sinnzusammenhang identifiziert werden können[129]. Dabei gelten die entwickelten Stereotypenschlüsselwörter für die deutsche (Hetero-Stereotype über China) und die chinesische (Auto-Stereotype über das eigene Land) Berichterstattung. Neben den unzähligen Stereotypen, die über die Nation China vorhanden sind, sollen im Folgenden nur die aufgezählt werden, die einen weitgehend direkten Bezug zu Olympia 2008 und China als Organisator aufweisen. Mehrfachnennungen sind möglich.

[129] Zu Orientierung für den Aufbau der Stereotypenschlüsselwörter dienten unter anderem das Buch China.de von Manuel Vermeer (2007) und seine Liste der „Pauschalvorurteile und Stereotype“ (vgl. Vermeer 2007: 12).

0 = kein Stereotyp erkennbar
1 = Das chinesische Volk als Kollektiv („Alle Chinesen sind gleich und die Gemeinschaft ist bedeutender als der Individualismus“)
2 = Chinesen als immer arbeitende und billige Arbeitskräfte
3 = Alle Chinesen sind (System-)unkritisch und unkreativ
4 = Die kommunistische Partei als alles kontrollierende Instanz Chinas
5 = Alle Chinesischen Sportler sind für Olympia systematisch gedopt.
6 = China nutzt die Olympischen Spiele 2008 einzig, um seine politische Macht und den Aufstieg zur kommenden Weltmacht zu demonstrieren
7 = Über die Olympischen Spiele berichtet in China eine gleichgeschaltete und unmündige Presse, die von der Zentralregierung vollständig kontrolliert wird
99 = Andere Stereotype

Codier-Listen:

Anhangsliste V4 Ressorts:

1 = Sport
In allen vier Tageszeitungen ist das Ressort mit Sport benannt, bzw. bei der China Daily mit `Sports/World Sports`. Alle Tageszeitungen geben Sonderseiten während der Zeit von Olympia heraus, deren Artikel häufig in das Hauptressort Sport einzusortieren sind. (Sonderseiten FAZ: `Olympia/Peking 2008` 05.08-26.08.08; SZ: `Olympia/Peking 2008` 07.08-26.08.08; China Daily `Beijing 2008` 01.07-25.08.08 und Shanghai Daily `Beijing 2008` 07.08-25.08.08)

2 = Politik
Bei der FAZ können codierte Artikel in das Hauptressort Politik fallen, die im Ressort Politik (i.d.R. Seite 2-5), den Seiten `Briefe an die Herausgeber`, `Zeitgeschehen` oder den Sonderseiten `Olympia/Peking 2008`zu finden sind. Bei der SZ finden sich codierte Artikel des Hauptressorts Politik im Ressort Politik (i.d.R. Seite 5-8), den Seiten `Themen des Tages`, `Die Seite Drei`, `Meinung` und den Sonderseiten `Olympia/Peking 2008`. Bei der China Daily können codierte Artikel der Seiten `Page 2`, `Nation`, `China Scene`, `Insight`, `Comment`, `Opinion` und die Sonderseiten `Beijing 2008` dem Hauptressort Politik zugeordnet werden. Bei der Shanghai Daily ist dies bei

den Seiten `Metro`, `Opinion`, `National` und den Sonderseiten `Beijing 2008` der Fall.

3 = Feuilleton
Bei der FAZ und SZ können codierte Artikel für das Hauptressort Feuilleton aus den eigenen Ressorts `Feuilleton` und der Seite `Medien` stammen. Zudem hat die SZ eine eigene Seite `Feuilleton/ Medien` in die Sonderseiten `Olympia/Peking 2008` integriert. Ein eigenes Ressort Feuilleton findet sich nicht in den chinesischen Zeitungen. Die Seiten `Live`, `Beijing Live` und `Live Fun` der China Daily können jedoch zu codierende Artikel enthalten, die dem Gesamtressort Feuilleton zuzuordnen sind. Die Shanghai Daily gibt die tägliche Beilage Shanghai Daily Scope heraus, die häufig dem Feuilleton zuzurechnende Artikel enthält.

4 = Wirtschaft
Bei der FAZ können codierte Artikel des Hauptressorts Wirtschaft auf das Wirtschaftsressort, sowie die Seiten `Unternehmen` und `Branchen und Märkte` entfallen. In der SZ sind die codierten Artikel ausschließlich im Ressort `Wirtschaft/Geld` zu finden. In der China Daily können codierte Artikel der Seiten `Business`, `Business China`, `Business International`, `Opinion` und `Comment` dem Hauptressort Wirtschaft zugeordnet werden. Die Shanghai Daily hat kein klassisches Wirtschaftsressort, zu codierende Artikel können aber auf der Seite `Top News` enthalten sein. Zudem können auch Artikel der Olympischen Sonderseiten aller vier Tageszeitungen auf das Hauptressort Wirtschaft entfallen.

5 = Reise/ Tourismus
Dem Hauptressort Reise/Tourismus können bei der FAZ Artikel des Ressorts `Reiseblatt` (Donnerstag) und bei der SZ des Ressorts `Reise` (Donnerstag) zugeordnet werden. In der China Daily können Artikel der Seite `Life Travel` dem Hauptressort zugeordnet werden, in der Shanghai Daily gelegentlich in den Seiten `Weekend` oder der Beilage `Scope`. Zudem sind Reise/Tourismus-Artikel in den Olympischen Sonderseiten zu finden.

6 = Panorama
Diesem Hauptressort sind bei der FAZ die Seite `Deutschland und die Welt`, bei der SZ die beiden Seiten `Panorama` sowie die Seite `Panorama` in den

Sonderseiten `Olympia/Peking 2008` und bei der China Daily die zweite Seite `Page 2` zuzuordnen. Die Shanghai Daily hat keine ausgewiesenen Seiten oder ein Ressort Panorama, kann aber zu codierende Artikel enthalten, die dem Ressort `Panorama` zuzurechnen sind.

Anhangsliste V15 Darstellungsformen[130]:

1 = Meldung/ Nachricht

Meldungen sind knapp und prägnant formulierte aktuelle Informationen über Ereignisse und Sachverhalte. Sie sollten sachlich und objektiv gehalten sein und keine direkte Wertung und atmosphärischen Beschreibungen transportieren. Meldungen und Nachrichten sollen in Kurzform vor allem die Fragen `Was`, `Wer`, `Wann` und `Wo` beantworten und in der Regel nicht länger als 30 Zeilen lang sein bzw. nicht mehr als 1/16 der Seite einnehmen (vgl. V8 Umfang/ Länge).

2 = Bericht

Berichte sind in der Regel längere Meldungen oder Nachrichten und beantworten neben den vier W-Fragen auch das `Wie` und `Warum`. Sie können also Vorgeschichte, Zusammenhänge und andere Hintergründe der Meldung berücksichtigen. Berichte sind in der Regel länger als 30 Zeilen bzw. 1/16 der Seite.

3 = Reportage/ Feature

Die Reportage ist ein tatsachenbetonter, aber persönlich gefärbter (Erlebnis-) Bericht, die häufig über Details und Hintergründe berichtet, die in Berichten oder Meldung aus Platzmangel oder anderen Gründen keine Erwähnung finden. Es gibt zwei Grundformen der Reportage: den farbigen Bericht über handlungsreiche Ereignisse oder Milieustudien, die Handlungen und Beschreibungen spannend erzählt. Letztere zählt als klassische Reportage. Features sind schwer von Reportagen unterscheidbar, aber eher unterhaltsam und

[130] Die Definitionen der Darstellungsformen basieren unter anderem auf den Ausführungen zu journalistischen Darstellungsformen von Kurt Reumann im Fischer Lexikon Publizistik/ Massenkommunikation näher einzusehen unter: Reumann, Kurt (2003): Journalistische Darstellungsformen. In: Noelle-Neumann, Elisabeth (Hrsg.): Fischer Lexikon Publizistik/ Massenkommunikation, 2. aktualisierte, vollständig überarbeitete Auflage. Frankfurt a. M.: Fischer-Taschenbuch-Verlag, S. 126-152.

häufig mit einer Pointe schließend. Reportage und Feature werden für diese Analyse nicht genauer unterschieden.

4 = Interview
Das Interview stellt ein Gespräch zwischen dem Journalisten und Interviewten dar. Der genaue Wortlaut des Gesprächs wird protokolliert und in dieser Form veröffentlicht (häufig allerdings auch in gestraffter oder beschönigter Form).

5 = Kommentar
Der Kommentar beschreibt, interpretiert und bewertet (meist aktuelle) Ereignisse, Fakten und Meinungen. Der Kommentar gibt die Haltung des Kommentators wieder (anders als etwa der Leitartikel). Journalistisch wird besonders die Frage nach dem \`Warum\` behandelt und mögliche Schlussfolgerungen gezogen.

6 = Kolumne
Die Kolumne ist ein Meinungsartikel eines Publizisten, der nicht Teil und Mitglied der Redaktion der publizierenden Zeitung ist. Die Redaktion muss sich dabei nicht unbedingt mit dem Inhalt des Artikels identifizieren, stellt aber den Raum für die Veröffentlichung zur Verfügung. Der Kolumne kommt hier Bedeutung zu, da etwa die China Daily täglich auf ihrer \`Opinion\` Seite Kolumnen (auch ausländischer) Publizisten veröffentlicht.

7 = Glosse
Die Glosse ist ein kurzer Meinungsartikel, der anders als die Kolumne überspitzt argumentiert und häufig in einer Pointe endet. Ironie und Satire sind häufig verwandte Stilmittel.

8 = Portrait
Das Portrait beinhaltet Beschreibungen, Vorstellungen und Charakterisierungen eines Objektes oder Subjekts (in der Regel eine oder mehrere Personen, aber auch Gruppen, Unternehmen, Regionen, Städte oder Länder).

Anhangsliste V18 Hauptthema des Artikels (optional auch Nebenthemen):

1 = Portraits chinesischer Sportler

Thema 1 beinhaltet die Darstellung chinesischer Olympiateilnehmer in portraitierender Weise. Die reine Sport- und Ergebnisberichterstattung über chinesische Sportler gehört nicht zu diesem Thema. Werden chinesische Sportler ausschließlich im Zusammenhang mit der Eröffnungsfeier, Dopingfällen/Dopingsystem Chinas oder dem Fackellauf (Thema 2, 3 und 5) ermittelt, fallen sie in einer der jeweiligen Hauptthemen.

2 = Eröffnungsfeier/ Schlussfeier

Thema 2 beschäftigt sich mit der Eröffnungsfeier vom 08.08.08 und der Schlussfeier vom 24.08.08 der Olympischen Spiele. Diesem Thema werden die Feier mit den Inszenierungen, die Teilnehmer (Künstler, Sänger, Statisten etc.), die Zuschauer/Gäste und das Nationalstadion als Stätte der Eröffnungs- und Schlussfeier zugeordnet.

3 = Chinesische Dopingfälle/ Dopingsystem

Thema 3 werden Dopingfälle chinesischer Olympiateilnehmer vor, während und kurz nach den Olympischen Spielen (auch bei historischen Verweisen wie etwa bei anderen Olympischen Spielen) sowie (mögliche) Dopingsysteme in China zugeordnet.

4 = Olympische Architektur/ Infrastruktur/ Olympisches Dorf

Thema 4 beinhaltet die gesamte olympische Architektur und Infrastruktur, wie etwa das Nationalstadion, das nationale Schwimmzentrum oder das Olympische Dorf in Peking. Auch die Stätten in Shanghai (Fußball), Hongkong (Reiten) oder Qingdao (Segeln) werden diesem Hauptthema zugeordnet. Codiert wird nur, wenn ausschließlich die Olympiastätten und die Architektur/ Infrastruktur für die Olympischen Spiele im Vordergrund der Berichterstattung stehen. Das China Central Television Center als architektonisches Symbol Olympias vom chinesischen Sender CCTV wird hingegen unter Thema 14 codiert.

5 = Fackellauf

Thema 5 beschäftigt sich mit dem gesamten Fackellauf, der von seinem Beginn im März 2008 bis zur Entzündung des Feuers bei der Eröffnungsfeier im

August etappenweise um die ganze Welt führte und unter dem Motto „Reise der Harmonie“ stand. Neben den (prominenten) Fackelläufern, den Etappen des Fackellaufs werden auch die Proteste und Ausschreitungen von Demonstranten dem Hauptthema zugeordnet. Wird bei den Protesten/ Demonstrationen auch über die Tibetpolitik Chinas oder über Tibetanische Demonstranten berichtet, wird dennoch unter Thema 5 codiert. Die letzte Etappe des Fackellaufs bei der Eröffnungsfeier und der Entzündung des Feuers wird unter Hauptthema 2 codiert. Beschränkt ist die Codierung auf den Untersuchungsraum von Juli-August 2008, es wird jedoch auch bei rückwirkender Berichterstattung codiert.

6 = Internetzensur/ Pressefreiheit Olympia

Unter Thema 6 wird die Internetzensur und eingeschränkte Pressefreiheit ausländischer Journalisten und Medienanstalten unmittelbar vor und während der Olympischen Spiele in Peking codiert. Teil der Internetzensur waren gesperrte Webseiten, erschwerte Zugänge zum Internet und Überwachungen. Auch die Berichterstattung für Olympia wurde erschwert, etwa durch Überwachungen der ausländischen Journalisten, Visa-Restriktionen oder Druck auf die chinesischen Quellen. Internetzensur und eingeschränkte Pressefreiheit herrscht im größeren Maße noch für die chinesischen Journalisten und Medienanstalten.

7 = IOC – China

Unter Thema 7 werden das Internationale Olympische Komitee mit seinen ranghohen Vertretern und die Nation China als gemeinsame Veranstalter der Olympischen Spiele 2008 in Peking thematisiert. Unter das Thema fällt etwa die Vergabe der Olympischen Spiele an China durch das IOC. Zudem wurde in der Olympiaberichterstattung besonders häufig die Haltung des IOCs zu kritischen Themen rund um Olympia wie der Internetzensur und der Menschenrechte thematisiert. Wenn der Berichterstattungsschwerpunkt des Artikels auf dem IOC liegt wird unter Hauptthema 7 codiert, andernfalls wird Thema 6 und Thema 12 codiert.

8 = Geschichten rund um „Beijing 2008“ (Gesellschaft, Organisation etc.)

Unter Thema 8 werden die gesellschaftlichen Geschichten rund um die Olympischen Spiele 2008 codiert. Unter das Thema fallen etwa die vielen chinesischen und ausländischen Helfer und Volunteers der Olympischen Spiele oder verschiedene Geschichten chinesischer und Pekinger Bürger rund um Olympia. Deutliche Überschneidungen mit anderen Themen werden allerdings unter dem jeweils anderen Thema codiert.

9 = Luftqualität Peking
Thema 9 beinhaltet die Luftqualität der chinesischen Hauptstadt Peking vor und während der Olympischen Spiele 2008. Unter das Thema fallen die Smogbildung durch Industrie- und Autoabgase, die Atembeschwerden der Bürger, Olympiatouristen und Sportler und die Maßnahmen für die Verbesserung der Luftqualität Pekings für Olympia.

10 = Olympiatourismus China
Thema 10 beinhaltet den Tourismus nach China und Peking anlässlich der Olympischen Spiele 2008. Neben den „normalen" Olympiatouristen aus aller Welt sollen hier auch offizielle Besuche der Regierungschefs und andere prominente Besucher (Künstler, Schauspieler, Sänger, Wissenschaftler etc.) codiert werden. Bezieht sich der offizielle Besuch eines Regierungschefs oder Prominenten ausschließlich auf die Eröffnungs- oder Abschlussfeier, wird unter Thema 2 codiert.

11 = Tibetpolitik China
Thema 11 beinhaltet die Tibetpolitik Chinas, die besonders durch die Aufmerksamkeit des Großereignisses Olympia im Vorfeld der Spiele für weltweite Kritik gesorgt hat. Unter das Thema fallen die Unruhen und Ausschreitungen der Tibeter in Lhasa und ganz Tibet, die Aktivitäten Pro-Tibetanischer Chinesen und Ausländer vor und während der Olympischen Spiele und die chinesische Reaktion (Festnahmen, Restriktionen, Menschenrechtsverletzungen etc.). Menschenrechtsverletzungen an den Tibetern werden auch unter diesem Thema codiert und nicht unter Thema 12.

12 = Menschenrechte China
Thema 12 beinhaltet den chinesischen Umgang mit den universellen Menschenrechten. Darunter fallen Menschenrechtsverletzungen gegenüber der eigenen Bevölkerung insbesondere gegenüber chinesischen Dissidenten und Systemkritikern. Menschenrechtsverletzungen an Tibetern werden unter Thema 11 codiert. Auch die Reaktion anderer Länder, Menschenrechtsorgani-

sationen oder Personen auf die chinesischen Menschenrechtsverstöße wird unter diesem Thema codiert.

13 = Verkehr/ Infrastrukturproblem Peking
Thema 13 beinhaltet die Verkehrs- und Infrastrukturprobleme Pekings anlässlich der Olympischen Spiele. Dies beinhaltet unter anderem Qualität der Verkehrswege, die Ausbaufähigkeit und Optimierbarkeit des Verkehrs wie mehrspurige Straßen, zusätzliche U-Bahn-Linien und Verbesserung der infrastrukturellen Vernetzung der Olympiastätten.

14 = Chinas Medien und Berichtererstattung
Thema 14 beinhaltet die Darstellung des chinesischen Mediensystems, seiner Akteure und deren Inhalte. Darunter fallen auch Portraits über die einzelnen Medienhäuser oder über namenhafte Persönlichkeiten der chinesischen Medien (system-konform oder systemkritisch).

Anhangsliste V42 Image China:

1 = Vorbild, Modell
China bzw. seine Bevölkerung treten als besonders fortschrittlich, innovativ oder vorausschauend hervor. Sie übernehmen in bestimmten Bereichen und Aufgaben eine Vorbildfunktion oder Vorreiterrolle ein, an der sich andere Länder wie Deutschland ein Beispiel nehmen können.

2 = Freund, Partner
China wird als Partner und Freund gesehen und führt gleichwertige und konstruktive Beziehungen zu anderen Ländern wie Deutschland. China ist so gleichwertig als Partner und geeignet für Kooperationen und das Lösen gemeinsamer Aufgaben, Problem und Konflikte.

3 = Konkurrent/ Gegner generell
China und ein anderes Land wie z.B. Deutschland haben in bestimmten Bereichen dieselben Ziele und stehen damit in Konkurrenz zueinander bzw. sich gegenseitig bei der Erfüllung der Ziele oder Vorgaben im Weg.

4 = Konkurrent/Gegner im Sport

Eine Unterscheidung zur allgemeinen Konkurrenz/Gegner soll hier getroffen werden, da China anlässlich der Olympischen Spiele 2008 zu anderen Ländern in sportlichen Konkurrenzkampf um Medaillen, Prestige und mediale Öffentlichkeit tritt, der normalerweise auf Olympia beschränkt bleibt, und sonst als Gesamtpunkt (Punkt 4 und 5 zusammen) das Ergebnis verzerrt hätte.

5 = Feind

Aufbauend auf das Image des Konkurrenten (vgl. Punkt 4) schließt ein Feindbild auch extrem negative und feindselige Bewertungen mit ein. Auch gewalttätige Maßnahmen als Folgereaktion sind denkbar.

Anhang IV: Leitfadeninterviews

1. Ma Yue – Shanghai Daily vom 09.06.09 in Shanghai

2. Xie Yu and Zhang Haizhou – China Daily vom 21.06.09 in Peking

3. Thomas Hahn – SZ vom 10.07.09 (via E-Mail)

4. Evi Simeoni – FAZ vom 16.07.09 (Telefoninterview)

1. Ma Yue – Shanghai Daily

Name:	Ma Yue
Newspaper:	Shanghai Daily
Place of interview:	Wenhui-Xinmin United Press Tower, Weihai Road No. 755, Shanghai
Date of interview:	Tuesday, 9th of June, 2.00 – 4.15 pm.
Career within the newspaper:	I started in July 2007 as a sports editor. My tasks included collecting stories and pictures, using agency sources and lay outing.
Role/Function as Olympic-Correspondent:	My Chief Editor gave me the chance to report on the Olympics in Beijing. I was the only correspondent from Shanghai Daily, but I was with other colleagues from WenXin United Press.
Mobility while reporting:	I was not allowed to go to all sport stadiums and report on every Olympic event. Most of the time, I was staying at the Media Press Centre (MPC). I had access to most of the sport facilities next to the MPC and the Bird's Nest. Our group of reporters from the WenXin Press Group had access to nearly every event and sports venue.
Possibilities of investigation:	I could use sources from MPC writers. The service was called INFO. Other resources were the organizers, the news agency Xinhua, the daily press conferences, my colleagues from the WenXin Press Group and the citizens of Beijing. I conducted interviews with nearly every important athlete, including swimmer Michael Phelps, 110 meter hurdler Liu Xiang, and Chinese Olympic champions in sports such as weightlifting or fencing.

Dimension 1: The nation image of China and the Olympic Games

1.1 Every Olympics, as a media event, offers the opportunity for a country to present itself to the world. Has China seen the Olympics 2008 as a great chance to present its country to the world and achieve a better and more realistic national image?

"To hold the Olympics is of course to present a kind of national image. But I think we held the Olympics because we have people who love sports and are good at sports. China won 51 gold medals, which is a lot. Some people relate the Olympics to a national image and even to politics, but to us, we want to separate sports from politics. That is what the Shanghai Daily thinks. If we really wanted to show something to the world, it is the culture, the people and the living environment here. We want people to come here and see the country itself. This is why the slogan was "Welcome to Beijing, Welcome to China!" During the Olympics, the Beijing citizens were eager to advertise our culture, the traditions, and spirit of China. We are actually a country of hospitality. For example, take the Media Press Centre (MPC). They organised the making of Chinese-style decoration, incorporating calligraphy with Chinese design elements like bamboo, and invited foreigners in the MPC to perform calligraphy or paper cutting. The intended national image of China is a mixture of the traditional and the modern. We had three themes for the Olympics: firstly, a high-tech Olympics; secondly, the People's Olympics; and thirdly was a Green Olympics. This was presented by the new stadium, the architecture and even by the new environment in Beijing."

1.2 Which national image of China should have been conveyed?

"The national image which China wanted to convey in holding the Olympics was a traditional, cultural and humane nation. What surprised me was that while taking taxis or public transportation around Beijing city, I found that local people were really enthusiastic about what was happening there. Some people and articles in the newspapers doubted it, saying that it was only because the city was holding the Olympics that they were encouraged to be enthusiastic. But you can see it from the taxi drivers they were really helpful and tried to learn English even if they were middle-aged. Everybody was infected by enthusiasm for the Olympics, including the volunteers. The number of volunteers in Beijing was impressive. At every intersection you could see around ten volunteers wearing the same uniform. Most of them were students and even exchange students from countries like Mexico or Germany, assisting foreigners with interpreting. During that period of time in Beijing, you really were not afraid of losing your way [laughing]. In conclusion, the most important image which should be conveyed was the humane Olympics—the People's Olympics for People. It was a gathering for everyone to get together. The Olympics should become a big party and celebration. The Olympics were an eye opener for the Chinese people as well as for the world."

1.3 Was there any official strategy regarding the requested national image of China (probably as part of their Public Diplomacy)?

"Even if there are some official strategy papers, I'm not able to see them [laughing]. I'm not that top ranked. If you ask if there is any guideline, no, I don't really think so."

1.4 Was there any official target audience for the Olympic news coverage of the Chinese media (in this case, your newspaper)?

"For us, the Shanghai Daily, the official target audience was the English-speaking audience. Many local papers paid a lot of attention to Chinese athletes. They have stories to bring, but we also paid attention to athletes from other countries. If we had any official strategy it was that we should try to present as much as we could. We wanted to use our Olympic pages to the best extent. We also tried to find some interesting human stories with unique backgrounds. There was no restriction in reporting (as a kind of official strategy) about certain subjects. For example, we reported about air pollution and the people who questioned the city's air quality. Even if there was any official target for the Olympic news coverage, it was a matter for the editors. My job during the Olympics was simply to present stories. I've never seen any guidelines or official strategies. I never had any restrictions while reporting. I think newspapers like Metro News or Nation News did have some restrictions, but we all are still improving. We understand that if we are open to the world, the whole world might take note of China. We ourselves admit that there are problems existing here and we need to improve. We can say that if a country is willing to admit its disadvantage, it should be encouraged because there is also the chance to see what could be improved."

1.5 From your point of view nowadays. Has the current national image of China changed from its former image because of the Olympic Games in 2008? If so, how has it changed?

"To me, personally as a Chinese, no! [laughing] I think it's a question better asked to people who haven't come here before and haven't seen the Olympics themselves. They might get a bigger impression of what has changed. I have been to Beijing three or four times, and every time I saw changes to the city. The changes from the outside are the Olympic decorations along the streets, the architecture, the stadiums, the buildings. I read about a survey by a university professor interviewing several hundred people who haven't been to China before and their impression of China before and after the Olympics. I can't remember the details, I just remember that people noticed the country's appearance and said the structure and the outlook/architecture has improved as well as their impression of the culture. People in China have also improved a little, but not that much compared to the other aspects. To me, my conclusion is that China does have a lot to show to the world but for our people we have a long way to go to achieve the goals."

1.6 Have the Olympic Games exerted a lasting influence on China (e.g. a swift to the western countries)?

"You can't really say a swift, but yes it was an eye-opener for China. For us Chinese reporters, we could see how the media from other countries performed their job. For Chinese athletes, there could be a lasting influence as well. I interviewed some China-based athletes who are now playing table tennis for the US team. I interviewed them on the different environment and found out that in China, we take sports really seriously, train hard and plan it as a career. But in the US, and some other countries, they take it as a kind of hobby or a second job, and practise it because they just like to do it. And in some ways, I do appreciate this approach to sports. You can't take sport that seriously. If you might have personal goals and it's your dream to achieve something in sport, then it's ok. But you can't be forced too much to achieve something—you have to enjoy the progress even if you don't win anything. We can learn something from such attitudes to sport that foreigners have. So that is why it was an eye-opener for China and could have a lasting influence on the country. Another lasting influence could be the better manners of people (e.g. spitting on the ground) as well as the better infrastructure with bigger roads. You can see right now in Shanghai because of the Expo next year. It is having the same effect that it had with Beijing before the Olympics."

1.7 Have the Olympic Games been the starting point of a new image of China to the world? What will this national image look like in future and how can it profit from Beijing 2008?

"You can't say a starting point, because as I said before I don't really agree that we're setting up a new kind of national image of China—because the progress is always in progress [laughing]. It is a big event, a kind of milestone, but as a real starting point, that's not the case. We have been improving; we had been improving during the past several decades. To hold the Olympics is not only to show an image, it is to show that we, the Chinese people, have the ability and the enthusiasm to hold such a big event. We welcome such international events. That is the milestone to prove that we have the ability, but not a kind of starting point. Historically, these Olympics probably have the potential to be a starting point for China as an important member of the world order because of the historical dimension of the Olympics. I can't say it now, but maybe twenty years later you can say that Olympics were a kind of historical starting point."

Dimension 2: The Journalist and the journalistic implementation

2.1 In what ways did you report on the Olympic Games 2008?

"I have already told you!" [laughing] (See above "Mobility while Reporting" and "Possibilities of Investigation")

2.2 What themes/issues have you reported on in particular (regarding the application area on page 8)?

"For me, I was mainly focused on the day-to-day events. But I was in Beijing before the Olympic Games Opening Ceremony, and got the chance to focus mainly on the foreign guests' impression of the city and the Olympics (before and after) and the kinds of service the city provided for foreign media and foreign guests. I also reported on the volunteers which could be related to the subject, "Stories around Beijing 2008". I actually wrote a small Olympics Blog placed on the Shanghai Daily website. In this blog, I wrote about topics such as the Sihi-Yuan- Neighbourhood, a traditional Chinese residence in Beijing and the many interesting people I met there. Relating to your application area, I also wrote profiles about Chinese sportsmen. For example, I wrote a profile about Lang Ping, the current head coach of the female US Volleyball team and former captain of the Chinese team in the 1980s. I did not report on the Chinese doping system, doping incidents, or the air quality in Beijing. But I have reported on the Olympic architecture and the Olympic village. I was not an expert; I would mainly take photographs for my blog [laughing]. Following your application area, I also reported on the Olympic torch relay in Shanghai. We even went there. Our chief editor was one of the torchbearers, so we went to cheer him on [laughing]. I also reported on Olympic tourism and the IOC in China. I haven't noticed any Internet censorship before the Olympics, but I didn't report on it. Was the internet actually blocked? I remember there were two days where there were some Internet problems. We couldn't even load some of the websites, but as far as we know, it was only a technical problem.

Another subject I was reporting on were the opening and closing ceremonies. I went around the Bird's Nest and asked people about their impressions. On the subject of the Tibetan policy of China, I didn't really write about it during the Olympics. There were some people waving Tibetan flags, but we didn't pay much attention to them or made efforts to report on it. But we know this problem exists. Everybody knows it. In response to the Western critics and the worldwide protests against the Olympic torch relays, I just want to say that if you want to show your anger about it, you don't have to do it by interrupting the Olympics. The Olympics have nothing to do with the policies of China. Finally, I haven't reported on the last three subjects: Chinese media, traffic problems in Beijing and human rights in China as listed on your application area."

2.3 Why did you choose these preferred reported themes/issues?

"I chose these subjects firstly because we were thinking of our readers. What might interest them? It was a service mainly provided for the foreign guests. The other reason was the convenience I could have had and the places I was allowed to access. So these were the two main reasons. The editor's requirements and what the editorial department wished to publish were also reasons. They told me to be specific and find some small stories. It was different all the time. The preferred themes and issues mainly depended on what I could get and what was interesting at the time."

2.4 Have you used the Olympic Games as an opportunity to report on particular themes and issues?

"I actually joined the newspaper one year before the Olympic Games were held, and I was putting my head down to try and learn from others. I tried to learn for my own personal development; I didn't set any specific themes for myself. In general, I tried to give the people who could not come to Beijing a rough impression or show them something they were not able to see, such as the goings-on in the Media Press Centre (MPC) with all the decorations and Chinese elements. Another interesting topic was how the reporters worked during a typical day of the Olympic Games. This is something behind the scenes which you would not normally be able to see. I also tried out the underground subway in Beijing because several new lines were built specially for the Olympic Games. I tried to see how much time it took to go from one place to another. I mainly wrote about it on my blog in a friendly and cheerful manner. All the themes and topics were close to daily life."

2.5 Do you think western media reported too critically about Beijing 2008? Has this affected your reporting style and the choice of the themes/issues you have reported about?

"Most of the western media have reported fairly. The big agencies have been fair: they reported the facts. Some of them kept to the events themselves, but there were others which also reported on what was events surrounding the Olympics. Even outside of the Olympics, there have always been reporters who, whilst not overly critical, have been rather unfair in the way they report with a bias and without acknowledging all sides of an event. The Western media did not really affect my reporting style. It is fine to hold different opinions and we have some differences towards other countries. But it should not affect us. We take some of the advice but we shouldn't let the untrue reports influence us. But during the Olympics, I did not meet reporters were mad or foreigners who were particular being aggressive or challenging."

2.6 *Next to your sports reporting: Have you reported about any controversial subjects (for example: environmental pollution, Chinese doping in sports)?*

"It's possible to report on controversial subjects. For example, somebody actually asked the officials what kind of things they did to improve the environment and they answered that the environmental pollution exists and they closed some factories around Beijing to improve the air quality. But you can't criticise us by saying we did it just for the Olympics. We're doing it because we think it's the right thing to do. So generally it's possible to write about controversial subjects but you have to be careful and find out the truth. The facts have to be proved and can't be mixed with guesswork or doubts. But I haven't reported on any controversial subjects during my Olympic correspondence.

2.7 *If you have reported on controversial subjects: As an indicator to point out drawbacks (Missstände) or as entertainment for the audience (e.g. to increase the print run)?*

"I did not report on any controversial subjects during my Olympic correspondence."

Dimension 3: Determining Factors

3.1 *Did your editorial office have any wishes concerning how you reported on the Olympics, for example reporting guidelines, particular themes/issues to focus on, etc.?*

"The editor-in-chief can edit and work on my reports, which he did. On the one hand, he polished the language because English is his native language, and on the other hand, he worked on my reports to avoid unnecessary problems. We do have internal guidelines, but they are not from the government to avoid political tensions. We try to avoid headlines that say "A defeated B" if it might be politically insensitive. But we don't have any written guidelines; we only have a stylebook at the core of the Shanghai Daily paper. For my Olympic correspondence, I did not have strict requirements; they only gave me suggestions and advice. I could report in a relatively free environment, because I was new to journalism."

3.2 How much space in the newspaper was reserved for your Olympic news coverage?

"There were eight Olympic pages per day in the Shanghai Daily. The Olympic news coverage lasted from 8 to 25 August. I wrote two or three articles each day, which were mostly general articles published on the front page. The more specific subjects were published in the inside pages of the paper. There were subject and layout restrictions in place. These depended on how much I could write and then how much could be cut. If I wrote an article for the front page, I aimed to write at least half a page."

3.3 How much resources did you have in your Olympic news coverage (money, time etc.)?

"I had a budget for the air tickets and the hotel fees as required by the news group. I also received some financial support from the Shanghai Daily paper. I enjoyed free entrance to the main events of the Olympic Games because of my press card. And the public transport was also free for journalists during the Olympic Games. The working time on my articles varied. If I had some specific stories, I worked on them for two to three days. An ordinary reporting day would begin after I wake up in the morning when I go over the newspapers to determine the most important or interesting event of the day. My deadline for articles was around eleven o'clock. I send the article to the editor in Shanghai, who would edit and polish the piece. He would sent it back to me around twelve o'clock for me to read it over before finally publishing it. "

3.4 Your target audience is mainly non-Chinese and foreigners. Has this affected, or still affecting, your journalistic style and your choice of themes/issues (e.g. to present China and its image to foreigners and external audiences)

"I think I have more freedom to report on different subjects than other Chinese newspapers. Chinese newspapers normally have several journalists with their own particular areas, such as boxing or weightlifting. But I can write and publish relatively freely. We report according to the readers' interests in cricket or rugby for example. But local Chinese readers don't care about these sports. Therefore, our choice of themes is generally more widespread than other Chinese newspapers. But we don't necessarily report any more critically than other Chinese papers because we don't carry too much political commentary; we are more based on facts. We have to cover more categories, and only publish commentary on the commentary page."

3.5 *Have you been affected by any limitation in your Olympic news coverage? If so, from whom? Was there any control mechanism for Chinese media and news coverage during Beijing Olympics 2008?*

"This is the past! [laughing] I was not allowed to go to certain places. So even if I wanted to write a story and I needed to go to the stadium, there were various kinds of passes. That was a restricted which directly affected me. But I can understand that because there were too many people in one place at the same time. The Organisation has been fair to give us different passes to different members of our group because they recognized us as a kind of union or group. To me, yes, it was rather inconvenient and limiting, but I can still understand. Public places like the Tiananmen Square were fine, only the stadium and Olympic area were limited. For the Olympic Village, you had to apply because they considered the security issue and would not allow too many people inside at once. Only 20 to 30 guests were allowed to visit the Olympic Village every day. So these were the restrictions."

3.6 *Were the Olympic Games a chance for you and the Chinese media to report on a greater number of themes/issues than normal?*

"Personally, yes! It was a good chance to learn from other experienced reporters: how they did it and how they placed their focus on events and stories. So yes, it was all about experience for me, but maybe not so much about the themes and issues regarding the Olympics that we could report. Since it was an international event, it was a kind of practise for everybody, not only for the Chinese people and media. I can't speak for all the Chinese media, but I'm sure everybody got something out of the Olympics. For me and the Shanghai Daily, it was also good practice before the Expo which will be hosted by our home city (Expo Shanghai 2010). We will be able to be more confident when reporting on such significant events."

"Beijing 2008 was able to project something on a grand scale. No other country could offer that. That impressed me and also impressed parts of the world, I think. That was unique!"

2. Xie Yu und Zhang Haizhou – China Daily

Name:	Xie Yu and Zhang Haizhou
Newspaper:	China Daily
Place of interview:	Mall Café, Oriental Plaza Hotel Mall, Wangfujing Road, Beijing
Date of interview:	Sunday, 21st of June, 8.00 – 10.15 pm.
Career within the newspaper:	We began at China Daily in July 2008 as news correspondents.
Role/Function as Olympic-Correspondent:	We were not in charge of reporting the Olympics during that time, but we reported on related news. We had four official Olympic correspondents, but we were not one of them. But we reported on news and stories about the Olympics anyway since everyone was working for the Olympics in our newspaper during that time.
Mobility while reporting:	You needed special permits during the Olympics to enter some Olympic venues. We didn't get these permits because we were not registered correspondents. China Daily already had official registered journalists. We did not try to enter the Birds Nest or Olympic Village, as we did not have to since we could research and interview everybody on the streets. There was more than just one news centre for the Olympics. We probably could have utilised them for our reporting, but we did not do so.

Possibilities of investigation:	You could call BOCOG and get information from them. BOCOG is the Olympic Committee of Beijing 2008. We could use the Media Press Centre service and our China Daily network. Additionally we could phone journalists from other newspapers like the Shanghai Daily; sometimes they were willing to help. Another possibility for investigation was the local government. If you wanted to have background information about the hurdler Liu Xiang, the Shanghai government could provide help.

Dimension 1: The national image of China and the Olympic Games

1.1 Every Olympic Games, as a media event, offers the opportunity for a country to present itself to the world. Has China seen the Olympics Games 2008 as a great chance to present its country to the world and achieve a better and more realistic national image?

Xie Yu "I think China definitely wants to build up its national image during this period of the Olympics. It is trying to show a true China to the world. Much of the western world holds some misunderstandings about China. That is very normal. Chinese people know this and want to show a very friendly, energetic, strong and rich China to the world. I think that is also what the Chinese government wanted to do."

1.2 Which national image of China should have been conveyed?

Zhang Haizhou "From my point of view, the image China wants to convey to the world is China's peaceful and harmonious rise; an image of a powerhouse of the Olympic Games. China wants to be a part of a harmonious world as a peaceful and strong power, welcoming everyone to the country and the Games. I interviewed many people on the street, and more than 90 percent of foreign visitors (e.g. people from Britain and the USA) answered that China is better than they had expected."

Xie Yu "That is an important point. China is better than what you had expected."

Zhang Haizhou "According to the image of the green Olympics and China, many people think our rise is plagued by energy and pollution problems. But we are also a green country. And that's what we want to convey as an image. Of course, People's Olympics because the official support within the population was massive. But People's Olympics were also Governments Olympics..."

1.3 Was there any official strategy or presetting for the requested nation image of China (probably as part of their Public Diplomacy)?

Zhang Haizhou "A specific strategy? I don't think so. You can't deny that the Olympics were part of the strategy for the government to present China to the world. On the reporters level we hadn't have any governmental influence telling you doing this or that. So there were no official papers for Xie Yu or me. For example, I went to a bar right after the closing ceremony where I met over 200 British people and asked them about their feelings on the Olympics. They were impressed and the Olympics have exceeded their expectations. And I don't think that was the Chinese government telling them to say so. Or we were carrying the story because the government told us to do that."

Xie Yu "I think there were some arrangements. They might tell us to report in a certain direction, but this had to be very general. I think the authority of our newspaper China Daily might have received such instructions from the government. But I'm not sure." [both continuing speaking Chinese together because they differ about the subject...]

1.4 Was there any official target for the Olympic news coverage of the Chinese media (in this case your newspaper)?

Zhang Haizhou "I think the only official target of China Daily was to cover the whole Olympic Games in Beijing. Cover the sport matches and also the outskirts and making them Big Games."

1.5 From your point of view nowadays. Has the current national image of China changed because of the Olympic Games 2008? How has it changed?

Xie Yu "I think the image of China in the world has changed positively."

Zhang Haizhou "I don't think a sports event can change too much. Actually, we're not in position to answer that question; you have to [laughing]."

1.6 Have the Olympic Games exerted a lasting influence on China (for example, by orienting China towards the standards of Western countries)?

Zhang Haizhou "The post Olympic effect? Yes, of course! I think the desire of people from other countries to visit China has increased. I studied abroad and some of my friends there tell me to visit China, and next to other attractions, they want to see the Olympic stadium. If there was not a financial crisis, this effect might be even greater now [laughing]. I think it is similar to what you saw in Sydney 2000 or Barcelona 1992. Another lasting influence was the power of icons. Sportsmen like Michael Phelps or Kobe Bryant became really famous in China and are now major icons in China especially because of the Olympics."

Xie Yu "Regarding the lasting influence of individualism in sport, I don't think this had any big influence on Chinese people; it didn't matter so much whether Michael Phelps won eight gold medals or not. Of course, the general public cares about the shining heroes, both from China and other countries. But they don't care whether they reached their goal of Olympic medals by acts of individualism or as part of a team/collective. That didn't have any lasting influence on Chinese people."

1.7 Have the Olympic Games been the starting point of a new image of China to the world? What will this national image look like in future and how can it profit from Beijing 2008?

Zhang Haizhou "I don't think so. The Olympic Games was just one milestone in the overall progress of China as a nation. It would be untrue to say the opposite—that it was the national progress of China which brought the Olympic Games."

Xie Yu "China is in a continuous process of building its national image, and the Olympics was a very important step, but I don't think it was a kind of starting point. Because of the Olympic Games, the Chinese people are more confident now, since we won 51 gold medals and the top medal ranking. We know we are strong now, at least in sports. But we've always been proud before the Olympic Games [laughing]"

Dimension 2: The Journalist and the journalistic implementation

2.1 I In what ways did you report on the Olympic Games 2008?

Xie Yu "I already told you how I did most of my reporting during the Olympics (see above Mobility while reporting and possibilities of investigation). During the Olympics, I focused mainly on "Stories around Beijing" and background stories in general. For example, I reported on a man in the Bei Hai Park making small kites branded with the Olympic insignia."

2.2 What themes/issues have you reported on in particular (regarding the application area on page 8)?

Zhang Haizhou "Xie Yu and I were not part of the sports correspondence, because we worked in the news centre of China Daily and mainly focused on "Stories around Beijing". Regarding your application area, this was the main theme we reported about in particular. After that, we reported on the Olympic architecture and the Olympic tourism. These were the three themes/issues we reported on during Beijing 2008. Additionally, on the first circle of your application area, the China Daily reported on the opening and closing ceremonies, the torch relay (with our own reporter following its progress the world), and profiles of Chinese sportsmen. China Daily has also reported on the air quality of Beijing, the traffic problems in Beijing and the Tibet policy of China. There were Tibet policy stories in China Daily while the Olympics were occurring, but not in the context of protests and the Olympics. China Daily hasn't reported on human rights violations, the IOC-China, the Chinese doping system or any Internet censorship. Actually, we haven't had any problems with the internet. The government opened many websites before the Olympics began."

2.3 Why have you chosen these preferred reported themes/issues?

Zhang Haizhou “The three themes I was reporting on were delegated to me! [laughing] The sports coverage should be given to my colleagues who are working in the sports department. I was only starting out at China Daily, so I was given the themes of a more peripheral nature. Personally, I don’t prefer any of these themes.”

Xie Yu “Actually, the editors gave us tasks to report on certain themes.”

2.4 Have you used the Olympic Games as an opportunity to report on particular themes and issues?

Xie Yu “No we haven’t used the Olympic Games as a reason to report on certain issues. As we mentioned in the previous question, we couldn’t choose our topics. But you can raise interesting topics to the editor and if he agrees it will be interesting for the audience, then you can cover it.”

2.5 Do you think western media have reported too critically about Beijing 2008? Has this affected your reporting style and the choice of the themes/issues you have reported about?

Zhang Haizhou “No, I don’t think so.”

Xie Yu “I don’t think so either.”

Zhang Haizhou “It’s not enough! [Everybody laughing] I can’t say the Western media was objective or realistic because it is ultimately just the media agency’s choice. You and every media agency have the right to choose.”

Xie Yu “Just don’t fake stories! I can’t guarantee if there were any stories faked during the Olympics. I did read some faked stories about China, but not during the Olympics. I think most of the Western media’s stories during the Olympic games were not unfair. ”

Zhang Haizhou “Actually, most of the western journalists were very professional. I met a lot of foreign journalists from countries such as South Africa,

Australia and Britain. Different people, but highly professional. For example, the reporters coming from Arabic countries found the Beijing Olympics to be wonderful and beautiful. Reporters from Europe, like in Germany or in France, probably try to cover more of the negative things going on in China. But that's fine—it is their choice."

2.6 Next to your sports reporting: Have you reported on any controversial subjects (for example: environmental pollution, Chinese doping in sports)?

Xie Yu "I think there was definitely some negative reporting during the Olympic Games. But we have not done so. There is no general prohibition on reporting on subjects that are controversial for the country."

Zhang Haizhou "There is no difference in the reporting of controversial subjects before, during and after the Olympic Games. Regarding environmental protection, the issue is actually not controversial. China is developing, and it must use a lot of energy. Therefore, China is polluting: that's the truth! But during the Olympics, we haven't reported on any controversial subjects."

2.7 If you have reported on controversial subjects: As an indicator to point out drawbacks (Missstände) or as entertainment for the audience (e.g. to increase the print run)?

Zhang Haizhou "I don't know how to answer this question [laughing]. Personally speaking, I never write any reports just to increase the print run. I just report based on facts. It's up to the editor to choose the topics."

Dimension 3: Determining Factors

3.1 Did your editorial office have any wishes concerning how you reported on the Olympics, for example reporting guidelines, particular themes/issues to focus on, etc.?

Zhang Haizhou "You can't say that the editor ordered "Do this or that!" But of course he hoped that I find some interesting and exclusive stories. That's the best outcome. Actually, there were not any guidelines imposed on China Daily reporters on conducting their Olympic reports."

Xie Yu "So it's all about the news. I don't think they forced us to show or create a positive national image in conducting our Olympic news coverage.

3.2 How much space in the newspaper was reserved for your Olympic news coverage?

Zhang Haizhou/ Xie Yu "We normally have 24 pages in the daily issue of China Daily. During the Olympics, we devoted the first four to eight pages with Olympics news coverage. This was the case from the first day of the Olympic Games to the last. We also published another eight-page newspaper called "The Olympian", which was attached to the China Daily."

3.3 How much resources did you have in your Olympic news coverage (money, time etc.)?

Zhang Haizhou "Totally different. A lot of time is devoted to attending media events when they occur, such as the Olympic Games or the Paralympics. We had less time to work on the articles. We didn't require more money or a bigger budget than normal because the centre of China Daily is quite close to the Games area and the stadium."

Xie Yu "But I think the correspondents in charge of reporting the Games had some subsidy—I mean those registered correspondents with access cards for the Olympics.

3.4 Your target audience is mainly non-Chinese and foreigners. Has this affected, or still affecting, your journalistic style and your choice of themes/issues (e.g. to present China and its image to foreigners and external audiences)

Zhang Haizhou "Of course they do, because every newspaper has its target audience. But this hasn't affected our choice of themes. We haven't covered more themes in our Olympic news coverage than other Chinese newspapers, I think. The target audience of China Daily is usually foreigners from companies or diplomats as well as Chinese students in universities trying to improve their English."

Xie Yu "The normal journalistic style of China Daily concerns national or domestic news, not world news. Because foreigners need to know something about China, China Daily is their only way to know more about this country."

3.5 Have you been affected by any limitation in your Olympic news coverage? If so, from whom? Was there any control mechanism for Chinese media and news coverage during Beijing Olympics 2008?

Zhang Haizhou "No, I haven't been affected by any limitation during my Olympic news coverage, apart from the usual limitations of time and investigative possibilities which apply to every day of our work. But we had special group meetings in the news centre for this big event. We had some training in intercultural communication, the meaning of the Olympics, and of course we as news reporters needed to know more about sports [laughing]."

3.6 Were the Olympic Games a chance for you and the Chinese media to report on a greater number of themes/issues than normal?

Xie Yu "Actually, I don't think there was a great deal of difference between our coverage of the Olympics and the usual daily news coverage. It is the reader who may be focusing more on news related to the Olympic Games. In any case, the daily life in China at the time was connected to the Olympic Games."

Zhang Haizhou "There is also another difference. Normally, you can see China Daily as one source of information about China. During the Olympic Games, we thought we had a better chance to introduce more aspects of China and its people. We tried to introduce China to foreigners and the Olympics gave us an excellent chance to do so. China wanted to present its national image to the world; everyday, it tried to show its peaceful and harmonious progress and the Olympic Games were a great chance for our country to do so."

3. Thomas Hahn – Süddeutsche Zeitung

Name:	Thomas Hahn
Zeitung:	Süddeutsche Zeitung
Interview:	10.07.09, 14.00-16.00 Uhr
Werdegang bei der Zeitung:	1991 Praktikum beim regionalen Ableger der Süddeutschen Zeitung, Starnberger Neueste Nachrichten, freie Mitarbeiterschaft dort, 1995 Praktikum in der Sportredaktion der Süddeutschen Zeitung, anschließend freie Mitarbeiterschaft dort. Seit 1. Januar 1999 Redakteur, zunächst drei Jahre im Lokalsport, dann im Allgemeinsport.
Rolle/Funktion als Olympia-korrespondent	Berichterstatter von den täglichen Sportereignissen sowie den Hintergründen des Ereignisses, mit besonderem Augenmerk auf die Leichtathletik.
Mobilität vor Ort	Geprägt vom olympischen Shuttleservice sowie den örtlichen Taxis.
Recherchemöglichkeiten	Im Rahmen der Sportereignisse, seltene Fahrten aus dem olympischen Korridor zu ausländischen Gesprächspartnern mit Peking-Kenntnis.

Dimension 1: Das Nationenbild Chinas und die Olympischen Spiele

1.1 Wurden die Olympischen Spiele 2008 in Peking als Chance von China wahrgenommen, sich nach außen zu präsentieren und das eigene Nationenbild zu verbessern oder begünstigen?

Natürlich. Die olympischen Spiele dienten der zentralistischen KP-Regierung zu zweierlei Zwecken: Erstens Darstellung des neuen, starken, prosperierenden

Chinas nach außen. Zweitens Darstellung des starken Chinas nach innen, Stiftung von Identifikation, emotionale Bindung an die Nation, Stärkung des Nationalgefühls.

1.2 *Welches Bild von China sollte vermittelt werden?*

Das Bild eines starken, modernen, weltoffenen, perfekt organisierten Chinas, das mit seiner Architektur, seiner Wirtschaftskraft und seinem technologischen Fortschritt berechtigterweise einen Platz als Großmacht in der Welt beansprucht.

1.3 *Gab es eine staatliche Strategie und Vorgabe (Public Diplomacy) für das erwünschte Bild Chinas während der Olympischen Spiele?*

Davon ist auszugehen in einem zentralistisch regierten Land. Für Journalisten, die aus dem Ausland zu den Olympischen Spielen reisten, gab es aber natürlich keine Vorgaben dazu, wie China zu sehen sei, deswegen kenne ich diese Vorgaben nicht.

1.4 *Gab es eine staatliche Linie/Vorgabe für die Olympiaberichterstattung der chinesischen Medien?*

Sie sollte sicher im Sinne das Landes sein, aber das ist bei den chinesischen Staatsmedien immer so. Auffällig war nach den Spielen auch, wie Bilder und Nachrichten zu einer Endlosschleife des positiven China-Gefühls verknüpft wurden, welche die politischen Probleme des Landes ausließ. Aber letztlich kann ich die Frage natürlich nicht beantworten, weil ich kein chinesischer Journalist bin.

1.5 *Hat sich aus heutiger Sicht das Nationenbild Chinas durch das Großereignis Olympia gegenüber dem bisherigen Bild Chinas geändert? Wie hat sich das Nationenbild geändert? (begünstigt, verschlechtert, ausdifferenziert?)*

Diese Frage kann ich nur aus meiner persönlichen Sicht beantworten. Mein China-Bild hat sich durch Olympia nur bedingt geändert. Ich hatte mich natürlich vorbereitet auf die Spiele, viel gelesen über China, Seminare besucht, die Diskussionen verfolgt, mich daran beteiligt, mir viele Gedanken gemacht –

und ich wusste deswegen, was für ein Land China ist und sein will mit allen seinen faszinierenden und allen seinen aus westlicher Sicht irritierenden Seiten. Aus dem Blickwinkel, den ich auf das Land werfen konnte, ist China genauso gewesen, wie ich es mir vorher ausgemalt hatte. Allenfalls private Begegnungen haben mich etwas überrascht, allerdings auch nicht wirklich, weil mir vorher schon klar war, dass es tolle Menschen in China gibt. Was schlechter vorbereitete Journalisten angeht, oder Journalisten, die sich sehr stark auf den Sport konzentrieren, kann ich mir nur ein sehr oberflächliches Urteil erlauben: Ich glaube schon, dass viele hinterher ganz begeistert waren von China und sich gefragt haben, was diese ganzen Menschenrechtskritiker und demokratischen Moralisten an China denn auszusetzen hätten.

1.6 Haben die Olympischen Spiele einen nachhaltigen Einfluss auf China und sein Nationenbild ausgeübt (Bsp. Ein Ruck Richtung Westen)?

Das wird sich erst in einigen Jahren zeigen, wie wichtig die Spiele in dieser Hinsicht waren. Grundsätzlich hat China seinen Ruck Richtung Westen schon früher vollzogen, Olympia war meines Erachtens nur das weltweite sichtbarste Zeichen dafür, wie entschlossen die chinesischen Kommunisten den kapitalistischen Weg einschlagen.

1.7 Waren die Olympischen Spiele der Beginn eines neuen Chinabilds in der Welt? Wie kann dieses zukünftige Bild von Chinas aussehen? Profitiert das Bild von Beijing 2008?

Diese Frage ähnelt Frage 1.5. Die Sichtweise auf China ist nicht bei jedem gleich, und die Leute lassen sich unterschiedlich beeinflussen von einem Großereignis. Aber man kann wohl sagen, dass durch die Diskussionen und die Medienberichterstattung – vor allem die kritische – aus Anlass Olympias ein differenziertes Bild von China entstanden ist, das sich langsam von Klischees entfernt und dennoch die Probleme dieses Riesenreichs nicht übergeht.

Dimension 2: Der Journalist und die journalistische Umsetzung/Darstellung

2.1 Wie haben Sie in ihrer Olympiaberichterstattung berichtet?

Ich bin zu den Ereignissen gegangen, habe mir alles angesehen, mit Leuten gesprochen, mir meine Gedanken gemacht und dann die Ergebnisse aufgeschrieben.

2.2 Welche Themen haben Sie besonders angesprochen gemäß dem Themenkreis auf Seite 3?

Ich habe in der Tat versucht, Lösungen zu finden, wie ich das politische Thema, den Unterschied zwischen freier und zentralistisch gelenkter Welt, in die Sportberichterstattung mit einfließen lassen konnte. Das funktionierte wegen der Persönlichkeiten, die bei Olympia in Erscheinung traten teilweise ganz gut. Andererseits durfte ich natürlich auch die konventionelle Sportberichterstattung nicht außer Acht lassen. Mit allem, was dazu gehört.: deutsche Siege, Kuriositäten, internationale Personalien und natürlich Doping. Wobei man sagen muss: Die Berichterstattung über die Auswirkungen der chinesischen Tibetpolitik auf die Olympia-Atmosphäre und der Fackellauf waren in erster Linie in den Monaten vor den olympischen Spielen ein Thema.

2.3 Warum wurden diese bestimmten Themen von Ihnen gewählt?

Weil ich sie inhaltlich wichtig fand, spannend, und ich der Meinung war, dass sie den Anspruch des Lesers auf Information treffen.

2.4 Wurden die Olympischen Spiele von Ihnen genutzt, um bestimmte Themen hervorzuheben?

Ich glaube, diese Frage ist in 2.2 schon beantwortet.

2.5 Hat die Vermutung/ Kenntnis, dass China eine staatliche Strategie bei ihrer Imagegestaltung verfolgt, Ihre Berichterstattung beeinflusst?

Natürlich. Ich habe mir sehr viele Gedanken darüber gemacht, wie ich als harmloser Sportjournalist nicht nur als Chronist eines China-Festes funktioniere. Das Ergebnis war eine sehr ausführliche, hoffentlich differenzierte Berichterstattung über die olympischen Ereignisse vor den Spielen und eben der Versuch, gesellschaftliche Fragen und politische Streitthemen nach Möglichkeit in die Sportberichterstattung einfließen zu lassen.

2.6 Haben Sie in ihrer Olympiaberichterstattung über konflikthaltige oder kontroverse Themen geschrieben[131]?

Ja. Alle die von Ihnen genannten Themen sind in der Süddeutschen Zeitung sehr ausführlich behandelt worden, sei es von unserem China-Korrespondenten Henrik Bork oder anderen Sportredakteuren wie Thomas Kistner. Ich selbst habe Konfliktthemen im Rahmen meiner olympischen Vorberichterstattung und Ereignisberichterstattung aufgegriffen, es gab etwa ein Porträt über die Auslandstibeter, welche den Protest gegen den Fackellauf orchestrierten, viele Artikel über die Ausprägungen der chinesischen Propaganda (schon den Begriff fanden in dem Zusammenhang manche umstritten), die mit dem Staffellauf verbunden war. Während der Spiele habe ich etwa anhand der Marathonstrecke beschrieben, wie rasant Peking sich auch auf Kosten seiner zwangsumquartierten Bewohner verändert hat. Und außerdem konnte man die politischen Konfliktthemen Chinas durch manches Sportlerporträt aufgreifen, wenn etwa die deutsche Degenfechterin Imke Duplitzer ihre Bedenken gegen die Parteidiktatur ausdrückte oder die deutsch-chinesische Badmintonspielerin Huawen Xu in ihrer alten Heimat antrat. Und im Rahmen der Leichtathletik-Berichterstattung ging es natürlich auch um Doping, allerdings weniger chinesisches Doping. Allerdings möchte ich auch sagen, dass man meine Berichterstattung in diesem Sinne eher bemüht nennen muss. Heldenhafte Berichte aus dem Untergrund der Diktatur waren nicht dabei, insofern hat die China-Werbung durch Olympia auch durch mich funktioniert.

131 Im Fall China fallen unter kontroverse/konflikthaltige Themen: 1. Tibetpolitik Chinas, 2. Menschenrechte in China, 3. Tian'anmen-Massaker 1989, 4. Umweltverschmutzung, 5. Politische Intransparenz/ Korruption, 6. Pressefreiheit/ Internetzensur, 7. Chinesischer Dopingmissbrauch im Sport

2.7 Diente dies nur als Indikatorfunktion um Missstände aufzuzeigen oder auch als Unterhaltungsfunktion und Bedienung der Lesererwartung?

Wenn man davon ausgeht, dass eine interessante, ausgewogene, journalistisch korrekte Berichterstattung auch unterhaltsam ist, war in gewisser Weise auch Unterhaltung der Zweck. Aber es ging nicht darum, eine Show zu machen. Die Basis allen Berichtens muss immer das wahrhaftige Geschehen sein. Das ist das, was meines Erachtens der Leser erwartet, insofern was es auch mein Ziel, die Lesererwartung zu bedienen. Und was die Missstände angeht. Es gibt immer bestimmte Faktoren, die zu einem bestimmten Ereignis führen. Ein 100-Meter-Weltrekord wirft immer auch Zweifel auf, diese Zweifel zu erklären, ihnen Raum zu geben und sie einzuordnen, ist auch zwingend ein Teil der Sportberichterstattung. Dadurch werden in der Tat Missstände aufgezeigt, wenn auch nicht unbedingt aufgedeckt.

Dimension 3: Rahmenbedingungen

3.1 Hat die Heimatredaktion Ihnen inhaltliche Vorgaben für Ihre Olympiaberichterstattung gemacht?

Nein.

3.2 Wie viel Platz in der Zeitung ist Ihnen für ihre Olympiaberichterstattung eingeräumt worden?

Die SZ hatte während Olympia eine tägliche Beilage, die bis zu acht Seiten umfasste.

3.3 Über welche Ressourcen haben Sie für ihre Berichterstattung während Olympia verfügt (Geld, Zeit etc.)?

Wegen der Zeitverschiebung war unser erster Reaktionsschluss nach meiner Erinnerung um zehn Uhr abends. Was das Geld angeht, so machen wir nach einer solchen Reise eine Spesenabrechnung, in der wir im Rahmen befindliche Auslagen für Taxifahrten, Internetzugänge usw. erstattet bekommen. Und natürlich werden Reise und Unterkunft bezahlt.

3.4 Welche Zielgruppe wollten Sie mit Ihrer Olympiaberichterstattung erreichen? Hat dies ihre Olympiaberichterstattung beeinflusst?

Die Leser der Süddeutschen sind normalerweise der gebildeten Bürgerschaft zu zuzurechnen. Entsprechend sollte man versuchen, intelligente Artikel zu schreiben.

3.5 Sind Sie in Ihrer Arbeit (Recherche usw.) behindert worden? Wenn ja, wie und von wem?

Es war nicht möglich auf alle Seiten mancher Menschenrechtsorganisationen zurückzugreifen, was weniger für mich eine Einschränkung bedeutete, als die Tatsache, dass die Zensur offensichtlich auch während der Spiele intakt war.

4. Evi Simeoni – Frankfurter Allgemeine Zeitung

Name:	Evi Simeoni
Zeitung:	Frankfurter Allgemeine Zeitung
Telefoninterview:	16.07.09, 12.00 – 13.30 Uhr
Werdegang bei der Zeitung:	Seit 1981 in der Sportredaktion der Frankfurter Allgemeinen Zeitung Redakteurin. Stellvertretende Ressortleiterin für alle Sportarten außer Fußball, Arbeitsschwerpunkt sind Großereignisse wie Olympische Spiele oder Weltmeisterschaften
Rolle/Funktion als Olympiakorrespondent	Ich war vor allem zuständig für zwei journalistische Bereiche. Zum einen für Sportpolitik und Dopingthemen, zum anderen natürlich auch für die tägliche Sportberichterstattung der Olympischen Spiele in Peking. Ich habe vornehmlich über besonders für die deutsche Mannschaft interessante Sportarten wie Gewichtheben, Turnen oder Tischtennis berichtet.
Mobilität vor Ort	Transporttechnisch besonders geprägt durch Shuttlebusse und Taxifahrten. Zugang hatte ich zu allen Olympischen Einrichtungen, nicht aber zum Olympischen Dorf und dem Athletenbereich. Wir haben uns auch außerhalb der Olympischen Einrichtungen bewegt. Teilweise hatten Journalisten Zugangsverbote außerhalb wie etwa auf dem Platz des himmlischen Friedens (z.B. Kamerateams der ARD)

Recherchemöglichkeiten	Die Recherchemöglichkeiten für die Sportberichterstattung waren wie immer, da hat sich China an die internationalen Standards gehalten. Sobald aber neben den Sportthemen recherchiert wurde, wurden die Recherchen schwieriger. Der Server der FAZ und die Verbindung in die Heimatredaktion waren tagelang vor Olympia abgeschnitten. Auch die tägliche Pressekonferenz des IOC und des Organisationskomitees wurde zu einem Trauerspiel. Sobald politische Fragen von Journalisten gestellt wurden, schnitt der chinesische Sprecher diese ab und schwenkte auf andere Themen um.

Dimension 1: Das Nationenbild Chinas und die Olympischen Spiele

1.1 Wurden die Olympischen Spiele 2008 in Peking als Chance von China wahrgenommen, sich nach außen zu präsentieren und das eigene Nationenbild zu verbessern oder begünstigen?

Absolut! Es war ein großer Akt der Selbstdarstellung. China wollte der Welt ein bestimmtes Bild von sich aufzwängen. Allerdings blieb manchmal die anerkennende Reaktion aus. China hat die Reaktion der westlichen Länder falsch eingeschätzt. Bis heute noch fragt man sich, was falsch gelaufen ist. Nehmen wir die Eröffnungsfeier, die großartig inszeniert war und auch gut hätte ankommen können. Doch dann wurde uns ein hübsches Mädchen präsentiert, das gar nicht gesungen hat, weil das andere Mädchen mit der schönen Stimme als zu hässlich empfunden wurde, um es der Welt vorzustellen. Das hat weltweite Empörung ausgelöst und natürlich den guten Eindruck der Eröffnungsfeier getrübt.

1.2 Welches Bild von China sollte vermittelt werden?

Es sollte das Bild eines jungen, perfekten, technisch fortschrittlichen und auch vorbildlichen Chinas vermittelt werden. Gleichzeitig sollten auch die bekannten Vorzüge Tradition, Geschichte und Kultur hervorgehoben werden, wie in der Eröffnungsfeier ja gesehen, inszeniert wiederum mit perfekter und beeindruckender Technik. Man kann das alles schon als Potenzgehabe bezeichnen, vor allem gegenüber den asiatischen Nachbarländern. China als Reich der Mitte war lange dank seines Fortschrittes das Zentrum der Welt. Dorthin möchte China wieder zurück und es hat dies auch in ihrem vermittelten Bild bei Olympia angedeutet.

1.3 Gab es eine staatliche Strategie und Vorgabe (Public Diplomacy) für das erwünschte Bild Chinas während der Olympischen Spiele?

Davon ist auszugehen. Ich vermute, dass es eine detaillierte Strategie gegeben hat. Sie war an der Stadt selbst erkennbar. Baulich hatte sich bis zu den Spielen einiges getan. Parks wurden angelegt, Straßen ausgebaut, Baustellen hinter Mauern versteckt. Die ganze Stadt wurde aufgehübscht und war kaum wieder zu erkennen, wie mir einige Peking-Kenner erzählten.

1.4 Gab es eine staatliche Linie/Vorgabe für die Olympiaberichterstattung der chinesischen Medien?

Auch davon gehe ich aus, wobei ich nie irgendwelche Papiere gesehen oder mit chinesischen Journalisten darüber gesprochen habe.
Dass es eine detaillierte Strategie der Selbstdarstellung gab, habe ich vor allem an den Gesprächen mit den Menschen erkannt. Ich habe wunderbare Gespräche mit den unzähligen freiwilligen Helfern der Olympischen Spiele geführt. Viele Helfer waren Studenten, die sehr sprachbegabt und wissbegierig waren. Man merkte, dass sie auf kritische Fragen vorbereitet worden waren und allen politischen Aussagen ausweichen sollten. Aber nach einer Weile wurden die Gespräche immer intensiver und sie erzählten sogar von den Vorbereitungskursen, die sie absolviert hatten.

1.5 Hat sich aus heutiger Sicht das Nationenbild Chinas durch das Großereignis Olympia gegenüber dem bisherigen Bild Chinas geändert? Wie hat sich das Nationenbild geändert? (begünstigt, verschlechtert, ausdifferenziert?)

Aus meiner Sicht hat sich das Nationenbild Chinas nicht grundlegend geändert. Ich selbst konnte mein Chinabild aber deutlich erweitern. Mein politisches Bild von China hat sich eher noch verdüstert. Ich bereue daher auch kein kritisches Wort in meiner Berichterstattung. Die chinesische Regierung ist durchaus ein Risiko eingegangen, die Olympischen Spiele auszutragen, denn damit hat sie den kritischen Blick der Gäste aus demokratischen Ländern zugelassen. Den musste sie dann auch aushalten. Andererseits ist mein Bild von der Gesellschaft und den einzelnen Menschen in China sehr viel freundlicher geworden. Es gibt viele großartige Menschen in China. Ich habe es zum Beispiel genossen, wie ungezwungen sie in ihren Parks singen und tanzen. Außerdem habe ich Vorlesungen an der deutschen Fakultät einer Pekinger Universität besucht und war ganz erstaunt, als dort Texte von Immanuel Kant analysiert oder die Rolle des Chinesen in Thomas Manns „Der Zauberberg" besprochen wurden. Generell war es erfrischend für mich, das pragmatische Denken der Chinesen kennen zu lernen, ihre Fähigkeit, die Dinge von mehreren Seiten gleichzeitig anzusehen. Das ist so viel lebensnäher als das dualistische Denken in Europa.

1.6 Haben die Olympischen Spiele einen nachhaltigen Einfluss auf China und sein Nationenbild ausgeübt (Bsp. einen Ruck Richtung Westen)?

Das wird sich noch zeigen. Ich glaube, dass es eine gewisse Nachhaltigkeit gegeben hat. Aber eigentlich haben sich höchstens die Entwicklungen in China verstärkt, und keine neuen Einflüsse hervorgebracht. Etwa der Weg zum Kapitalismus oder die Orientierung der chinesischen Menschen an den materiellen Errungenschaften der westlichen Länder.

1.7 Waren die Olympischen Spiele der Beginn eines neuen Chinabilds in der Welt? Wie kann dieses zukünftige Bild von Chinas aussehen? Profitiert das Bild von Beijing 2008?

China ist ein so großes und heterogenes Land, da reichten die Olympischen Spiele 2008 nicht aus, um ein neues Bild in der Welt zu etablieren. Die Olympischen Spiele fallen da hinein wie in ein Meer. Die Initialzündung ist ausgeblieben, auch weil die Spiele nicht so berauschend und atmosphärisch dicht waren wie etwa in Barcelona 1992 oder in Sydney 2000. Der Urknall für das Land und damit eines neuen Bildes von China kann nur von innen aus der Gesellschaft heraus kommen.

Dimension 2: Der Journalist und die journalistische Umsetzung/Darstellung

2.1 Wie haben Sie in ihrer Olympiaberichterstattung berichtet?

Diese Frage habe ich ja bereits in meiner Rolle als Olympiakorrespondentin beantwortet. [Rolle/Funktion als Olympia-Korrespondent: Ich war vor allem zuständig für zwei journalistische Bereiche. Zum einen für Sportpolitik und Dopingthemen, zum anderen natürlich auch für die tägliche Sportberichterstattung. Ich habe vornehmlich über besonders für die deutsche Mannschaft interessante Sportarten wie Gewichtheben, Turnen oder Tischtennis berichtet.]

2.2 Welche Themen haben Sie besonders angesprochen gemäß dem Themenkreis auf Seite 3?

Die FAZ hat viele Themen rund um Olympia angesprochen. Das hat natürlich auch nicht vor unangenehmen Themen halt gemacht. So habe ich in der Vorberichterstattung auch über die Dopingproblematik im Sport und auch in China berichtet. Ich habe beispielsweise ein Interview mit dem IOC Kommissar Hein Verbruggen geführt, dem Kontaktmann zwischen dem IOC und dem Organisationskomitee in Peking, der mich und die FAZ sehr für die Berichterstattung im Vorfeld von Olympia kritisiert hat. Diese für die Olympier unangenehmen Themen mussten aber von der FAZ angesprochen werden. Wir haben auch über die Internetzensur, Tibetpolitik oder Menschenrechte in China berichtet. Daneben haben wir in unsere Olympiaberichterstattung auch eine tägliche Kolumne mit dem Titel „Unzensiert“ einfließen lassen, um neben der reinen Sportberichterstattung über unsere persönlichen Eindrücke von diesem Land ins Blatt zu bringen. Auch ganz einfache Erlebnisse haben wir in diesem Rahmen geschildert. Zum Beispiel mit den Kontrolleuren vor dem Pressedorf. Wir wurden zum Beispiel immer gebeten, vor dem Passieren der Schranke das Getränk in unseren Taschen zu „probieren“[„Please taste!“]. Es hätte ja flüssiges Nitroglycerin sein können!

2.3 Warum wurden diese bestimmten Themen von Ihnen gewählt?

Wir wählen unsere Themen immer danach aus, ob sie unsere Leser interessieren könnten.

2.4 Wurden die Olympischen Spiele von Ihnen genutzt, um bestimmte Themen hervorzuheben?

Nein ich habe die Olympischen Spiele nicht genutzt, um bestimmte Themen hervorzuheben. Wir Journalisten müssen die Welt ja auch nicht verbessern, sondern sollen sie in erster Linie beschreiben.

2.5 Hat die Vermutung/ Kenntnis, dass China eine staatliche Strategie bei ihrer Imagegestaltung verfolgt, Ihre Berichterstattung beeinflusst?

Ja natürlich, von diesem Gedanken im Hinterkopf ist meine Berichterstattung beeinflusst worden. Man wird noch vorsichtiger. Dank Chinas staatlicher Strategie der Kontrollen und Beschränkung konnte man aber auch noch besser sehen, was das Land verbergen wollte, und wo es sich lohnte zu recherchieren.

2.6 Haben Sie in ihrer Olympiaberichterstattung über konflikthaltige oder kontroverse Themen geschrieben[132]?

In der Olympia-Berichterstattung der FAZ wurden grundsätzlich alle Themen mit Bezug zu Olympia behandelt und das hat natürlich auch nicht vor konflikthaltigen Themen halt gemacht. Besonders unsere erfahrenen Korrespondenten haben im politischen Teil und im Feuilleton über die Tibetpolitik, Menschenrechtsfragen oder das politische System berichtet. In unserem Sportteil haben wir uns auch kritisch mit den Spielen in Peking auseinandergesetzt. Zum Beispiel mit der Frage, ob die chinesische Regierung ihre politischen Zusagen an das IOC einhält. So gab es bei uns kurz vor Olympia auch ein großes Interview mit einem Sprecher von Amnesty International und eine genaue Auseinandersetzung mit den Menschenrechtsverletzungen in China, wobei dies schon weit über den Kernbereich unserer Sportberichterstattung hinausgegangen ist. Auch über das verhängte Demonstrationsverbot für alle Sportler während der Olympischen Spiele haben wir berichtet.

[132] Im Fall China fallen unter kontroverse/konflikthaltige Themen: 1. Tibetpolitik Chinas, 2. Menschenrechte in China, 3. Tian'anmen-Massaker 1989, 4. Umweltverschmutzung, 5. Politische Intransparenz/ Korruption, 6. Pressefreiheit/ Internetzensur, 7. Chinesischer Dopingmissbrauch im Sport.

2.7 Diente dies nur als Indikatorfunktion, um Missstände aufzuzeigen oder auch als Unterhaltungsfunktion und Bedienung der Lesererwartung?

Die FAZ hat einen gewissen Anspruch an sich und die Leserschaft und daher auch eine gewisse Indikatorfunktion, um Missstände aufzuzeigen. Aber kontroverse Themen machen das Blatt ja auch interessanter, das wissen wir natürlich und bedienen so auch eine gewisse Unterhaltungsfunktion. Aber wir verfälschen die Fakten nicht oder dramatisieren das Thema auch nicht unnötig. Das ist wohl der entscheidende Unterschied zu einigen anderen Medien.

Dimension 3: Rahmenbedingungen

3.1 Hat die Heimatredaktion Ihnen inhaltliche Vorgaben für Ihre Olympiaberichterstattung gemacht?

Das brauchte sie nicht. Wir sind es gewohnt, kritisch zu berichten. Ich habe aber gespürt, dass kritische Töne zuhause sehr gut angekommen sind. Trotzdem war ich hinterher überrascht, wie kritisch und negativ die Stimmung in Deutschland gewesen sein muss. Das hat man vor allem anhand von Kommentaren erkennen können, die Kollegen zuhause geschrieben haben. Ich war ja in Peking und habe auch die Begeisterung für die sportlichen Leistungen, die Sportstätten und die Perfektion mitbekommen. Durch die Tibetfrage und den Staffellauf im Vorfeld waren die Olympischen Spiele enorm politisch aufgeladen in Deutschland. Ich fand die deutsche Sicht daher auch sehr undifferenziert. Ich muss meine Redaktion da ein wenig ausnehmen, weil wir uns alle ausführlich auf China und die Olympischen Spiele vorbereitet haben. Alles, was China betraf, hat meine Kollegen sehr interessiert. Natürlich haben sie dann auch erwartet, dass wir an unserer Berichterstattung strenge Maßstäbe anlegen.

3.2 Wie viel Platz in der Zeitung ist Ihnen für ihre Olympiaberichterstattung eingeräumt worden?

Wir hatten bereits eine ausführliche Vorberichterstattung. Während Olympia hatte die FAZ eine Olympiabeilage, die täglich erschien und in der Regel 8 bis 12 Seiten umfasst hat.

3.3 Über welche Ressourcen haben Sie für ihre Berichterstattung während Olympia verfügt (Geld, Zeit etc.)?

Die Ressourcen waren im Prinzip dieselben wie im normalen Arbeitsalltag. Für die Olympischen Spiele hatten wir kein bestimmtes Budget, die Reise und Unterkunft wurden im Voraus bezahlt. Kosten vor Ort wie Taxis oder Telefon haben wir über die Spesenrechnung erstattet bekommen. Im Prinzip waren diese Olympischen Spiele auch sehr günstig für unsere Redaktion und die FAZ. Der Yuan ist recht günstig bewertet, und Ausländer können günstig in China leben und reisen. Anders wird es wohl in Vancouver bei den Olympischen Winterspielen werden, da könnte es richtig teuer werden. Dank der Zeitverschiebung hatten wir in China sogar mehr Spielraum für Recherchen und Berichte als gewohnt. Erst in der chinesischen Nacht war in Frankfurt Redaktionsschluss.

3.4 Welche Zielgruppe wollten Sie mit Ihrer Olympiaberichterstattung erreichen? Hat dies ihre Olympiaberichterstattung beeinflusst?

Natürlich die FAZ-Leserschaft, meist sehr gebildete Leute, die einen gewissen Anspruch haben. Wir versuchen aber auch ganz besonders, junge Leute anzusprechen und für das Zeitungslesen zu gewinnen. Das geht am ehesten über den Sportteil. Dies geschieht auch im Sinne der gesamten Zeitung, um neue Leserschichten zu erschließen.

3.5 Sind Sie in Ihrer Arbeit (Recherche usw.) behindert worden? Wenn ja, wie und von wem?

Ja, meine FAZ Kollegen und ich wurden vor Ort in Peking in unserem Kommunikations-prozess mit der Heimatredaktion erheblich behindert, weil die chinesischen Behörden den Kontakt zu unserem FAZ-Server kurz vor Beginn der Spiele lahm gelegt haben. Wir waren die einzige ausländische Zeitung vor Ort, deren Server gestört wurde. Warum ausgerechnet die FAZ, kann ich bis heute nicht beantworten. Dass der Server aber von den chinesischen Behörden absichtlich manipuliert wurde, war offensichtlich. Wir hatten die beiden besten Techniker der DPA vor Ort, die haben uns dies bestätigt, und sogar chinesische Techniker haben uns das gesagt. Vielleicht haben wir im Vorfeld zu kritisch berichtet und das hat den chinesischen Behörden missfallen.

Ansonsten hatten wir dieselben Restriktionen wie die anderen ausländischen Medien. Das Internet war nur teilweise frei, Webseiten, wie beispielsweise solche von Menschenrechtsorganisationen, waren nicht zugänglich.

INTERNATIONALE UND INTERKULTUREL[LE] KOMMUNIKATION

Herausgegeben von Prof. Dr. Kai Hafez, Universität Erfurt und Jun.-Prof. Dr. Carola Richter, Freie Universität Berlin

Band 1 Denise Busch: Das Bild Griechenlands zwischen Fremd- und Selbstwahrnehmung. Eine Untersuchung der deutschen und griechischen Presseberichterstattung über die Vorbereitung für die Olympischen Spiele 2004 in Athen. 204 Seiten. ISBN 978-386596-039-9

Band 2 Sylvia Breckl: Auslandsberichterstattung im deutschen Fernsehen. Die Dritte Welt in Weltspiegel und auslandsjournal. 214 Seiten. ISBN 978-386596-025-2

Band 3 Christoph Hantel: Journalistenausbildung in Mosambik. 428 Seiten. ISBN 978-3-86596-056-6

Band 4 Karin Keding/Anika Struppert: Ethno-Comedy im deutschen Fernsehen. Inhaltsanalyse und Rezipientenbefragung zu „Was guckst du?!“. 208 Seiten. ISBN 978-3-86596-084-9

Band 5 Martin Ritter: Medien und Demokratisierung in Kambodscha. 406 Seiten. ISBN 978-3-86596-178-5

Band 6 Julia Hahn, Larissa Haida, Kathrin Mok, Sheila Kusuma, Michaela Schmid, Kerstin Schulz, Nicolas Schwendemann, Michael Szep: Europa als Gegenstand politischer Kommunikation. Eine Fallstudie zur deutschen EU-Ratspräsidentschaft. 226 Seiten. ISBN 978-3-86596-186-0

Band 7 Lukas Peuckmann: “One World – One Dream”? Das Bild Chinas in der Olympia-Berichterstattung. 260 Seiten. ISBN 978-3-86596-311-6

Frank & Timme

Verlag für wissenschaftliche Literatur

INTERNATIONALE UND INTERKULTURELLE KOMMUNIKATION

Band 8 Nadja-Christina Schneider/Bettina Gräf (eds.): Social Dynamics 2.0: Researching Change in Times of Media Convergence. Case Studies from the Middle East and Asia. 170 Seiten. ISBN 978-3-86596-322-2

Band 9 Patricia Carolina Saucedo Añez: Lateinamerikanische Medien in Deutschland. Medienkonsum und -produktion von Migranten. 210 Seiten. ISBN 978-3-7329-0024-4

Band 10 Fritzi-Marie Titzmann: Der indische Online-Heiratsmarkt. Medienpraktiken und Frauenbilder im Wandel. 340 Seiten. ISBN 978-3-7329-0011-4

Band 11 Regina Cazzamatta: Brasilien-Berichterstattung in der deutschen Presse. 254 Seiten. ISBN 978-3-7329-0069-5

Band 12 Danny Schmidt: Das Bild Russlands in den deutschen Leitmedien. Die Berichterstattung über Russland und Wladimir Putin im Rahmen der Ukrainekrise. 172 Seiten. ISBN 978-3-7329-0204-0

Frank & Timme

Verlag für wissenschaftliche Literatur